어느 할아버지의 리더십 이야기

한남(漢南) **박 정 기**

'35년생. 육사 14기. 군인으로, 경영인으로, 체육인으로, 그리고 작가로도 성공한 사람. 한국중공업과 한국전력 사장 시절 보여준 그의 경영스타일과 리더십은 많은 일화를 남겼다. 특히 한국전력 사장 재임 시 '에너토피아'를 목표로 원자력발전 기술을 자립한 업적은 두고두고 우리 경제발전의 밑거름이 될 것이다.

체육인으로서는 한국 육상이 불가능하다고 믿어온 두 가지 일을 성취한다. 황영조의 올림픽 금메달과 이봉주의 마라톤 은메달이다. 또 2011년에는 세계3대 스포츠의 하나인 세계육상선수권대회를 육상의 불모지 한국 대구에 유치하였다.

저서로는 30여만 부가 팔린 〈어느 할아버지의 평범한 이야기〉와 지도자론, 〈남북전쟁〉, 〈육상 이야기〉 등 여러 권의 베스트셀러가 있다.

현재 (사)한미친선군민협의회 회장. 국제육상연맹(IAAF) 종신 명예이사.

어느 할아버지의 리더십 이야기

지은이 박정기

1판 1쇄 발행 2002년 10월 17일
2판 1쇄 발행 2016년 9월 10일

발행인 유정희
발행처 (주)지혜의가람

서울시 강서구 공항대로 65 가길25, 202호
전화: (02) 3665-1236 / 팩시밀리: (02) 3665-1238
E-mail: garamwits@naver.com

등록번호 제 315-2012-000053호
등록일자 2012년 5월 17일

값 14,000원

ISBN 978-89-97860-08-1 03320

어느 할아버지의 리더십 이야기

한남 박정기

지혜의가람

지도자는 무엇을 어떻게 해야 하는가?

첫째, 사람을 사랑해야 한다.
둘째, 몸과 마음을 단련하여 언제나 건강하고 자신감이 넘쳐야 한다.
셋째, 어떤 일에나 앞장을 서고, 솔선수범(率先垂範)한다.
넷째, 항상 앞을 내다보며 방향과 목표를 정하고, 줄기차게 밀고 간다.
다섯째, 하늘을 두려워한다.

차 례

제1장 인애(仁愛)

제2장 입지(立志)

제3장 수범(垂範)

제4장 선견(先見)

제5장 외천(畏天)

제1장

인애(仁愛)[1]

1. 지도자와 리더십
2. 대관(大寬: 큰 마음, 큰 너그러움)
3. 리더십의 정수는 무엇인가?
4. 인간, 그는 누구인가?

1) 위정자는 인(仁)을 바탕으로 도덕과 예의(禮義)에 의해 백성을 다스려야 한다는 게 공자의 정치사상이다. 따라서 공자의 인(仁)은 예수의 사랑, 석가의 자비(慈悲) 같은 도덕적 규범을 넘어 사회질서를 유지하기 위한 수단으로 생각하였다. 즉, 인덕(仁德)을 갖춘 지도자가 '仁愛'의 정치를 할 때 바른 정치가 가능하다고 본 것이다. 즉 어진 마음으로 사람을 사랑하라는 것이다.

1. 지도자와 리더십

지도자란 어떤 사람인가?

사람을 사랑하는 사람이요, 꿈과 뜻을 가진 사람이요, 자신에게 떳떳한 사람이요, 희망을 주는 사람이요, 행동하는 사람이요, 하늘을 두려워하는 사람이다.

지도자란 꿈과 뜻을 가지고 사람들을 이끌어 좋은 세상을 만드는 사람이다.

리더십이란 사람을 따르게 하는 방법이요, 사람을 이끄는 원리(原理)이다.

그러므로 지도자는 사람들을 밀지 않고 이끈다. 자기가 꿈꾸는 곳으로 사람들을 안내하여, 뭇 사람들의 꿈과 소망을 이루어 주는 사람이다.

지도자는 무엇을 어떻게 해야 하는가?

첫째, 사람을 사랑해야 한다.
둘째, 몸과 마음을 단련하여 언제나 건강하고 자신감이 넘쳐야 한다.
셋째, 어떤 일에나 앞장을 서고, 솔선수범(率先垂範)한다.
넷째, 항상 앞을 내다보며 방향과 목표를 정하고, 줄기차게 밀고 간다.

다섯째, 하늘을 두려워한다.

왜 사람을 사랑하여야 하는가?

생명의 본질은 사랑이다. 사랑을 알아야 생명을 알고, 생명을 알아야 사람을 알며, 사람을 알아야 문명을 알고, 문명을 알아야 역사와 우주를 알 게 아닌가.

그러므로 지도자가 사람을 사랑할 때 뭇 생명과 사람이 이 땅 위에 번성하고, 문명의 창달과 역사의 진운(進運)이 열리며, 나아가 우주의 원리에 합일(合一)하게 되는 것이다.

5천 년 인간의 역사가 결코 짧은 세월이 아닌데도, 이 세상 어느 구석에도 평화와 행복을 찾아볼 수 없고, 70억 세계 인류의 태반이 아직도 사람다운 삶을 누리지 못하고 있는 게 따지고 보면 모두가 다 지도자들이 잘못하기 때문이다.

크고 작은 지도자들이 톱(Top)에 오르기 전에 한 번이라도 우주를 생각하고, 진리[神-신]을 찾았으면 사람들이 이렇게 방황하지는 않았을 것이다.

크고 작은 지도자들이 톱에 오르면서 한 번이라도 하늘을 우러러 역사를 생각하고 생명을 생각했다면, 세상이 이렇게 어려워지지는 않았을 것이다.

참된 지도자란, … 가난한자에게 복음을 전하게 하시려고 내게 기름을 부으시고 나를 보내사 포로 된 자에게 자유를, 눈먼 자에게 다시 보게 함을 전파하며 눌린자를 자유케 … 하는 사람이다.(눅 4:18)

2. 대관(大寬)

45여 년 전 육군에서는 처음 장성(將星)으로 승진한 사람들을 위해 어떤 교육을 시키면 좋을까 하고 궁리하던 끝에 생전의 서경보(徐京保) 스님에게 가르침을 구하였다.

청을 받은 스님, 한 5분쯤 지그시 눈을 감고 있다가 번쩍 눈을 뜨고는 붓을 들어 쓰기를, 첫째 '대의(大義)', 둘째 '대신(大信)', 셋째가 '대분(大憤)'이었다.

그 중 세 번째 대분(大憤)은 잘 이해가 되지 않으므로 그 뜻을 물었더니 "옳지 못한 것과 경우에 어긋난 것을 보고도 잠자코 있으면 간부의 도리가 아니다. 윗사람의 어긋나는 말과 행동을 간(諫)하지 못하는 것도 도리가 아니다"라고 풀이를 해 주었다.

참으로 일리 있는 가르침이다. 특히 세 번째 '대분'은 고급간부들이 깊이 새겨들어야 할 중요한 덕목이다.

그러나 따지고 보면 이 덕목을 실천하기란 매우 어려운 일이다. 현실적으로 윗사람의 뜻을 거슬러가며 바른말을 할 사람이 과연 얼마나 될까.

다 아는 얘기지만 대분(大憤)이란 자기 생각과 노력만으로 되는 게 아닐 뿐더러, 자신의 신상에 상당한 불이익을 각오하기 전에는 실행하기 힘든 일이다.

그래서 옛 선비들은 풍간(諷諫, 완곡하게 간접적으로 간하는 것)을 권했던 것이요, 조선조(朝鮮朝) 때에는 아예 정부기구 속에 사간원(司諫院)까지를 두었던 게 아니겠는가.

어쨌든 대분이 없으면 간부의 도리를 다하지 못한다는 것은 스님의 지적이 없더라도 충분히 납득이 가는 일이다.

그런데 여기서 우리는 황희(黃喜) 정승의 그 유명한 일화를 상기할 필요가 있다.

갑(甲)이라는 하인이 을(乙)을 모함하자 "그래, 네가 옳다." 을이 와서 갑을 헐뜯자 "그러네, 네 말이 옳구나." 옆에서 부인이 듣다 못하여 "갑도 옳고 을도 옳은 그런 법이 어디 있답디까?" 하고 핀잔을 주자, "부인 말도 옳구려." 라고 했다던 일화이다.[2]

이 일화를 음미해 보면 간부와 톱(Top) 사이에는 대분(大憤)보다 앞서 갖추어져야 할 조건이 있음을 깨닫게 한다.

즉 누구이건 두려움 없이 와서 말할 수 있게 해 주는 '큰마음[大寬]'이 먼저 윗사람에게 갖추어져 있어야 한다는 현실이다. 즉 아랫사람의 대분(大憤)보다 윗사람의 대관(大寬)이 선행되어야 한다는 말이다.

2) 이 일화는 후한(後漢)말 사마휘(司馬徽)의 일화에서도 찾아볼 수 있다. 일찍이 그는 유비(劉備)에게 제갈공명(諸葛公明)을 천거한 사람이기도 하다. 그는 무슨 일이든 '좋아요, 좋아'를 연발하며 웃어넘겼다. 언젠가 친구의 부음 소식을 들고서도 "좋아요, 좋아"라고 말하자, 부인이 "친구가 돌아가셨는 데도 '좋아요, 좋아'는 너무합니다"라고 핀잔을 주었다. 그러자 사마휘의 대답 역시 "좋아요, 좋아"였다.

따라서 간부는 대분보다 대관부터 몸에 익히는 덕을 쌓아야 한다.

옳은 말도 들어주고, 말 안 되는 말도 참고 들어주는 큰마음이 윗사람에게 있을 때 상하의 바른 관계가 성립된다. 대관 없는 곳에 대분은 발붙일 곳이 없다.

'정관의 치(貞觀之治)'로 역사상 최고의 명군(明君)으로 알려진 당 태종(唐太宗)은 몸소 대관을 실천한 사람이다.

정관 15년 태종이 위징(魏徵)에게 묻기를 "근자에는 조정 신하들이 아무도 의견을 말하지 않는데 그 까닭이 무엇인가?"

위징이 답하기를,

"신하된 자는 벼슬자리를 소중하게 여기는 나머지 무심히 말을 하다가는 자신의 지위가 위태로워질 것이 두려워 바른 말을 하려들지 않습니다. 그래서 모두가 입을 다물고 하루를 무사히 넘기고자 하는 까닭입니다."

이에 태종은,

"참으로 그대의 말이 옳다. 옛날 우왕(禹王)은 도리에 맞는 정직한 말을 들었을 때는 경의를 표하여 절을 했다. 나도 지금 가슴을 활짝 열어젖히고 신하들의 거리낌 없는 간언을 받아들이고 있지 않은가. 앞으로는 겁쟁이처럼 행동하는 일이 없도록 하여라."

대관은 부하를 진정 사랑할 때만이 가능할 것이다. '네모난 그릇의 물을 둥근 그릇으로 뜬다'는 말이 있다.[3] 정치의 요체는 여유를

3) 일본의 막부시절, 훌륭한 군주로 유명한 오카야마[岡山]의 반주(潘主) 이케

가지고 하라는 말이다. 여유가 없으면 너그러워지기가 쉽지 않기 때문이다.

송(宋) 왕조의 창업자 태조(太祖, 趙光胤·조광윤)에게는 강직하기로 이름난 재상 조보(趙普)가 있었다.

하루는 조보가 한 인물을 천거하였는데, 태조는 재가하지를 않았다. 다음날 다시 상주(上奏)하였으나 역시 각하해 버렸다. 그러자 조보는 다음날 세 번째로 같은 상주문을 올렸다. 화가 치민 태조는 자기도 모르게 상주문을 갈가리 찢어 바닥에 내던졌다.

모욕을 당하고도 조보는 안색하나 변하지 않고 찢겨진 서류를 묵묵히 주워 모아 퇴출하였다. 그리고는 그 다음날 찢긴 서류를 말짱하게 이어 붙여 네 번째로 제출했다.

태조는 조보를 조용히 쳐다본다. 이윽고 붓을 들어 수결(手決)한다. 십팔사략(十八史略)에 나오는 말이다.

조보도 훌륭하였지만, 태조는 더 위대하였다.

춘추(春秋) 오패(五覇)의 한 사람인 초(楚)의 장왕(莊王)이 어느날 밤, 신하들을 모아놓고 잔치를 벌였다. 갑자기 분 바람에 등불이 꺼졌다.

어둠 속에서 여자의 비명이 터져 나왔다. 누군가 어둠을 틈타 왕의 애첩 허희(許姬)를 희롱한 것이다. 애첩은 그 사내의 관끈을 잡아떼고는 소리를 쳤다.

다[池田光政]가 교토[京都]의 차관 사카쿠라[板倉勝重]에게 정치의 요체를 물었을 때 한 말이다. 즉 네모난 그릇의 물을 둥근 그릇으로 뜨게 되면 구석구석까지 미치지 못한다. 정치를 할 때 잘 해보려는 열의 때문에 구석구석까지 세세한 신경을 쓰다보면 오히려 나라를 잘 다스릴 수 없게 된다는 말이다.

"대왕님, 빨리 등불을 밝히고 관끈이 없는 자를 잡아주십시오."
순식간에 흥겨운 잔치판은 싸늘한 냉기가 짓누른다.

장왕의 호령이 떨어졌다.
"자리의 모든 자는 관끈을 떼어 버려라."[4]

---

4) 소위 절영지회(絶纓之會)의 고사(古事)다. 그로부터 2년 후 초장왕은 진(晋)나라를 치기 위해 우선 정(鄭)나라로 쳐들어갔다. 그때 초군의 선두에 서서 눈부신 활약을 한 장수가 있어 정군을 격퇴할 수 있었는데, 그 장수가 바로 그때 애첩을 희롱했던 부장(副將) 당교(唐狡)였던 것이다. 이에 장왕은 그에게 큰 벼슬을 내리려고 했으나, 당교는 주위 사람에게 "나는 지난날 왕에게 죽을죄를 지은 사람이다. 그때 왕이 모든 것을 덮어주고 나를 죽이지 않았으므로 그 은혜를 갚은 것뿐이다"라는 말을 남기고 종적을 감추었다. 김구용 역, 《동주 열국지(列國志) 제5권》(서울: 한길사, 1995. pp. 37~97).

3. 리더십의 정수는 무엇인가?

하버드 경영학교수 맥크로우가[5] 강연 중 한 학생이 "경영성공의 비결은 무엇입니까?" 라고 묻자 그는 한마디로, '사랑'이라고 대답하였다.

'인간이 체험할 수 있는 가장 아름다운, 또, 가장 깊은 의미의 느낌은 신비적인 사랑의 감정일 것이다. 왜냐하면 이것이야말로 모든 과학을 낳게 하는 근원이기 때문이다. 이런 감정을 느껴보지 못한 사람, 외경(畏敬)의 감정에 사로잡혀 밤새워 괴로워해 보지 않은 사람은 산다기보다는 죽은 것과 다름없다.' 아인슈타인(Albert Einstein)의 말이다.

우리가 많이 듣던 예수나 공자의 말씀이 아니다. 금세기 최고의 경영학자와 과학자의 말이다. 누구보다 물질을 주장하고 과학을 앞세워야 할 사람들이다. 결국 사람에게 중요한 것은 물질도 아니며 육체도 아닌 정신이요, 영혼(靈魂)이라는 주장이다.

말할 것도 없이 인생에 의미가 있는 것은 정신이 있기 때문일 것이다. 그 중에서도 영혼은 인생의 중핵(中核)이다.[6] 그것이야말로 우주

---

5) Thomas McClaw(1940-2012), 경제학자. 하버드 경영대학원 교수. 기업가, 정치가의 삶과 사상을 연구하는 대표적 경영사가.

6) 혼(soul)은 개인적 체험에 근본을 둔 개별적인 개인 특유의 것이요, 영(spirit)은 일체를 초월한, 또 모든 것을 내포하는 우주의 근원(根源), 신(神)으로

의 근원이요, 생명, 신(神), 하나님일 것이다.

사람이 사람을 사랑한다는 것은 이 우주를 생성, 발전케 하는 큰 원리에 부합하는 것이요, 이 우주와 생명을 진보케 하는 원동력일 것이다.

따라서 리더와 부하 간의 영혼의 교감과 공명(共鳴)은 우주의 근원에 합일(合一)하는 것이요, 그것은 곧 창조주가 지향하는 우주의 '완성(完成)'에 접근하는 길이 아니겠는가.[7]

석가(釋迦)가 연꽃 한 송이를 들어 보인다. 가섭(伽葉)이 문득 석가의 꽃을 바라보고 미소 짓는다.[8] 제행무상(諸行無常)이니 제법무아(諸法無我)가 아닌가?[9] 그러므로 일체(一切)는 '공(空)'인 것을. 두 성인(聖人)의 공명을 무엇이 가능케 하였는가. 대자대비(大慈大悲), 곧 사랑이다.

구별할 수 있으나, 필자는 여기서 한데 묶어 같은 의미로 쓰고자 한다.

7) 이것이 바로 천인합일(天人合一)이다. 즉 자연을 의미하는 '천'과 인류를 의미하는 '인'이 하나의 조화를 이룸을 의미한다. 졸저, 《어느 할아버지의 평범한 문명이야기》(서울: 삶과꿈), 1997. pp. 48~50).

8) 이것을 흔히 '염화시중의 미소[拈華示衆微笑]'라 하여 부처가 이심전심(以心傳心)으로 불법을 전한 이야기이다. 석가가 영산회상(靈山會上)에서 법좌에 올라 꽃을 한 가지 들고서 말없이 대중을 보았다. 아무도 여기에 응대하는 이가 없었는데, 오직 가섭만이 부처의 뜻을 깨닫고 미소로써 답하였다. 이에 석가는 불법의 진리를 받아 전할 수 있는 제자로서 가섭을 인가한다. 이는 교리를 중심으로 하는 교종(教宗)에 대항하기 위해, 교리보다는 부처의 마음을 곧바로 전심 받아 깨달음에 도달해야 한다고 주장하는 선종(禪宗) 측이 그 선의 기원을 설명하기 위해 전해오고 있는 이야기이다.

9) 우주 만물은 항상 돌고 변해서 한 모양으로 머물지 않음을 말한다. 이 세상에 존재하는 모든 사물은 인연으로 생겼으며 변하지 않는 참다운 자아의 실체는 존재하지 않는다는 생각. 불교에서는 제행무상, 제법무아와 더불어 일체개고(一切皆苦)를 삼법인(三法印)이라 하여, 이것을 깨달았을 때 비로소 '니르바나[涅槃 · 열반]'의 경지가 열린다고 하였다.

'리더가 된다는 것은 베푸는 것, 자기 자신과 자기의 혼을 내놓는 것이다.' 《혼(魂)의 경영(The Power of Dharmic Management)》을 쓴 홀리(Jack Hawley)의 말이다. 그래서 괴테(Johann W. von Goethe)도 '자기 자신을 온전히 맡길 때, 하늘도 움직인다'고 했을 것이다.

베풀고, 혼을 내놓는다는 것은 무슨 뜻인가.

상대를 인정하고 존중하는 것이다.

기통(Jean Guitton)은 '윗사람이 아랫사람을 대할 때 한결같이 그들도 자기와 똑같이 세계를 보다 높은 의식(意識), 보다 높은 품위(品位)로 향상시키려는 사람으로 인정하는 것'이라고 하였다.[10] 즉, 상대를 품위 있는 한 인격으로, 나와 꼭 같은 높은 이상(理想)의 소유자로, 또 세계를 보다 좋게 만들어보자는 사명(使命)조차도 함께 공유한다는 그런 존재로 사람을 대한다는 말이다.

사랑이란 먼저 마음을 열어 보이고 상대에게 손을 내미는 것이다. 사람과 사람 사이, 윗사람과 아랫사람 사이에 가로놓인 가면과 가식을 걷어치운다.

오자병법(吳子兵法)의 저자 오기(吳起, BC 440~381)는 위(魏)의 장군이었다. 큰 싸움을 76회나 치르면서도 늘 승승장구했던 명장이다.

야전(野戰)에 있을 때 언제나 최 말단 병사와 같은 옷을 입고 같은 음식을 먹었다. 잠잘 때도 병사와 같이 자리를 깔지 않고, 행군할 때

---

10) 프랑스 소르본느대학의 철학교수인 기통(1901~1999)은 현대 기독교 철학의 대표적 학자로 철학, 종교, 사상, 교육 등 여러 분야에 걸친 연구를 하였다.

도 마차에 타지 않으며, 자신의 식량은 자신이 휴대하였다. 또 등창으로 고생하는 병사의 고름을 입으로 빨아 주었다.

행군 중에 술 한 병이 생겼다. 장군은 흐르는 개울물에 술을 다 쏟아 부었다. 그리고는 그 물을 수백 명 병사들과 함께 나누어 마셨다. 주(周)의 명장 태공망(太公望)의 일화이다.[11]

결국 리더십의 정수란 기교도, 용인술도 아닌 리더의 마음이다. 리더의 깊은 영혼으로부터 우러나오는 사랑이 사람들의 심금을 울릴 때, 비로소 리더십은 성공을 보게 되는 것이다.

오기가 병사의 종기를 빨아주는 것은 기교일 수도 있다. 그러나 병사가 그를 위해 죽을 수 있었던 것은 그들의 심금을 울렸기 때문이다. 태공의 술 한 병의 고사도 연극일 수 있다. 그렇다고 물탄 술 한 잔을 얻어 마시고 통일의 날까지 그런 충성을 바칠 수는 없었을 것이다.

'날랜 토끼가 죽으면 사냥개는 삶아(烹) 먹히고, 적국이 망하면 공이 큰 신하는 죽는다.'[12] 한고조(漢高祖) 유방(劉邦)의 공신 한신(韓信)이 주살(誅殺)당할 때의 탄식이다.

근래 한국 정치계에도 팽(烹)이 사람 다루는 정석(定石)인 양, 유행하는 것은 참으로 개탄을 금치 못할 일이다.

'지도자란 사랑 받는 존재이기보다는 두려운 존재일 때 조직은 안

---

11) 태공망은 주나라 초기 전설적인 정치가로 본명은 강상(姜尙). 그의 선조가 여(呂)나라에 봉해졌으므로 여상(呂尙)이라 불렸다. 문왕(文王)의 초빙으로 그의 스승이 되었고, 무왕(武王)을 도와 은(殷)의 주왕(紂王)을 멸망시켜 천하를 평정한 전설적인 인물로 후세 사람들에게 강태공(姜太公), 태공(太公)으로 불린다.

12) 狡兎死走句烹, 故口破謀臣亡-(교토사주구팽, 고구파모신망).《史記, 사기》, 〈회음후열전(淮陰候列傳) 〉.

전하다'라는 마키아벨리(N. Machiavelli)의 말을 그대로 믿는다.

동서(東西)가 고래(古來)로 이 모양이니 세상이 편할 날이 없는 것이다. 용인술은 어디까지나 용인술일 뿐, 리더십은 될 수 없다.

이런 리더십이 횡행하는 한 누가 누구를 믿겠는가. 오늘날까지도 모든 정치가 더러운 늪에서 헤어나지 못하는 것이 모두 이런 리더십을 사람들이 믿고 있기 때문이다.

'치세의 능신, 난세의 간웅(治世之能臣, 亂世之奸雄)'이라는[13] 조조(曹操)도 자기의 신하만은 그렇게 다루지 않았다. 심지어 적장(敵將) 관우(關羽)에게 베푼 그의 금도(襟度)는 한 시대를 풍미(風靡)했던 호걸의 풍모(風貌)가 아닐 수 없다.[14]

'권력은 총구(銃口)에서 나온다.' 모택동(毛澤東)의 말이다. 옳은 말이다. 그러나 정치는 총구로 하는 것이 아니다. 총구로 하는 정치는 이미 정치가 아니라 폭력일 뿐이다. 당근이나 채찍이 리더십이 아니듯 팽(烹)도 한낱 용인술에 불과한 것이다.

송태조 조광윤은 당(唐) 말부터 오대십국(五代十國)으로 이어지는 오랫동안의 전란을 수습하고 천하를 통일한 사람이다.

어느날 개국공신들을 한자리에 모았다. 대부분이 병권(兵權)을 쥔 절도사(節度使)들이다. 태조는 시종을 시켜 큰 칼을 가져오게 하고는

---

13) 당시 인물평의 대가로 알려진 허자장(許子將)이 월단(月旦, 매월 첫째 날)에 여는 인물평에서 조조를 두고 한 말로 전해진다. 지금도 인물평을 월단, 월단평이라고 하는 것은 이 고사에서 연유한다.

14) 유비가 한때 어려워 관우가 조조에게 몸을 의탁하였을 때, 조조는 3일대연(三日大宴)에 5일소연(五日小宴)으로 관우를 환대하였고, 조조 곁을 떠날 때는 그가 가장 아끼던 적토마(赤兎馬)까지 그에게 하사하였다.

그것을 탁자 위에 묵묵히 올려놓았다.

모두가 의아하여 말없이 태조를 바라보고 있자, 그는 천천히 말문을 열었다.

"그대들은 지금의 내 자리가 탐이 날 것이다. 나도 그대들과 똑같은 절도사로 몸을 일으켜 이 자리에 올랐지 않았는가?"

모인 신하들의 얼굴빛이 순식간에 흙빛이 되었다. 떨리는 가슴을 진정시키며 모두가 서로의 눈치만 보고 있을 때, 태조는 천천히 말을 잇는다.

"인생은 마치 백마(白馬)가 문틈을 지나가는 것과 같더라. 그대들은 낙향하여 조용히 여생을 보낼 생각은 없는가?"[15]

다음날, 모였던 공신들은 모두 병권을 버리고 뿔뿔이 고향으로 돌아갔다. 태조는 공신의 반열에 그들을 올린 후, 자손까지도 후고가 없도록 영지를 내리고 여생을 편안히 보내게 하였다. 이처럼 팽(烹) 말고도 얼마든지 좋은 방법이 있다.

흔히 인간의 행동을 결정케 하는 심리적 요인으로 파블로프(Ivan P. Pavlov)의 '조건반사'를 들먹인다.[16] 또, 인간의 동기부여를 채찍과 당근으로 단순화해서 이것을 리더십으로 생각하는 경향이 없지 않다. 그러나 그것은 큰 잘못이다. 왜냐하면 '공포와 폭력'은 이를 유지하는 데 많은 장치와 노력이 필요하고 영구적일 수가 없기 때문이다. 마찬가지로 당근과 채찍도 비경제적일 뿐더러 시간적으로 영원할 수가 없다.

---

15) 人生如白駒過隙(인생여백구과극). 《십팔사략(十八史略)》, 당송편(唐宋篇).

16) 파블로프의 조건반사 실험에 이용되었던 '침 흘리는 개'처럼 인간은 외부에서 자극이 주어지면 예측할 수 있는 방법으로 행동한다.

한시적으로는 공포와 당근이 유효할 것이다. 그러나 길게 보면 많은 희생이 뒤따르고, 결국은 시간이 가면서 무리가 쌓여 무너지게 마련이다. 이것은 정치나 리더십에서나 모두 마찬가지이다.

구소련과 동구권이 그렇게 쉽게 붕괴하고, 오늘의 북한이 국가라기보다 폭력집단에 지배되고 있는 거대한 지옥으로 전락하고 만 게 모두 그런 연유에서이다. 진리가 영원하듯, 영혼과 영혼의 결합으로 이루어지는 리더십만이 영원할 수가 있다.

인격과 인격이 교감하여 이루어지는 일체감(一體感)과 진한 감동은 바로 영혼의 공명에서만 온다. 그리고 이를 통해 조직의 구성원들은 차원 높은 보람과 환희를 체험하게 된다.

이것이 리더십의 진수이다. 그리고 이것이야말로 인간이 인간을 진심으로 사랑할 때에만 가능한 일이다.

4. 인간, 그는 누구인가?

미국의 32대 루스벨트(Franklin D. Roosevelt, 1882~1945) 대통령은 미국 역사상 유례없는 4선 대통령이다. 뿐만 아니라 뉴딜(New Deal)정책 등으로 사상최악의 미국의 경제위기를 극복하고, 또 2차대전을 승리로 이끈 미국역사상 가장 위대한 대통령의 한 사람이다. 그런 위대한 인물이 백악관에서 13년이나 사는 동안 단 한 번도 전임 대통령인 후버(Herbert C. Hoover)를 초청하지 않았다.

루스벨트 사후 대통령직을 승계한 트루먼(Harry S. Truman)은 자기 딸의 피아노 연주를 혹평한 평론가의 따귀를 때릴 정도로 성급한 사람이었다.

극동군 사령관이었던 맥아더(Douglas MacArthur) 장군과의 관계가 극히 악화되었을 때는 '코레히도르(Corregidor) 섬에서[17] 맥아더가 죽도록 내버려두지 않고 오스트레일리아로 도망치게 한 것은 루스벨트 대통령의 최대 실수다'라고 악담을 서슴지 않았던 사람이다. 그리고는 얼마 안 있어 사상 가장 위대했던 군인인 맥아더를 거침

17) 1942년 5월 6일 바탄반도 남단의 코레히도르 섬에서 미군은 일본군과 최후의 결전을 벌이지만 필리핀은 함락당하고 만다. 그러나 6월 4일 미드웨이 해전에서 미군이 승리함으로써 전쟁의 주도권은 미국으로 넘어오게 된다.

없이 해임한 그였다.

그런 그가 대통령에 취임하자마자 제일 먼저 한 일은 후버를 대통령 집무실로 초청하여 늙은 후버의 눈에 눈물을 보이게 한 사람이다.

2차대전 중 처칠(Winston Churchill)은 미국을 여러 차례 방문했다. 당시 대통령 루즈벨트는 처칠이 오면 으레 백악관에서 가장 안락한 침대가 있는 '퀸(Queen)침실'을 배정하였다. 처칠에 대한 루즈벨트의 특별한 배려였다.

한번은 그런 배려도 부족하였던지 처칠은 굳이 링컨이 쓰던 방을 요구하였다. 미국 역사상 가장 존경받는 링컨에 대한 존경심은 처칠이라고 예외는 아니었을 것이다. 그런데 그 방의 침대는 딱딱하기로 백악관에서도 유명한 곳이었다.

아니나 다를까 새벽 1시가 좀 지나자 처칠은 구식 파자마를 입은 채로 자기 가방과 옷가지를 한 아름 안고 살금살금 퀸 침실로 도망쳤다. 이것은 그 당시를 회고하는 경비원의 말이다.

한번은 외상(外相)인 이든(Anthony Eden)이 처칠을 수행하였는데 굳이 이든을 그 딱딱한 침대가 있는 링컨 룸을 쓰도록 특별히 요청을 하였다. 짓궂은 영감이다.

'국민여러분! 평화가 멀지 않았습니다. 여러분은 이제 집에 돌아가, 베개를 높이 하고 편안한 잠을 이룰 수 있게 되었습니다.'

영국 수상 챔벌린(Neville Chamberlin)이 히틀러와 담판을 하고 돌아와 영국 국민에게 한 연설이다.[18]

---

18) 뮌헨회담은 1938년 9월 29일부터 30일까지 뮌헨에서 개최된 영국 · 프랑스 · 독일 · 이탈리아 4대국 수뇌회담으로, 이 해 3월 독일의 오스트리아 점령에 이어 체코슬로바키아의 수데텐(Sudeten) 병합문제의 해결을 위해 열린 것이다. 이 회담에서 챔벌린과 프랑스 수상은 시종 히틀러에게 양보하고 타협하였는

소위 뮌헨회담에서 히틀러에게 모든 것을 양보함으로써 오히려 전쟁을 재촉한 역사상 가장 악명 높은 외교적 실패를 하고 돌아와 한다는 성명이 그 모양이었다. 그로부터 1년도 안 돼 히틀러는 폴란드를 침공하였고, 비극적인 2차대전이 일어났다.

이때의 챔벌린의 외교적 실패를 웰즈(Hebert G. Wells)는 그의 《세계문화사》에 이렇게 기록하고 있다.

'자연의 냉혹한 섭리는 때때로 우행(愚行)이나 나약함을 벌할 때 중한 범죄를 처벌하는 이상으로 엄하게 다루는 법이다. 이제 영국과 전 인류는 명예와 의무를 회피한 그의 비열한 행동에 대한 대가를 지불하게 되었다.'

얼마나 신랄한 비판인가.

그로부터 그는 얼굴을 못 들고 다닐 정도로 인기가 없었다.

그의 뒤를 이어 수상으로 취임한 게 처칠이다.

'나는 이제 나의 땀과 피와 눈물을 바치는 것 외엔 달리 바칠게 없습니다.' 처칠이 하원(下院)에서 한 취임연설이다.

그런데 처칠은 수상이 된 후, 평소 그리도 싫어했던 챔벌린을 정중하게 예우했다. 남 앞에서는 절대로 그를 비판하는 법이 없었고, 내각에 그대로 남겨 대소회의에도 꼭 참석시켰다.

인간, 과연 그는 누구인가?

태산 같은 큰 인물인데도 어린아이 같은 치기(稚氣)가 엿보인다. 바

데, 결국 이러한 우유부단한 유화정책이 2차대전을 일으킴으로써 역사상 대표적인 유화정책의 실패로 삼는 회담이다. 이 회담 이후 수데텐 지방은 즉시 독일에게 할양되어 나치스 독일은 전략상 유리한 발판을 얻게 된다.

다 같은 관용이 있는가 하면, 한 마음속에 아녀자만도 못한 질투가 번뜩인다.

그래서 순자(荀子)는 일찍이 인간이란 처음은 누구나가 다 같은 것이어서 '요(堯)나 우(禹)도[19] 나면서부터 성인이 아니요, 본성을 닦고 수양을 거듭하여 능히 진력한 뒤에야 덕을 완성하였다'고 하였다.

그리고 '인간의 상정(常情)이란 먹고 싶은 것은 쇠고기와 돼지고기요, 입고 싶은 것은 수를 놓은 아름다운 비단이다. 길을 갈 때에는 말이나 수레를 타고 싶고, 누구나 부자가 되고 싶어 한다. 이러한 욕망은 죽을 때까지 자자손손 만족할 줄을 모르니 이것이 바로 인간의 상정이다'라고 하였다. 이렇게 인간의 본성을 악(惡)으로 본 것이다.[20]

실제로 인간이 원한을 품으면 뱀보다 사악할 때가 있다.

제(齊)나라에 이역(夷射)이라는[21] 대신은 왕이 베푼 연회에서 너무도 취한 나머지 잠시 밖에 나와 문에 기댄 채 바람을 쐬고 있었다.

이때 출입문을 지키는 병사가 다가와 남은 술을 달라고 간청하였다.

"감히 어느 앞에 구걸질인가!"

---

19) 중국 최고의 성군(聖君)으로 칭송되는 전설상의 인물들이다. 요(堯)의 치세에 대홍수가 발생하자 섭정(攝政)인 순(舜)은 우에게 치수를 명하였다. 요가 죽고 순이 천자가 되었는데, 우는 13년간 노력한 끝에 치수에 성공, 천하를 9주로 나누고 그 공부(貢賦)를 정했다. 이렇게 해서 인망을 얻은 우는 순의 사후에 제위를 계승하였고, 나라 이름을 하(夏)로 고치고 안읍(安邑)에 도읍을 정하였다.

20) 《荀子(순자)》, 영욕편(榮辱篇). 순자는 이처럼 이기심(利己心)이 모든 악의 근원이라고 보지만, 그 이기심을 맹자처럼 철저히 부정하지 않고, 이기심의 합리적 · 공리적 관리를 통하여 사회악의 근원을 사회적 선으로 회귀시키려 한 것이다.

21) '射' 字는 일반적으로 '쏠 사'로 쓰이지만 '싫을 역'으로도 쓰인다. 이외에도 '벼슬이름 야', '마칠 석'으로 쓰이기도 한다.

욕설과 함께 쫓아버리자, 그는 순순히 물러가는 것 같았다. 그러나 잠시 후 이역이 연회장으로 돌아가자 병사는 대문에다 물 한 대야를 끼얹었다.

다음날 왕이 등청하면서 대문을 지나치는데 문득 어떤 자가 궁궐 문에 실례를 한 것을 발견하였다. 대노한 왕은 문지기를 잡아들여 문초를 하였겠다.

이때를 기다리던 그였다. 문초가 시작되기가 무섭게 "대왕님, 소인은 전혀 모르는 사실이옵니다. 다만 엊저녁 이역 대감이 그 대문에 잠시 기대 서 계신 것을 보았을 뿐입니다"라고 고하였다.

이역의 변명이 통할 리가 없다. 아깝게도 그는 목숨을 잃었다.

그래서 순자는 소인을 가리켜 '마음가짐은 호랑이요, 행동은 짐승 같은 데도 남이 자기를 난적으로 말하면 원수처럼 미워한다'고 한 것이다.[22]

그러면 이 세상에는 소인배만 있다던가? 아니다.

백이 · 숙제(伯夷 · 叔齊)가 있고, 간디(Mohandas Gandhi)가 있고, 슈바이처(Albert Schweitzer)도 있지 않던가.

'사람치고 선하지 않은 이 없고, 물이면 아래로 흐르지 않는 법이 없다.'[23] 어린아이가 우물에 빠지려고 할 때 그냥 보고 있을 사람이 어디 있겠는가.

사람은 누구에게나 이렇게 측은히 여기는 마음(惻隱之心, 측은지심-仁, 인)이 있고, 부끄러워하고 싫어하는 마음(羞惡之心, 수오지심-

22) 心如虎狼行如禽獸 而又怨人之賊己也-(심여호랑행여금수 이우원인지적기야).《순자(荀子)》, 수신편(修身篇).

23) 人無有不善 水無有不下-(인무유불선 수무유불하).《맹자(孟子)》, 진심장구(盡心章句).

義, 의), 사양하고 공경하는 마음(辭讓之心, 사양지심-禮, 예), 시비를 가리는 마음(是非之心, 시비지심-智, 지)이 있게 마련이다. 이러한 사람의 인 · 의 · 예 · 지(仁 · 義 · 禮 · 智) 4단(四端 또는 四德, 4덕)을 볼 때, 사람의 본성은 원래 착한 게 아니겠는가. 유명한 맹자의 성선설(性善說)이다.

순자의 성악설이나 맹자의 성선설이 아니더라도 인간은 선악(善惡) 양면을 다 갖고 있다는 것은 누구나 안다. 그런데 두 사람은 왜 한 인간을 두고 정반대인 선과 악으로 갈리는가.

맹자는 인간의 정신적(精神的)인 면에 초점을 맞춘 데 반해, 순자는 육체적(肉體的)인 데 시각을 두었기 때문이다.

즉 맹자는 사람의 도덕적인 자각의식(自覺意識)인 마음(心)은 선한 것이므로 이것을 키워나갈 때 사람다운 사람이 된다는 입장에서 '성선(性善)'이요. 순자는 사람의 본능적 충동원인 욕정(欲情)에 초점을 맞추다보니 '성악(性惡)'이라, 옳은 인간을 만들자면 바로 이 정욕을 고치고 다스려야 한다는 입장에서 '성악'이 된 것이다. 따라서 맹자는 '심선설(心善說)'이요, 순자는 '정악설(情惡說)'이라고 하는 것이 마땅하고, 엄밀히 따지자면 양자의 인간에 대한 근본적인 견해차가 있는 것은 아니다.[24]

그래서 순자는 '자질이나 지혜의 능력은 군자나 소인이나 마찬가지이다. 영예를 좋아하고 치욕을 싫어할 뿐 아니라 이익을 좋아하고 해로움을 싫어하는 것도 군자나 소인이 똑같다. 다만 그 구하는 방법이 다를 뿐이다'라고 한 것이다.[25]

---

24) 한국동양철학회 편, 《동양철학의 본체론과 인성론》(서울: 연세대학교 출판부, 1994. p. 175).

25) 《순자》, 영욕편(榮辱篇).

결국 사람은 심선(心善), 정악(情惡)이라, 누구나가 양면을 다 가지고 있다. 그야말로 구하는 방법이 다를 뿐.

그렇다면 인간의 참모습은 어떤 것인가?

인간의 모든 활동은 우리의 생각에 좌우되고 우리의 생각은 두뇌활동에 의해 지배된다.

근래 두뇌과학은 사람의 두뇌는 크게 세 부분으로 나뉜다고 하였다.

즉, 뇌 조직의 가장 중심부에 원뇌(뇌간)라는 것이 있고, 그것을 둘러싸고 있는 게 대뇌변연계(大腦邊緣系), 그리고 가장 바깥 부위에 대뇌신피질(大腦新皮質)이라는 것.

원뇌는 인간의 본능을 관장하는 부분으로 악어 따위의 파충류도 갖고 있는 뇌이다. 다음 대뇌변연계는 일명 동물 뇌라고도 하는 것으로 개나 고양이 같은 동물이 주인을 알아보고 집을 찾아오게 하는 부분이다. 다음 대뇌신피질은 인간만이 갖고 있는, 시비를 가리고 창조활동을 관장하는 뇌이다. 그런데 인간이 인간다울 수가 있는 대뇌신피질의 활동은 평소 뇌 전체 활동의 불과 5%에 지나지 않고, 95%를 원뇌와 동물뇌의 활동이 차지한다고 하였다.[26]

따라서 사람은 대부분이 무엇을 먹을까, 어떻게 하면 저 여자를 차지할 수 있을까, 어떻게 하면 내가 더 출세할 수 있을까 - 같은 본능적인 사고를 하는 존재요, 어쩌면 이것이 인간의 참 모습이기도 할 것이다. 그러므로 소위 정악(情惡)을 배격할 수만은 없는 것이, 이미 우리 두뇌의 중요한 부분이 본능적 사고의 지배를 받도록 되어 있기 때문이다. 따라서 정악에서 헤어나지 못하는 것은 어쩌면 인간의 숙명일 수 있다.

---

26) 하루야마 시게오[春山茂雄], 반광식 역, 《뇌내혁명(腦內革命)》(서울: 사람과책, 1996. pp. 53~54 참고).

그런데 놀라운 사실은 근래 우리 두뇌에 'A-10'이라는 존재가 밝혀졌는데, 일명 '쾌감신경'이라는 것으로, 이것이 자극을 받았을 때 인간은 쾌감을 느끼게 된다는 것. 즉, 사람이 맛있는 음식을 먹는다, 성행위를 할 때도 이 'A-10'이 자극되어 쾌감을 느낀다는 것이다.

그런데, 정신활동을 통해서도 꼭 같은, 때로는 그 이상의 쾌감을 맛볼 수 있다고 하였다. 즉 긍정적인 생각을 한다, 남을 이롭게 한다, 자기실현을 이룩한다는 등의 정신활동(대뇌신피질)은 본능의 충족보다 더 큰 쾌감을 준다고 하였다. 또, 'A-10'을 자극하는 20여 종의 호르몬 중, β-엔돌핀이라는 물질이 'A-10' 신경을 자유롭게 조절한다는 것도 알게 되었다.

그런데 놀랍게도 정신적인 욕구가 충족될 때는 β-엔돌핀의 분비가 아무런 제한 없이 분비되는 데 반해, 본능적인 욕구를 위해서는 β-엔돌핀이 무제한으로 분비되지 않는다는 사실이다.

식욕이나 성욕 등이 지나칠 때 두뇌 내에는 '활성산소'라는 물질이 발생하여 권태감, 심리적 거부감을 일으킨다고 하였다.

이것을 과학자들은 '네거티브 피드백(negative feedback)'이라고 하였다. 즉, 성욕이나 식욕이 아무리 강해도 일단 그것이 지나치면 억제하는 호르몬이 분비되어 그 욕구를 멈추게 하거나 그래도 자제를 하지 않을 때는 오히려 생명체에 불리한 작용을 하도록 두뇌는 작동한다는 것.

얼마나 놀라운 사실인가? 결국 인간은 본질적으로 남을 위해 희생하고 사랑할 때 더 큰 행복을 느끼도록 타고난 것이다.

이 사실이야말로 인간이 가야할, 이 우주의 미래가 지향하는 신의 준엄한 메시지가 아니겠는가.

그래서 예수께서는 '네 마음을 다하고 목숨을 다하고 뜻을 다하고 힘을 다하여 너희 하나님을 사랑하라 … 네 이웃을 네 자신과 같이 사랑하라 … 이 계명보다 더 큰 계명이 없느니라(마가 12:30-31)'고 하였던 것이요, 《중용(中庸)》의 첫머리에서도 '하늘이 명(命)한 것을 사람의 본성이라 하고, 본성을 따름을 도(道)'라고[27] 하였던 게 아닐까.

옛 성현은 인간본질을 진작 꿰뚫어 보고 우리가 나아가야 할 길을 진즉에 제시하고 있는 것이다. 얼마나 심오한 신의 의도인가. 이제 우리는 한비자(韓非子)나 마키아벨리 수준의 용인술은 결코 리더십의 정수가 될 수 없다는 분명한 답을 얻은 것이다.

그렇다면 리더십의 궁극의 요체는 무엇인가? 말할 것도 없이 '사랑'이다.

'서로 사랑하라. 내가 너희를 사랑한 것같이 너희도 서로 사랑하라(요한 13:34).' 어찌하여 예수께서는 하고 많은 일 중에 그토록 사랑을 강조하고, 또 그 사랑보다 더 큰 계명은 없다고까지 하셨을까. 어찌하여 석가도 자비(慈悲)를[28] 외치고, 공자마저 인(仁)을 그렇게도 강조했던 까닭이 무엇이겠는가.

---

27) 天命之謂性, 率性之謂道, 修道之謂教-(천명지위성, 솔성지위도, 수도지위교). 《중용》, 1장.

28) '자비'는 범어 maitrī-karuṇā의 음역으로, 중생에게 행복을 주는 것(與樂, 여락)을 '자', 고뇌를 제거해 주는 것(拔苦, 발고)을 '비'라 한다. 광대한 자비를 대자대비(大慈大悲)라고 하며, 이는 보통 석가의 자비를 나타내는 데에 사용된다. 석가의 자비는 중생의 괴로움을 자신의 괴로움으로 하기 때문에 '동체대비(同體大悲)'라고 하며, 그 이상이 없는 최상의 것이기 때문에 '무개대비(無蓋大悲)'라고도 한다.

《열반경(涅槃經)》 〈대지도론(大智度論)〉에 의하면 자비에는 ① 중생을 대상으로 일으키는 중생연(衆生緣)의 자비 ② 모든 존재를 대상으로 일으키는 법연(法緣)의 자비 ③ 대상 없이 일으키는 무연(無緣)의 자비라는 3연(三緣)이 있다고 하는데, 그 중 무연자비가 평등 · 공(空)의 입장에 선 것으로 최상이라 한다.

긍정적인 사고, 감사하는 마음, 사랑하는 마음이 소위 '지고경험(至高經驗)'에[29] 이르는 길이요, 그 중에서도 '사랑'이 가장 손쉬운 법이요, 또 최고의 결과를 낳게 한다는 사실을 성현들은 이미 알고 있었던 것이다. 따라서 위대한 리더란 진정 인간을 사랑하는 사람이요, 리더십의 시작과 끝은 결국 사랑이다.

그리고 이것이야말로 신이 인간에게 준 최후의 메시지이다.

---

29) 마슬로우(A. H. Maslow)의 소위 욕구 5단계설 가운데, ① 생리적 욕구, ② 안정의 욕구, ③ 소속감과 사랑의 욕구, ④ 인정받으려는 욕구, ⑤ 자기실현의 욕구 중 마지막 단계인 차원 높은 자기실현의 욕구가 실현될 때의 정신적 상태를 지고경험이라고 하였다.

제2장

입지(立志)[30]

1. 뜻을 세운다
2. 운명을 개척한다
3. 날로 새롭게 하라
4. 교양을 높인다

30) 뜻을 세움.

1. 뜻을 세운다

1987년 11월 〈타임〉지는 다음과 같은 특집기사를 실었다.

'누가 책임을 질 것인가? 국가는 어느 때보다 지도력을 요청하고 있다. 그러나 나라에는 사람이 없지 않은가(Who's in charge? The nation calls for leadership, and there is no one home).'

대통령이 부재(不在)했던 것도 아니요, 주지사가 없었던 것도 아니며, 상원의원이 모자랐던 것도 아니었다. 그런데도 그 특집은 '사람이 없다!' 라고 크게 묻는다.

'Who's in charge?' 세계 최강의 국가, 인재(人才) 많기로 소문난 나라, 리더십 책만 해도 5,000권이 넘게 출판된 나라가 미국이다. 그런 나라에 지도자가 없음을 걱정하고, 지도력의 부재를 한탄하고 있다.

어느 시대나 사람이 없었던 것은 아니다. 문제는 사람은 있어도 옳은 사람이 없었고, 지도자는 있어도 옳은 리더십이 없었던 게 문제였다.

리더십은 어떻게 터득하는가? 몸과 마음을 닦는 것이 시작이다.

그 동안 우리는 헌신짝처럼 내버린 우리의 오랜 전통 속에 큰 가르침이 있었음을 상기할 필요가 있다. 다름 아닌 우리의 '선비정신' 이다.

얼마 전까지 면면히 이어져왔던 선비정신. - 선비란 무엇인가? 한마디로 유덕(有德)한 지식인, 즉 군자(君子)이다.

'유덕하다' 함은? 먼저 예절이다. 선비는 예를 바탕으로 선다(君子立於禮, 군자입어례). 그래서 우리들은 예절을 그토록 귀 아프게 들어왔던 것. 그러므로 우리는 중국까지 제치고 동방예의지국(東方禮儀之國)이라는 말까지 들었던 게 아니겠나.

자신의 욕구를 이기고 예(禮)에 합치되는 행동으로 인(仁)을 성취하고(克己復禮爲仁, 극기복례위인),[31] 마침내 스스로 닦고, 사람을 다스려(修己治人, 수기치인), 백성들을 행복하게(安百姓, 안백성) 하는[32] 사람이 선비이다.

따라서 선비정신이란 남을 사랑하는 마음(爲人, 위인)이요,[33] 자기의 이익보다 항상 의(義)를 생각하고(見利思義, 견리사의),[34] 필요한 때는 자신마저 희생하는(殺身成仁, 살신성인),[35] 철저한 봉공(奉公)의 정신이다. 고금(古今)을 통해 세상 어디에 이토록 훌륭한 가르침이 있었던가.

그러므로 우리의 옛 선비는 예(禮)의 형식에만 얽매이는 공론가(空論家)가 아니라 행동하는 엘리트였다. 따라서 한 인간으로서의 최고의 가치, 최고의 이상은 한마디로 수기이안백성(修己而安百姓), 즉 스스로를 닦아 백성을 편안케 해주는 데 있었다.

그러기에 그 많은 선비가 사화(士禍) 때마다 목숨을 잃어도 굽히지 않고 벼슬길에 나아갔던 것이다. 단순히 개인의 영달만을 위한 것이

31) 《논어(論語)》, 안연(顔淵) 1.
32) 《논어》, 헌문(憲問) 44.
33) 《논어》, 안연(顔淵) 22.
34) 《논어》, 헌문(憲問) 13, 계씨(季氏) 10, 자장(子張) 1.
35) 《논어》, 위령안공(衛靈顔公) 8.

었다면 누가 그 위험한 벼슬길에 나아갔겠는가?

일찍이 공자가 말한 '삼군을 거느리는 장수는 빼앗을 수 있어도, 사람의 뜻은 빼앗을 수 없다'고[36] 한 호연(浩然)의 기개를 우리 선비들은 몸소 실천하였던 것이다.

그렇다면 무엇이 선행되어야 하는가? 그것은 뜻(志)을 세우는 일이다. 뜻을 세우고 이를 가꾸는 일이다.

뜻이란 무엇인가? 자각(自覺)이며 목적이다. 그리고 그것을 이루고 말겠다는 의욕이다. 그러므로 '뜻'이 없다는 것은 삶의 자각도, 목적도, 그리고 의욕도 없다는 말이다. 하물며 지도자에게 있어서야.

'뜻이 있는 자, 마침내 일을 이룬다(有志者事意成, 유지자사의성).' 《후한서(後漢書)》에 있는 말이다.

한 노인이 위수(渭水)에 낚시를 드리우고 있다. 고기를 잡기 위한 것이 아니라 세월을 낚기 위해 곧은 낚시를 썼다는 태공망 여상(呂尙)이다. 그의 나이가 이미 여든, 손주 돌봐주기에도 힘든 나이에 세상을 구하겠다고 때를 기다리고 있다.

때는 은(殷)의 31대 주왕(紂王) 시절(BC 1100년경), 주왕은 달기(妲己)라는 요부(妖婦)에 빠져 포락지형(炮烙之刑),[37] 주지육림(酒池肉林) 등 갖은 악행(惡行)과 음행(淫行)으로 세상이 어지러운 때였다.

사냥 길에 나섰던 서백(西伯, 후에 周文王이 된다)이 범상치 않은 낚시꾼에 끌려 말을 건넸다.

---

36) 三軍可奪師, 匹夫不可奪志也-(삼군가탈사, 필부불가탈지야). 《논어》, 자한(子罕) 25.

37) 포락지형은 기름칠한 구리 기둥을 숯불 위에 걸쳐놓고 그 위로 걸어가게 하는 끔찍한 형벌로, 숯불 위로 떨어져 죽어가는 충신들의 모습을 보면서 달기는 극도로 즐거워했다고 한다.

"낚시 재미가 어떠시오?"

여상이 답하여 "낚시는 세태와 닮았다고 할 수 있지요."

"세태와 닮았다니."

"낚시에도 권모(權謀)가 있는 법입니다. 낚시는 녹(祿)으로 사람을 낚는 것과 같지요. 좋은 미끼를 쓰면 큰 고기가 잡히듯 고록(高祿)이면 사지(死地)에 가는 사람도 쓸 수 있는 법이지요."

그때부터 여상은 서백의 군사(軍師)가 된다. 천하를 구하겠다는 그의 오랜 뜻이 나이 80에야 이루어진 것이다. 그는 문왕과 무왕(武王) 2대를 봉직하며 은을 멸하고 주(周) 건국에 큰 공을 세운다. 만일에 그에게 뜻(志)이 없었다면 어떻게 80이 되기까지 때를 기다릴 수 있었을까?

왜 뜻을 세워야 하는가?

뜻이 있어야 명(命)을 생각하게 되고, 명을 알아야 자기의 할 바를 깨닫게 되고, 할 바를 깨달아야 신념을 갖게 되고, 신념이 있어야 자신감을 갖게 되는 것이다.

'사람이 입지(立志)하지 않으면 키 없는 배와 같고, 재갈 물리지 않은 말과 같다.'[38] 왕양명(王陽明)의 말이다.

그러면 '명(命)'이란 무엇인가?

명이란 하늘이 내린 천부의 능력과 분수요, 이 세상에 온 이유이다.

38) 왕양명(1472~1528)은 명나라 중기의 유학자로 이름은 수인(守仁)이고 자는 백안(伯安). 어느날 밤 석관(石棺) 속에서 깨친 것이 심즉리(心卽理), 지행합일(知行合一), 만물일체(萬物一體)였다. 그의 사상의 요체는 지행합일설로 그의 《전습록(傳習錄)》권2에 의하면 '앎의 진정한 독실처(篤實處)가 곧 행(行)이요, 행함의 명각정찰처(明覺精察處)가 곧 앎이니, 앎과 행함의 공부는 분리할 수가 없다'고 하였다.

소임이다. 그래서 '천명(天命)'이라고도 하는 것이다.

그런데 천명을 흔히 불변하는 운명(運命)이라고 생각하나 그것은 잘못된 생각이다. 운명이란 글자 그대로 움직이는, 변화한다는 '운(運)'의 운명인 것이다.

명은 능력이요, 분수라고 하지 않았는가. 닦으면 능력도 커지는 것이요, 수양하면 분수도 변하는 법. 그래서 '운명'이다. 그러므로 운명은 고정된 게 아니라 변하는 것이다. 다만 얼마나 노력하는가, 얼마나 진지하게 마음을 닦는가에 따를 뿐이다. 따라서 운명이란 내가 뜻을 세워 만들어 가는 것이다.

우주의 가장 분명한 원리의 하나가 만물(萬物)은 유전(流轉)하고 또 그 어느 것도 변하지 않는 것이라곤 하나도 없다는 게 아니던가.[39] 따라서 사람은 자기가 타고난 명(命, 능력과 분수)이 무엇인가를 깊이 살피고(知命, 지명)[40], 주어진 명을 개발하고 발전시켜 마음의 뜻을 세워 세상을 위하여 무엇을 할 것인가를 정한다. 그것이 입지(立志)이다.

---

39) 헤라클레이토스(Herakleitos)는 '만물은 유전한다'라고 하였다. 또 공자는 어느날 냇가에서 '흘러가서 돌아오지 않음이 이 물과 같은가. 밤낮 없이 쉬지 않고 흘러가는구나(逝者如斯夫, 不舍晝夜-서자여사부, 불사주야).' [《논어》, 자한(子罕) 16]라고 하였다. 이처럼 만물은 흐르는 물처럼 끊임없이 변하는 것이다.

40) 공자(孔子)도 '五十而知天命(오십이지천명)' [《논어》, 위정(爲政) 4]라고 했는데, 천명사상은 유가(儒家)의 근본원리이며, '천명을 알지 못하면 군자가 될 수 없다(不知命無以爲君子-부지명무이위군자).' [《논어》, 요왈(堯曰) 3]이라고 한 것처럼 천명은 군자(君子)가 되기 위한 절대요건이기도 하다. 여기서 '명(命)'이란 '하늘이 부여한 본성(天命之爲性-천명지위성)'[《중용》 1장]', 곧 인간의 착한 본성을 뜻하는 것으로 천명을 안다는 것은 인간이 날 때부터 타고난 이 도덕적 인간본성을 깨닫는다는 뜻이다. 공자와 같은 인물도 50이 되어서야 지천명이니 수기(修己)의 어려움을 미루어 알 수 있다.

명(明)나라 때 원요범(袁了凡)이란 사람이 있었다. 이름은 황(黃). 임진왜란의 이여송(李如松)에 앞서 조선에도 다녀간 박학다재(博學多才)한 유학자였다.

그는 생전에 아들을 위하여 《요범사훈(了凡四訓)》—《음즐록(陰騭錄)》이라고도 한다—이라는 책을 남기기도 하였다.

요범이 젊어서 한 기인(奇人)을 만났는데, 자기의 과거를 너무도 정확히 맞추고, 또 자기의 장래까지도 예언을 하는 것이 너무도 그럴듯하였다. 따라서 사람의 운명이란 한 번 정해지면 불변하는 것. 좋건 싫건, 노력하건 말건 정해진 운명대로 사는 것이라고 확신하기에 이른다.

그런데 한 번은 상해(上海)에 있는 운곡선사(雲谷禪師)를 만나 자기의 운명론을 얘기하자, 선사는 적이 놀라며 다음과 같은 말을 하였다.

"당신은 지금 크게 잘못 생각하고 있소. 사람이란 무심(無心)할 수가 없어 세상의 온갖 사물(事物)에 마음을 빼앗기고, 거기에 지배되는 법이요.

이처럼 세상사에 끌려 다니게 되니까 '운명'이라는 것에 지배를 받게 되는 것이외다. 그러나 정말 무심한 경지에 이르면 그때는 큰 지혜가 솟아나와 사물의 도리, 인과관계, 또 소위 말하는 '명(命)'이라는 것들을 깨닫게 되는 법. 그렇게 될 때 자기 자신은 비로소 운명의 주인이 되어 그것을 이끌어 나갈 수가 있게 되는 것이지요.

우리 선가(禪家)에서는 인과의 법칙을 깊이 깨달아 운명도 알고, 스스로 이를 지배할 수 있게 된다고 믿고 있소.

그런데 범인(凡人)은 물욕에 눈이 어두워 인과법칙을 알 길이 없으니 운명에 지배되고 마는 것. 그렇기 때문에 범인은 소위 날 때부터의 운명에 따를 수밖에 없는 것이요. 그러나 성인(聖人)이나 달인(達人)은 이것을 자유롭게 변화 · 조성해 가는 것이지요.
더구나 당신은 유학(儒學)을 하였다면서 '명(命)은 나로부터 만들어지는 것이요, 복 또한 나에게서 구 한다'고한 《시경(詩經)》의 말이나, '천명은 변한다'고 한 글을 모른다니 말이 되오?
우리 불교의 경전에도 '공명(功名)을 굳이 추구하면 못 얻을 것도 없고, 부귀 또한 얻으려 들면 얻지 못할 것도 없다'고 하였소."

선사의 이 말에 그는 크게 깨닫고, 뜻을 다시 세워 마음을 닦는 데 정진하였다. 그러자 기이하게도 지금까지 정확하게 맞는 것만 같던 기인의 예언이 모두 빗나갔다.
예언에 따르면 그는 53세가 되는 8월 14일 축시(丑時)에 죽게 되어 있었는데, 죽기는커녕 건강하게 그날을 잘 넘겼다. 그리고 없을 것이라던 자손도 태어나서 집안이 풍성하게 되었다.
그는 사람의 화복(禍福)이라는 게 모두가 자기로부터 비롯된다는 성현의 가르침을 새삼 뼈저리게 느낀다.
이렇게 정진(精進)을 계속한 그는 명말(明末)을 빛낸 큰 인물로 성장하였고, 자기가 체험한 교훈을 후손을 위해 남긴 것이 바로 '요범사훈(了凡四訓)'이다.

알렉산더 대왕(Alexander the Great)의 입지는 무엇이었던가?
그의 꿈은 그리스와 마케도니아가 있는 발칸반도에 국한되었던 세계를 동방의 소아시아로까지 확대하는 것이었다. 단순한 동방정복이 아닌 동(東)과 서(西)를 하나로 만들겠다는 큰 꿈이었다. 그리고 그것을 곧 하늘이 내린 명으로 생각하고, 명에 따라 자기의 뜻을 세웠다.

후세 사가들은 이것을 헬레니즘(Hellenism)이라 불렀고, 동서의 문명교류를 통한 새로운 문명의 탄생을 가능케 한 위업으로 역사는 기록하고 있다.

원정을 떠나기 앞서 그는 자기가 아껴오던 모든 보물을 신하들에게 나누어주었다. 충성스런 신하 하나가 그의 보고(寶庫)가 텅 빈 것을 걱정하자, 그는 이렇게 말하였다고 한다.

"내겐 가장 아끼는 보물이 따로 있다."

"그게 무엇입니까?"

"'희망'이라는 것이다. 오늘의 내가 있게 된 것은 바로 이 희망 때문이다."

희망이란, 표현의 차이일 뿐 실은 뜻(立志)이다. 그래서 시저(Julius Ceaser)는 이것을 '운'이라 불렀고, 나폴레옹은 '별(星)'이라 했다던가. 그런데 드골은 이것을 '본능(本能)'이라고 불렀다.

"후르시초프나 스탈린은 세계를 진동케 한 강력한 지도자였다. 그러나 하마터면 큰일을 저지를 뻔한 위험한 지도자였다. 모택동도 큰 산(山)을 움직였지만 한편으로 수천만 명의 삶을 파괴하였다." 닉슨의 말이다.

왜 이들은 위험한 지도자, 남을 불행하게 한 지도자가 되고 말았는가?

'입지'가 잘못되었기 때문이다.

2. 운명을 개척한다

‘인생오계(人生五計)’라는 게 있다. 송(宋)나라 장군 악비(岳飛)와 동시대 인물로 주신중(朱新仲)이라는 사람이 한 말이다.[41] 한 인간이 세상에 나서 옳은 삶을 살려면 적어도 다음 다섯 가지는 생각하라고 했다.

첫째, 생계(生計)-먹고 사는 경제문제가 아닌 건강한 육신을 유지하기 위한 계책은 무엇인가?

둘째, 신계(身計)-이 한 몸의 처세는 어떻게 할 것인가? 즉 어떤 뜻을 세워 무엇을 위하여 자기는 한 세상을 위해 진력할 것인가?

셋째, 가계(家計)-한 가장으로서 가정과 후손은 어떻게 다스리고 가르쳐 갈 것인가?

넷째, 노계(老計)-기력이 쇠잔하는 노년은 어떻게 맞이하고 보낼 것인가?

다섯째, 사계(死計)-한 번 사는 인생인데 어떤 죽음으로 일생을 마감할 것인가?

---

41) 주신중은 재상 진회(秦檜)의 비위에 거슬려 벽지인 광동에 19년간이나 유배생활을 하게 된다. 대부분의 사람들은 그런 유배생활을 하다보면 성격이 어두워지고, 비관적이 되기 쉬운데, 주신중은 오히려 명산대천의 뛰어난 경치를 즐기는 한편, 명상을 하고 시와 노래로 풍류를 읊었다고 한다.

사람이 세상에 나서 잘 사는 사람, 못 사는 사람이 있는가 하면, 좋은 일에 큰일을 하는 사람도 많고, 한편, 갖은 악행을 남기고 떠나는 사람들도 허다하다. 따지고 보면 모두가 '인생오계'를 잘하고 못한 결과일 것이다. 입지와 입명으로 우리는 운명조차 바꾸어갈 수 있다고 하지 않았는가.

어차피 한 번 사는 세상이다. 세상이 있어 내가 있는 것이지만, 한 번 받은 내 인생은 내가 중심이다. 왜냐하면 나를 그 누구도 대신하지 못하며, '내 일'은 내가 하는 것이지 남이 대신할 수 없기 때문이다. 나는 또한 지금의 나로서 끝나는 게 아니며 어제의 나도 나요, 지금의 나는 물론 내일의 나도 나이며, 죽어서도 나는 나다.

그런 나는 또한 혼자 왔다 혼자 가는 게 아니며 아무개 아들과 손자로, 누구의 친구요, 남편이요, 아버지요, 사회일원으로서 나이다. 결코 나는 작은 '내'가 아니다. 따라서 크건 작건 한 번 사는 세상, '5계'를 한 번은 생각해야 할 것이 아니겠는가? 하물며 지도자 될 사람이야 다시 일러 무엇 하랴.

'지도자란 지금의 자기 처지보다 한층 높은 곳에 뜻과 몸을 두어야 한다.' 파스칼(E. Pascal, 1588~1651)의 말이다.[42]

수신(修身)이요, 정진(精進)이다.

무엇으로부터 시작할 것인가?

모든 것은 내가 중심이라고 하지 않았던가. 그러므로 학문도 자신을 위해 시작하고, 모든 것을 자신에게 구하며, 남을 바로잡기에 앞서

42) 프랑스의 수학자 파스칼(Blaise Pascal, 1623~1662)의 아버지. B. 파스칼은 세무장관이던 아버지 E. 파스칼의 작업능률을 높이기 위해 계산기를 시작(試作)하기도 했다.

자기부터 바로잡으며, 남을 이기기보다 자기를 이겨야 하며, 남을 알려고 하기 앞서 자기를 알아야 할 것이다.

자로(子路)와 자공(子貢), 안연(顔淵) 세 사람이 '지(智)'를 두고 토론을 벌였다.

"지자(智者)란 사람들로 하여금 나를 알게 하는 것이다."

자로의 말에 "지자란 사람을 아는 것이지"라고 자공이 받았다.

그러자 안연은 "지자란 스스로를 아는 것이 아닐까." 세 사람의 말을 잠자코 듣던 공자 무릎을 치며 "그런 사람을 사군자(四君子)라 하느니라." 《공자가어(孔子家語)》에 나오는 이야기다.

소크라테스(Socrates)에 앞서 그리스 델포이(Delphoi)의 아폴로 신전 비문에도 '너 자신을 알라(gnōthi sauton)'라고 새겨져 있다지 않다던가. 참으로 진리에는 동서에 구별이 없다.

'오하의 아몽(吳下阿蒙)'이라는 말이 있다. 아몽이란 삼국시대 오나라 장군 여몽(呂蒙)을 가리키는 말이다. 어제나 오늘이나 발전이란 없는 사람, 노력하지 않는 사람이라는 뜻으로 쓰인다.

여몽하면 적벽대전(赤壁大戰)에서 조조의 100만 대군을 무찔러 역사에도 남는 큰 인물이다. 그런 그도 젊어서는 무용(武勇)만 뽐낼 뿐, 상당한 지위에 오른 후에도 공부를 멀리하였다.

주군인 손권(孫權)이 보다 못하여 여몽을 불러 충고를 하였다.

"경(卿)도 이제 견주는 길에 들어서서 일을 맡게 되었다. 학문을 닦아 스스로 틔어야 하지 않겠나?"

"저의 소임은 진중의 군무(軍務)라 아무래도 독서와는 거리가 있는 듯합니다."

"무슨 변명인가. 학자가 되라는 말이 아니다. 나도 젊어서부터 정사(政事)를 맡아왔지만 3사(三史: 戰國策-전국책, 史記-사기, 漢書-한서)와 병서 읽기를 게을리 하지 않고 있지 않은가."

여몽은 그후로 느낀 바 있어 《손자병법(孫子兵法)》과 《육도(六韜)》, 사서(史書)로는 3사 외에도 《좌전(左傳)》, 《국어(國語)》 등을[43] 열심히 공부하였다.

훗날 그 스스로가 '다시는 오하의 아몽이 아니다'라고 술회했듯, 조조를 물리치고 끝내는 명장 관우(關羽)까지도 베는 큰 인물로 성장한 것이다.

이렇듯 학문은 수양의 시작이다. 그래서 공자도 '내 나이 열다섯에 학문에 뜻을 세우고, 30에 모든 기초를 세워…"라[44] 했던 것이다.

학문은 왜 하는가? 지식을 얻기 위해서다.

그런데 지식이란 아는 것, 듣고 배워서 아는 것이다. 그러나 소위 지식, 즉 안다는 것만으로는 부족할 때가 많다. 왜냐하면 지식과 행동은 별개의 것이기 때문이다.

지식이 힘을 발휘하자면?

지식이 식견(識見)으로 발전해야 한다. 식견이란 단순히 아는 것만이 아니라 보고 배운 것, 즉 그 사람의 인격이 체험하고, 세상을 겪으면서 몸에 익힌 깨달음과 지식이 합쳐진 것이다.

이시다 미쓰나리[石田三成], 도요토미 히데요시[豊臣秀吉]가 가장

43) 《좌전》은 공자의 《춘추(春秋)》를 노(魯)나라 좌구명(左丘明)이 해석한 책으로 《좌씨전》, 《춘추좌씨전》으로도 불린다. BC 722~BC 481의 역사를 다룬 것인데, 역시 좌구명이 쓴 춘추시대 8국의 역사를 나라별로 적은 역사책인 《국어》와 자매편이다.

44) 《논어》, 위정(爲政) 4.

신임했던 가신(家臣). 훗날 히데요시 사후(死後), 풍신가의 재기를 위해 동군(東軍) 수장 도쿠가와 이에야스[德川家康]와 천하를 두고 '세끼가하라'에서 한판 벌일 때 서군(西軍)의 수장(首長).

이시다가 젊었을 때, 큰 비가 와서 수도 교토[京都]의 요도가와[淀川] 둑이 무너졌다. 사람들은 어찌할 줄 몰라 허둥대면서도 부지런히 흙 포대를 쌓았다. 그러나 장대비가 계속하자 흙주머니로는 미처 막을 수가 없게 되었다. 모두가 말만 앞세울 뿐, 묘책이 없어 당황하고 있을 때, 마침 당대의 영재(英才)라던 이시다[石田]가 나타났다.[45]

사태의 심각성을 즉각 눈치 챈 그는 일단의 부하들에게 다음과 같이 명령한다.

"저 쌀 창고를 열어라. 그리고 쌀가마니로 제방을 막으라."

사람이 먹는 쌀로 홍수를 막다니, 남들이 감히 생각하지 못했던 것은 당연한 일. 모든 사람이 덤벼 쌀 수백가마니를 옮겨 제방을 막으니 비로소 물길을 잡을 수가 있었다. 그리고 홍수가 멈춘 다음, 쌀을 풀어 수재민을 구휼했다. 이런 것이 식견(識見)이다.

그러나 세상일은 식견만 가지고도 안 될 때가 있다. 식견은 정확한 판단을 가능케 하지만, 큰일에는 과감한 행동이 필요하고, 용기가 있어야 하기 때문이다. 지식과 행동이 별개이듯 판단과 행동 또한 별개의 것이다.

얽히고설킨 게 세상이다. 행동을 시작하면 걸리는 게 너무 많다. 좋아하는 사람, 싫어하는 사람이 같은 일을 두고 갈린다. 모처럼 좋은 일 하는데 욕을 먹는다. 남 좋으라 시작한 일인 데도 손해 보는 축이 생긴다. 이렇듯, 세상사 이해득실이 간단치 않다.

45) 이시다는 히데요시의 아들을 받들어 끝까지 도쿠가와[德川家康]에 대항, 세끼가하라 싸움에서 대패하여 죽음을 당한다.

행동을 개시하면 이런 반대와 저런 비난에 부딪힌다. 싸움도 해야 한다. 일이 크고 중요할수록 시끄러운 것은 당연한 일. 행동에는 용기가 필요하다. 용기는 어디서 나오는가. 신념(信念)에서다. 신념은 어떻게 키우는가?

인격과 경험을 걸고 지식을 소화한다. 식견 위에 꿈과 뜻을 세운다. 내가 생각하는 세상, 내가 생각하는 가치(價値) 그리고, 천명(天命)을 생각한다. 마침내 식견이 신념으로 바뀐다.

지도자가 아무나 될 수 없는, 또, 되어서도 안 되는 이유의 하나다.

'아는 것이 어려운 것이 아니라, 안 뒤에 대처하는 것이 어렵다.'[46] 한비자(韓非子)의 말이다.

신념은 이같이 행동력을 뒷받침하는 것이요, 모든 것을 거는 용기와 자신감, 그리고 때로는 어떤 희생도 감수하는 정신이다.

안중근이 삼엄한 경비 속에서 이등을 쏜 것은 신념이다.

2,000년 전 탈옥해서 목숨을 구할 수 있었던 소크라테스가 '법은 법, 악법도 지켜야 한다'며 사약을 들이킨 것도 신념 때문이다.

2차대전 중 맥아더(Douglas MacArthur)는 때때로 부하들을 난처하게 만들기 일쑤였다. 일본군의 공격이 시작되어 포탄이 진지 내에 떨어져도 대피는커녕, 태연히 쌍안경을 들고 적정(敵情)을 살피는 게 상례였다. 참모들이 조바심을 내면, 으레 하는 대답이 '일본군 총탄은 아직 나를 죽이지 못한다.'

1944년 레이테(Leyte)섬 일본군 포로수용소를 점령했을 때이다.

---

46) 非知之難也. 處知 則難也-(비지지난야. 처지 즉난야). 《한비자(韓非子)》, 설란편(說難篇).

영양실조와 학대로 피골이 상접한 옛 부하를 만나게 되었다. 분노에 찬 그는 군의관을 돌아보고는 "여기까지 와서 그냥 돌아갈 수 없다. 일본 놈들이 어디 있는지 찾아야겠다."

일본군의 시체를 여러 구 뛰어넘어 적의 기관총 진지가 있는 곳까지 나아갔다. 부하들의 성화로 마지못해 돌아서서는 성큼성큼 걸어 나오는 것이었다. 뒤따르던 참모들의 등줄기에서는 식은땀이 흘렀다.

6·25전쟁 때에도 그의 버릇은 여전하였다. 백마사단장을 지낸 박현식(朴賢植) 장군의 목격담이다.

1950년 6월 27일 대부분의 국군병력이 38선 상에서 붕괴된 후, 남은 부대가 겨우 한강을 도강하여 방어선을 치고 있을 때이다.

맥아더가 예고도 없이 동경으로부터 수원비행장에 날아와서는 차편으로 한강 방어선을 시찰차 나왔다. UN은 참전 결정만 있었을 뿐, 한반도는 그야말로 북괴군의 전차대 앞에 벌거숭이로 내던져진 위험한 시기였다. 그 시기에 연합군 최고사령관이 수행원 몇몇만을 대동하고 최전선에 나타난 것이다.

거구의 맥아더가 그 특유의 복장과 모습 - 카키복, 찌그러진 모자, 색안경, 옥수수 깡 파이프 - 으로 강북의 적정을 바라보고 있을 때였다. 갑자기 소련제 야크(YAK)전투기 2대가 나타나 국군진지에 공격을 개시했다.

개전 초는 제공권까지 북괴가 갖고 있던 때라 당연한 일. 놀란 참모와 수행원들이 몸을 피하여 둑에 다 엎드렸는데 맥아더는 그 큰 체구를 꼿꼿이 세운 채, 강북 쪽을 묵묵히 바라보고 있었다.

다음은 닉슨 대통령의 맥아더에 대한 회고이다.

〈내가 맥아더를 처음 본 것은 1951년 상원의원으로서 그의 유명한 연설, '노병은 죽지 않고…'를 하던 상하양원 합동회의장이었다.

그는 마치 고대 신화에서나 나오는 영웅처럼 등단하였다. 그의 말 한마디 한마디는 너무도 훌륭하여 회의장 전체가 마술에 걸린 것만 같았다. 그의 연설은 몇 번인지를 모를 정도로 열렬한 박수 때문에 중단되었다.

'노병은 죽지 않고 사라질 뿐'이라는 감동적인 말로 연설을 끝냈을 때, 의원들은 일제히 일어나 눈물을 흘리며 절규하였다. 이런 열광은 역대 대통령 누구도 받아보지 못한 의회 사상 최대의 환호였다.〉

현역시절 대통령 앞에서도 그는 소신과 신념을 굽히지 않았다.

1934년 참모총장 시절, 예산문제로 루스벨트 대통령과 정면으로 부딪혔을 때이다. 동행했던 육군장관이 의당 나서서 주장할 일에 장관이 침묵하고 있자 "우리 청년들의 가슴에 적군의 총검이 꽂히고, 적군 병사의 구둣발이 미국 군인의 목덜미를 짓밟을 때, 그 저주는 누구에게 향하겠습니까? 그것은 나 아닌 대통령 각하 당신의 몫입니다." 배석한 장관의 안색이 변했다.

한국전쟁 중에도 그의 신념을 끝내 꺾지 못한 트루먼은 대신 그의 자리를 뺏을 수밖에 없었다. 맥아더야말로 신념의 사람이다.

3. 날로 새롭게 하라

'참으로 하루를 새롭게 할 수 있거든 나날이 새롭게 할 것이요, 또 날로 새롭게 할 것이다.'[47] 《대학(大學)》에 나오는 말이다. 은(殷)의 시조 탕왕(湯王)이 자신의 세숫대야에 새겨 매일 아침이면 보았다는 글.

날로 새롭게 한다. 변하는 세상에 맞추어 왕 자신이 날로 새로워진다. 얼마나 철저한 정진(精進)인가.

'만물은 유전(流轉)한다. 오늘의 태양도 이미 어제의 태양은 아니다.' 헤라클레이토스의 말이다.

우주는 한시도 쉬지 않고 변하는데, 살아 숨쉬는 사람이 어찌 변하지 않고 가만히 있을 손가? 그래서 동서고금을 통하여 성현(聖賢)들은 부지런히 몸과 마음을 닦도록 가르친다. 하물며 남의 위에 서려는 지도자에 있어서야.

춘추오패(春秋五覇)의 하나인 초(楚)의 장왕(莊王)이 하루는 신하인 첨하(詹何)에게 물었다.

"나라를 다스리는 데는 어떻게 하는 것이 좋겠는가?"

"저는 제 자신을 닦는 것은 알고 있으나, 나라를 다스리는 것은 잘

---

47) 苟日新, 日日新, 又日新-(구일신, 일일신, 우일신). 《大學》, 전문(傳文) 2.

모르겠습니다.”

그러자 장왕은 “나는 나라를 다스리는 방법을 알고 싶다고 했다”고 거듭 물었다.

첨하도 거듭 대답했다.

“저는 군주가 자기 자신을 잘 다스렸는데 나라가 어지러워졌다는 얘기를 들어본 적이 없습니다. 또 자신을 잘못 다스렸는데 나라가 잘 됐다는 애기도 들어보지 못했습니다.”

스스로 닦는 일이 치인(治人)에 앞서야 한다는 간언(諫言)이다.

“음, 잘 알았다.”

현명한 장왕은 고개를 끄덕였다.[48]

따지고 보면 수신(修身) 중에 마음 닦는 일이 가장 어려운 일이다. 학문을 익히고 몸을 단련하는 것은 조금만 부지런하면 못할 것은 없다. 그러나 인간의 마음에서 우러나는 번뇌(煩惱), 이를테면 불교에서 말하는 5번뇌(五煩惱) 같은 것은 사람이면 누구나 떨쳐버리기 어렵다. 즉 욕심[貪, 탐]과 성냄[瞋, 진]과 어리석음[癡, 치]과 게으름[慢, 만], 그리고 모든 걸 의심하는[疑, 의] 마음이다.

이러한 마음의 번뇌는 분명히 머리의 문제와는 다르다. 학문을 하듯, 오늘날 성행하는 주지주의(主知主義) 교육으로는 떨쳐버릴 수가 없다. 그것은 들어서 아는 머리의 문제가 아니라 가슴으로 깨닫고 몸으로 터득해야 할 일이기 때문이다.

당(唐)나라 때 덕산선감(德山宣鑑)이라는 스님이 있었다. 그는 일찍이 경(經)에 통달하였고, 특히 그의 금강반야경(金剛般若經)은 당대에

48) 《열자(列子)》, 설부편(說符篇).

그를 따를 스님이 없다고 자타가 인정하는 실력자였다.

그런데 용담(龍潭)에 사는 숭신(崇信)이라는 큰 스님에 사사(師事)를 하면서, 비로소 선감은 깨달음의 경지에 도달한다.

즉, 진정한 깨달음이란 경(經)에 정통한다고 되는 게 아니며, 자기 자신을 꿰뚫을 수 있을 때 가능하다는 것, 다시 말해 지식이 아니라 자기의 본성[眞如心, 진여심]을 붙잡고 되찾을 때 깨달음의 경지에 도달한다는 것을 비로소 알게 된 것이다.

오랜 세월, 밤늦도록 스승 숭신의 설법을 들었는데도 전혀 느낌이 없었다.

어느날, 날이 거의 샐 무렵, 스승이 조용히 부른다. "선감아, 나는 이제 내가 아는 것은 모두 일러주었다. 나를 떠날 때가 된 것 같다. 지금 곧 떠나거라."

선감은 답답하였다. 도무지 깨달은 게 없는데, 지금 떠나라고?

"스승님, 지금 꼭 떠나야 합니까?"

"내가 아는 건 다 가르쳤다고 않더냐. 빨리 서두르라. 밖이 어두우니 등불을 밝히고 가는 게 좋겠다."

선감이 등불을 들고 막 나설 때이다. 갑자기 스승은 선감의 등불을 낚아채어 멀리 던져버렸다. 사방이 칠흑같이 어두워졌다.

"어서 가거라!"

바로 그때, 선감은 번쩍하고 깨달았다는 것이다.

그를 득도케 한 것은 자신의 전문이던 금강경도, 스승의 설법도 아니었다.[49]

49) 이 이야기는 '격죽선감(擊竹宣鑑)'이라는 일화로 널리 알려져 있다.

'무턱대고 책(書)을 믿는 것은 책이 없는 것과 같다.'[50] 《맹자》에 있는 말이다. '위에 있는 자가 아는 것만을 좋아하고 도(道)를 무시하면 세상이 큰 혼란에 빠진다.'[51]-장자(莊子)의 말이다. 모두가 지식의 한계를 경고한다.

마음을 닦으려면? 몸부터 닦는다. 성현들이 명상이나 고행을 통하여 번뇌를 극복하려던 것이 다 까닭이 있었을 것이다

중국 선종(禪宗)의 백장선사는 '一日不作, 一日不食(일일부작, 일일불식)'이라고 하였다. 하루 일하지 아니하면 그날은 먹지 말아야 한다는 말이다. 마음을 닦으라는 말 대신에 분명히 '不作', 즉 '일하지 않으면'이라고 하였다. 왜 그랬을까?

불교에서는 '색심불이(色心不二)'라고[52] 한다. 즉, 색(色-몸, 물질)과 심(心-마음, 정신)을 둘이 아닌 하나로 본다. 몸과 마음뿐이 아니라 우주 속의 모든 것은 개별적으로 존재하는 것이지만, 실은 모두가 깊은 연관을 맺고 있어 크게는 하나로 본다는 뜻이다. 소위 '전일성(全一性)'[53]이다.

---

50) 書信書則不知書無(서신서칙부지서무). 맹자(孟子), 진심장구하(盡心章句下)-3.

51) 上誠好知而無道, 則天下大亂矣-(상성호지이무도, 측천하대란의). 장자(莊子) 외편(外篇)-10.

52) '색심불이'의 '색(色)'은 몸 또는 현실을, '심(心)'은 마음 또는 진리를 뜻한다. 진리와 현실이 둘이 아니라는 불교의 교설로, 이의 반대는 진리를 현실보다 근본시하는 '심본색말(心本色末)'이다.

53) 전일성이란 정신과 물질을 확연히 분리시켜 생각하는 환원주의적 생각에서 벗어나, 정신과 물질이 같은 근원에서 비롯되는 것은 물론이고, 이 우주를 구성하고 있는 요소들도 부품 또는 한 부분으로서 존재하는 것이 아니라 서로 긴밀히 연결된 전체로서 파악되어야 한다는 것이다. 김재희 편, 《신과학산책》(서울: 김영사, 1992. P.119.)

따라서 마음을 닦기 위해 몸부터 닦는다. 마음이 몸이요 몸이 마음이기 때문이다. 색심불이다.

그런데, 마음은 잡기 어렵다. 몸은 오관이 있으니 잡힌다. 몸 닦는 게 쉽다. 그래서 사람들은 몸부터 수행(修行)하고, 고행을 한다. 그래서 백장은 부작(不作)이라 했던 것이요, 현자들은 고행(苦行)을 일삼았던 것이다.

하루를 살았으면 하루를 닦고, 이틀을 살았으면 이틀을 닦는다. 하루가 다르게 우주는 변하기 때문에, 자신도 하루가 다르게 날로 새로워져야 하는 것이다.

그러면 지금부터 고행을? 옛날같이 고행(苦行)은 할 수 없는 것. 차선책으로 명상을 한다. 그리고 하루 한 번은 스스로를 돌아보는 것이다.

'하루 세 번 나는 스스로를 돌아본다. 첫째 남을 위하여 하는 일에 진심을 다하였는가? 둘째, 벗과의 관계에서 믿음을 잃을 일은 없었는가? 셋째, 공부를 게을리 하지 않았는가?'[54] 증자(曾子)의 일일삼성(一日三省)이다.

인간이라는 고고한 도덕적 존재가 왜 지구상에 태어났을까? 하늘이 인간을 이 세상에 내보낸 참뜻은 과연 무엇인가?

지도자가 되려는 사람, 한 나라의 대통령이 되고 싶은 사람은 더더욱 진지하게 물어야 할 것이다. 특히 천명을!

나는 과연 남 위에 설 지도자로서 자격을 갖추고 있는가? 나는 과

54) 吾日三省吾身: 爲人謀而不忠乎? 與朋友交而不信乎? 傳不習乎?(오일삼성오신: 위인모이불충호? 여붕우교이불신호? 전불습호?). 《논어》, 학이(學而) 4.

연 인간의 도덕적 본성을 깨닫고, 그것을 실천할 수 있는 신념과 각오가 되어 있는가? 나는 과연 분수를 알고 일국의 대통령으로 나서고 있는가?

한 치의 오차도 없는 이 우주의 운행을 보라. 정확하고 바른 것 외에는 그 어떤 예외도, 부정확성도 그곳에 끼어들 여지가 없다. 그래서 주역에서는 '천도의 바른 운행을 본받아 군자는 부단히 덕을 쌓아야 한다'고 하였다.[55]

무엇을 본받는가.

정직(正直)성이다. 공정성(公正性)이다. 천하위공(天下爲公)이다.

우주가 한 치의 오차도 용서하지 않듯이 지도자가 될 사람은 정직하고, 사욕(私慾)을 버릴 수 있는 데까지 버려야 한다. 멸사봉공(滅私奉公), 선공후사(先公後私)는 절대이다. 무릇 모든 지도자가 실천해야 할 행위의 기준, 최고의 덕목이 있다면 그것은 '사(私)'를 얼마나 멀리 할 수 있는가, 그리고 '공(公)'은 어디까지 밀고갈 수 있는가가 아닐까?

따라서 마음을 닦는 일의 첫째는 정직이요, 얼마만큼 자기를 버리고 공을 앞세울 수 있는가에 역점을 두는 일이다. 우리의 오랜 가르침인 수신(修身)이나 극기(克己)에서도 사욕을 버리는 데 우선을 두었다.[56]

---

55) 天行建 君子以自彊不息-(천행건 군자이자강불식). 《주역(周易)》, 건상전(乾象傳).

56) 공자는 정치는 바른 것, 즉 정자정야(政者正也, 안연-17)라고 하였다. 정치의 본질을 이토록 간명하게 설파한 정치사상이 또 있었던가. 정치란 정도(正道)요 정의다. 바르고 정의로우려면 먼저 정직하고, 공정하고 탐욕을 버려야 한다고 설파했다. 따라서 지도자는 마땅히 이런 덕부터 갖추어야 하며, 이런 지도자를 공자는 북극성에 비유하여 '덕으로 정치를 하는 것은 마치 북극성이 한자리를 지키고 여러 별들이 이를 중심으로 돌고 있는 것과 같은 것[爲政以德 譬如

크고 작은 Top들이 정직하고, '선공(先公)' 하나만이라도 명심하고 지켰으면 오늘의 우리 정치가 이렇듯 더러운 수렁에서 헤매고 있지는 않을 것이다. 크고 작은 지도자들이 밤하늘을 우러러 한번만이라도 자신을 뒤돌아보았다면 우리 사회가 이렇게 어지럽지는 않았을 것이다.

2002년 우리국민은 일찍이 맛보지 못했던 생(生)에 대한 감격, 한국인으로서의 자부심을 만끽하였다. 바로 월드컵 축구다. 실로 그것은 단군 이래 초유의 국민적인 보람과 환희의 축전이었다. 히딩크라는 파란 눈의 한 사나이가 30여 명 한국선수들의 가슴에 불을 붙였다. 바로 그 불꽃은 국민의 가슴에도 옮겨 붙었다. 5천만이 열광하고, 한반도 전체가 뜨거웠다.

어떻게 이런 엄청난 사건이 가능했는가?

그것은 한마디로 '공정성' 때문이다. 히딩크는 그동안 학연, 지연, 금력 등 온갖 부조리로 찌들고 더렵혀진 우리의 선수기용 풍토에 오직 공정한 데이터(컴퓨터에 입력된 선수들의 객관적 각종 지표)만을 기준으로 선수들을 운용하였다. 그게 바로 성공의 열쇠였다.

감독과 선수들은 인격과 인격, 혼과 혼의 교감을 이룩하여 폭발적인 능력을 발휘, 세계 42위의 한국 축구를 일거에 세계 4위로 끌어올렸다.

北辰 居其所 而衆星共之-(위정이덕 비여북신 거기소 이중성공지), 《논어》, 위정(爲政) 1]'이라고 하였다. 즉, 북극성이 항상 한자리를 지켜 공정성을 잃지 않기에 뭇 별들이 그를 중심으로 돌 수 있듯이 정치가 공정성을 잃지 않을 때 바른 정치가 선다고 보았다. 이렇듯 우리 정치는 전통적으로 공정성과 도덕성을 강조했다.

우리 태극전사들이 게임마다 보여준 투지와 애국심은 5천만 온 국민의 공명(共鳴)을 불러일으켜 우리국민은 물론 세계인들까지도 차원 높은 보람과 감격, 그리고 환희를 맛볼 수 있게 하였다.

히딩크의 리더십, 그 감격, 그 교훈… 더러운 늪으로 우리 정치를 끌고 가는 정치인들은 깊이깊이 되새길 일이다. 그들을 뽑은 우리도 정신을 차릴 때가 되었다.

4. 교양을 높인다

역사상 대왕이란 칭호로 불리는 왕은 알렉산더와 프리드리히(Friedrich II)뿐이다.

프리드리히 대왕은 당시로서는 약소국인 프로이센에서 태어났다. 그러나 주변 4대 강국(오스트리아 · 프랑스 · 러시아 · 스웨덴)을 상대로 '7년 전쟁'(1756~1763)을 벌려, 선조 대대로 꿈꾸어 왔던 슐레지엔과 그라츠 지역을 병합해 훗날 독일 통일의 기틀을 잡았다.[57]

전쟁에서 그토록 큰 성공을 거둔 이면에는 다음과 같은 세 가지 이유를 들 수 있다.

첫째, 부왕인 프리드리히 빌헬름 1세로부터 유산으로 넘겨받은 소위 '포츠담의 거인군(巨人軍)'이다.

거인군이란 부왕의 근위병으로 신장이 2미터 이상인 사람만을 골라 편성한 정예부대였다. 부왕이 53세로 죽었을 때, 무려 8만 명의 거인 부대를 상속받았다.

---

57) 전혀 불가능할 것으로 여겼던 로이텐 전투에서 승리함으로써 프로이센은 슐레지엔과 그라츠 지역을 확보하게 된다. 훗날 나폴레옹은 이 전투를 두고 '이동, 작전행동, 결단의 걸작품'이라 평가하고, '이 전투만으로도 프리드리히는 불멸의 인물이 되기에 충분하며, 가장 위대한 장군의 반열에 오를 수 있다'고 평가하였다.

둘째, 융커(Junker)이다. 융커란 엘베 강 이동(以東) 북부 독일의 귀족 집단이다. 이들의 아들은 소년시절부터 종군을 하거나 독일기사단에 편입 되었다. 북동부의 이교도들과의 전쟁도 주로 이들이 수행하였다.

융커는 대개 500 헥타르 정도의 농장을 경영하였고 이들의 차남 이하의 남자들은 프로이센의 관료, 특히 상비군의 장교로 발탁되었다.[58]

이들이 훗날 독일 참모본부의 중핵을 이루는 것이다. 20세기에 들어와서도 독일 육군의 장교 20% 이상이 융커 출신이었다. 그들은 근엄한 루터파 프로테스탄트들로 국가에의 충성을 최고의 덕목으로 삼았다.

셋째, 프리드리히 대왕의 전략가로서의 뛰어난 재능이다. 나폴레옹이 가장 심취한 전략가가 바로 프리드리히였다.

그의 전략은 철저한 제한전쟁이다. 전면전이나 총력전은 애써 피했다. 주변국들에 비해 국력이 달렸기 때문이다. 그러나 항상 열세한 병력을 신속한 기동으로 극복, 집중과 속전으로 승리를 이끌어냈다.

거인부대의 행군 속도는 당시 유럽 보병의 두 배인 20km/일(나폴레옹 시대에 와서야 가능했던 행군속도), 포병화력의 효과적 운용과 전술전기의 꾸준한 개발로 후세에는 위대한 군사전략가로 더 알려졌다.

그러나 그의 재능은 문학과 음악에서도 뛰어나, 지나치게 심취한 그를 걱정한 부왕은 왕위 계승권도 빼앗고 투옥까지 하였다. 한때는

---

58) 융커들은 제후에게 자금을 제공해 주는 조건으로 장교단을 구성 배타적으로 기득권을 유지하고 장원의 농부들을 농노화할 수 있게 된다. 이러한 특권이 주어진 대가로 융커들은 자진해서 군복무를 하게 된다.

탈옥까지 해서 영국으로 도망치다가 체포되어 동행했던 장교는 처형까지 당하였다.

그러나 왕좌에 오른 후, 그는 언론의 자유를 인정하고, 고문을 폐지, 신앙의 자유 등 대폭적인 계몽정책을 펴 프로이센을 유럽의 강자로 키워낸다. 칸트(Immanuel Kant) 조차 그의 치세를 '프리드리히의 세기(世紀)'라고 불렀다.

그는 문학과 음악에 대한 관심과 재능도 뛰어나 프랑스어로 저술을 하는가 하면, 교향곡까지도 작곡하였다. 그의 '심포니 D'는 '음악의 아버지' 바흐(Johann S. Bach)도 놀라고 감탄했다는 작품.

희대의 야심가요, 위대한 전략가 나폴레옹도 젊었을 때는 소설을 썼다.

1786년 열일곱 살에 우화집(寓話集) 《토끼와 사냥개와 포수》를 쓰고, 에세이로는 《인생에 대하여》를 남겼다.

다음 해에는 꽁트 《가면의 예언자》, 혁명이 나던 '89년에는 《애국자장 피에르 오르나노》를 쓰고, 또 사론(史論) 《코르시카 소사(小史)》를 10년에 걸쳐 썼다.

1790~'91년 사이에는 《행복론》, 《연애론》이라는 논설을 집필하였다. 《행복론》에서는 '행복의 기초는 사상과 언론의 자유, 또 그 소질에 적합한 생활에 있다'라고 주장하였다.

나폴레옹의 논설 《보겔의 석식(夕食)》(1793)은 혁명에 관한 것을 대담형식으로 쓴 정치평론이다. 다음해 팸플릿으로 공표한 것이 자코뱅 당(黨)의 지지자로 몰려 체포, 투옥되는 고초도 겪는다. '보겔'이란 레스토랑의 이름이다.

본격적인 소설로는 1795년을 전후한 그의 나이 26세경의 작품으로 《끌리송과 앙제니(Clisson et Engenie)》가 있다. 이것은 나폴레옹의 자서전적 단편소설로 프랑스 혁명기의 혼란한 시기를 산 청년장교의 전쟁과 사랑의 이야기.

이 소설이 세상의 빛을 본 것은 나폴레옹이 죽은 후 100년도 더 지난 1955년이었다.

소설의 원고는 발표를 미루고, 어딜 가든 항상 지니고 다녔다. 이집트 원정 때는 물론 훗날 유배지 세인트 헬레나섬까지 가져갔던 것.

소설은 약 3,000 단어짜리 대형 원고지 12장에 쓴 것인데, 세인트 헬레나에서 나폴레옹이 타계한 후에야 세상의 빛을 본다.

총 12매의 원고 중 8매는 폴란드 바르샤바에 있는 코르닉크성(城)의 역사관이 보관하고 있었다. 나머지 4장은 행방을 알 수 없었는데, 20세기에 들어와 런던의 골동품 시장에서 발견되었다.

나폴레옹의 군사적인 업적에 필적하는 것이 〈나폴레옹 법전〉이다. 나폴레옹 제국은 1815년 붕괴하였지만 그가 남긴 민법전(民法典)은 그 이후에도 100년 동안 유럽을 지배하였다 해도 과언이 아니다.

그가 1804년 공포해서 1825년에야 〈나폴레옹 법전〉으로 명명된 이 법은 '법 앞의 평등, 개인의 자유, 소유권의 존중' 등 프랑스혁명의 '인권선언'을 구체화한 것이다.

이것은 근대국가 법전의 원점이 되어 유럽은 물론 미국대륙에까지 영향을 미쳤다. 이것이 로마의 ‹유스티니아스 법전›, 〈함무라비 법전〉과 함께 세계3대법전으로 불리는 것이다. 어쩌면 이것은 그의 군사적인 위업보다 더 의미 있는 일인지도 모른다.

프랑스 법전이 돋보이는 것은 나폴레옹의 문학적인 재능 때문이다. 즉, 법률전문가들의 복잡 난해한 문장을 나폴레옹은 민중이 이해하기 쉽고 문학적 향취가 뛰어난 산 문장으로 바꾸었다. '나폴레옹의 손이 간 법전은 파스칼의 문체와 같이 간결하면서 명석한 것이 되었다.' 비평가 선더버의 평이다.

《적과 흑》의 저자 스탕달(Stendhal)도[59] 그의 문학수업을 위해 나폴레옹 법전을 몇 번이고 숙독하였다. 나폴레옹과 같은 간결하고도 쉬운 문체로 소설을 쓰고 싶었기 때문이다.

스탕달 자신은 18세 때 용기병(龍騎兵) 제 6연대 소위로서 나폴레옹을 따라 이탈리아전(戰)에 참가한 것을 필두로 유명한 마렝고, 오스트리치 전투에도 참가하였다.

나폴레옹은 불세출의 전략가이면서 뛰어 난 기수(騎手)였다.

사관학교 시절 '보나파르트가 안 보이면 마장(馬場)에 가보라'라는 말이 있을 정도로 마술에 열을 올렸다. 황제가 된 후에도 '황제는 실내에 있을 때 외에는 마상(馬上)에 있다'라는 말을 들었다.

싸움터에서는 지형 정찰도, 작전도 지휘도 마상에서 했다. 밥도 거의 말을 탄 채 먹었고, 잠까지 말에서 잤다. 즉 거의 말과 동체가 되다시피 한 것이다. 이것은 전장에서는 무엇보다 큰 장점이었다. 어떤 지형에서도 말을 자유자재로 몰았고, 누구보다 빠르게 또 장시간 탈 수가 있었다.

누구나 알고 있듯 그는 163㎝의 단구(短軀)였다. 군인으로서, 특히 총사령관으로서의 단구는 큰 핸디캡이다. 따라서 늘 마상에 있음으로서 그의 작은 키가 감추어졌고, 전장에서는 마상에 있었으므로 언제나 위풍당당한 모습이었다.

그리고 능숙한 마술 덕분에 지형 정찰, 적정 탐색 등을 직접 할 수

---

59) 스탕달(1783~1842)은 프랑스의 소설가로 본명은 마리 앙리 벨르(Marie Henri Beyle). 발자크와 함께 19세기 프랑스의 양대 거봉. 1800년 육군성에 들어가 나폴레옹을 따라 알프스를 넘기도 하였다. 남프랑스의 그로느블 시에는 그가 살던 집을 기념관으로 만들어 그의 유물들을 잘 보관하고 있다. 대표작에는 《적과 흑》(1830), 《파르므의 수도원》(1839) 등이 있다.

있어 전투상황의 변화에 신속히 대처할 수가 있었다. 그의 뛰어난 야전 지휘는 이렇게 마술과 전술의 교묘한 결합에 의해서 한층 빛나는 효력을 발휘하였다.

웰링턴(Arthur W. Wellington)은 '나폴레옹이 전장에 모습을 나타내면 그것은 4만 명의 전력에 필적하는 것이다'라고 했다. 그리고 당대의 최고 명장은 누구인가를 묻자 '물론 나폴레옹이다. 동서와 고금을 통해 그를 따를 자는 없다'고 술회한 것도 웰링턴이다.

마술이 그의 군인으로서의 성공에 일조를 하듯 그의 프랑스어 또한 큰 역할을 하였다.

코르시카 출신인 그는 20세가 될 때까지도 프랑스어가 서툴렀다. 특히 그의 유년학교시절(10~15세)에는 프랑스어 때문에 동료들로부터 많은 놀림을 받았다. 그때부터 그는 휴일이나 과외시간은 전적으로 독서와 작문으로 시간을 보냈다.

남들이 모두 외출하고 없는 텅 빈 기숙사에서 그리스와 로마의 영웅들을 열심히 공부였다. 이런 노력을 통해 완벽한 프랑스어만이 아니라 프랑스어가 갖고 있는 예리한 감각까지도 익혔다. 뿐만 아니라 그리스, 로마 역사의 웅장한 드라마는 훗날 전략가요 정치가로서의 자질을 개발하는 데 크게 기여하였다.

인류가 낳은 최고 지성의 한 사람인 괴테는 나폴레옹을 생전에 여러 차례 만난 사람 중의 한 사람이다. 그는 나폴레옹을 평하여 이런 말을 남겼다.

'나폴레옹의 인생은 《요한계시록》에 가까운 것이 아닐까. 어떤 점에서 나는 그 이상의 감명을 받는다.'

'나폴레옹이야말로 일찍이 지상에 존재했던 가장 위대한 정신 생산자의 하나요, 활기찬 사상가이다.'

그의 천부의 자질도 자질이지만, 그가 얼마나 스스로를 닦기 위해 노력했던가를 괴테는 알아보고 있었던 것이다.

독일이 낳은 위대한 군인 몰트케(H. Karl von Moltke). 그는 1858년 소장으로 참모총장에 임명되어 다음해 중장으로 진급할 때까지 정상적인 지휘관 과정을 거치지 않은 채 참모총장이 된 희귀한 경력의 소유자다.[60] 그러나 비스마르크와 함께 독일 통일의 대업을 이룩한 대(大)군인이다.

그는 막 실용화된 철도(鐵道)의 군사적 가치에 누구보다 주목하였다. 그리고 철도에 대한 깊은 연구를 거듭하여 많은 논문도 남겼다. 훗날 오스트리아, 프랑스 같은 강대국을 순식간에 굴복시킬 수 있었던 것도 철도를 십분 활용한 덕분이었다.

프리데릭, 나폴레옹 이래 전술의 핵심은 집중(集中)이다. 지휘관들의 관심은 결정적인 시간과 장소에 어떻게 하면 상대보다는 많은 전투력을 집중시키는가였다.

몰트케는 당시 유럽 최강국인 오스트리아를 단 7주 만에 굴복시키고, 프랑스와의 전쟁에서는 황제인 나폴레옹 3세까지도 포로로 하는 완전한 승리를 거두었다. 어느 경우에나 철도교통을 기동(機動)의 수단으로 활용, 전투력을 집중시켜 승리를 거두었던 것이다.

그도 순수한 직업군인이면서 다른 위대한 전략가와 마찬가지로 교양에 대한 인식과 조예가 깊었다.

몰트케의 모차르트 음악 애호는 정평이 나 있었고, 《두 사람의 친

60) 당시 프로이센의 군사조직은 현대 일반적인 육군조직과는 달라, 참모총장직은 사단장에 준하는 직무였다. 그리고 사단장의 계급은 중장이었다. 따라서 참모본부의 명칭은 '대참모부'라고 호칭은 하였으나 기구상으로는 총 64명의 작은 기구였다.

구》(1827)라는 소설도 썼다. 32세 때에는 말을 사기 위해서 기번(Edward Gibbon)의 영문판 《로마제국 흥망사》12권 중 9권을 독일어로 번역하고, 1833년 에는 《러시아-터키 전쟁사》를 썼다.

19세기 영국의 대 정치가인 디즈레일리(Benjamin Disraeli, 1804~1881)는 정치소설 《디즈레일리 전집》을 남겼고, 처칠과 드골이 남긴 회고록과 저작들이 20세기 문학사상 빛나는 걸작들로 손꼽히고 있다. 특히 처칠은 《1차 대전사》로 노벨 문학상까지 수상하였다. 이처럼 성공한 사람들이 전문가에 비견될 일반교양을 쌓고 있었다는 것은 주목할 필요가 있다.

프랑스의 사회학자 앙드레 지그프리드(André Sigfried)는 그의 《인문기술연구소 요람》에서 다음과 같은 말을 하였다.

'일반교양을 몸에 익힌 사람은 자신의 전문분야에 정통할 뿐만 아니라, 자기의 위치가 어딘가, 그리고 다른 분야와 자기 전문분야의 관계가 어디까지 진전되었는가를 알 수 있다. 따라서 전에는 판단조차 할 수 없었던 절도(節度)와 균형감각을 몸에 익히게 된다. 결국 기술이라고 해서 단순한 기술로 머무는 것도 아니며, 교양이라고 해서 문자 그대로의 교양으로 끝나는 것이 아니다. 전문성을 보편성 가운데에 위치시키고, 또 보편성을 전문성 가운데 포용하여 조화를 통한 사물의 위치를 깨닫게 하는 것, 그것이 곧 교양이다.'

결국, 교양의 의미와 기능은 그 자체로서의 가치보다, 그것을 소화하는 인격이 교양을 갖춤으로써 가능해지는 정신세계의 성숙이다.

앞서 지그프리드의 지적과 같이 '사물의 이치를 깨닫게' 하는 성숙에 그 의미가 있을 것이다.

그래서 《인간회복 경영론》을 쓴 바질(Joseph Basile)도[61] '일반교양이란 자기와 사회가 균형 잡힌 발전을 지향하도록 정보 · 행동 · 내성(內省)이라는 3중의 노력으로 균형잡힌 인간형성을 가능케 하는 길'이라고 하였다.

처칠의 하원 사무실은 완전한 방음장치가 되어 있었다. 서가에는 개인장서가 넘쳐나고. 중요한 토론이 있는 날이면 사무실에서 문을 굳게 닫아걸고 플라톤이나 아이스킬로스(Aischylos)의[62]를 소리 내 읽었다. 또, 세상의 아름다움과 숭고한 사상에 대해 깊이 통찰하였다.

케네디(John F. Kennedy)도 자신이 결단을 내리거나 중대 결정을 하기 전 날이면 고대 그리스의 정치가 페리클레스(Perikles)의[63] '정신과 힘과 내면의 소리에 행운이 있으라…'라는 유명한 연설문을 큰 소리로 낭독하였다.

'나는 미국과 세계의 장래에 관한 중요한 문제의 결정은 백악관 아닌 캠프 데이비드(Camp David)에서 내렸다.' 닉슨의 말이다.

왜 처칠은 소크라테스를 읽고, 왜 케네디는 페리클레스의 연설을

61) 바질은 1912년 벨기에서 출생한 전기기사로 '바질 전기기구' 제품으로 유명하다. 후에 세계적 가전제품 회사인 필립스와 합병. 1965년 벨기에 루부앙 대학에서 공학과 미학을 강의했다.

62) 아이스킬로스(BC 525?~456)는 고대 그리스의 대 비극시인으로, 그의 연극은 30년간 13회의 성공을 거두어 명성을 날린다. BC 458년 시칠리아의 참주(僭主)의 초대를 받고 그곳에서 희곡 《오레스테이아(Oresteia)》 상연 후, 2년 뒤 시칠리아로 다시 와서 세상을 떠났다. 총 90편의 비극을 썼는데, 7편만 현존한다.

63) 페리클레스(BC 495?~429)는 고대 아테네 최대의 정치가이자 군인으로 소피스트적인 교육을 받았으며 대단히 웅변적(雄辯的)이었다고 한다.

낭독하고, 왜 닉슨은 중대 결정을 하기 위해 그의 별장으로 가야만 했던가? 필요했기 때문이다. 도움이 되었기 때문이다.

왜 도움이 되었을 까.

조금 외람된 얘기지만 이 우주가 존재하는 양식에 가장 중요한 원리가 있다면 그것은 '이 우주는 하나'라는 것이 아닐까. 시간이 있고 공간이 있고, 그 가운데 만물이 존재하는 것이지만 모든 것은 결국 하나로 귀결되는 게 아니겠는가.

일반상대성이론에서는 '중력장과 공간구조는 동일하다'고 하였는데, 그 말은 쉽게 말해 공간과 그 속에 존재하는 물질은 서로 분리할 수 없는 상호의존적 관계라는 것이다. 또 시간과 공간도 서로 분리할 수 없는 깊은 관계로 연결되어 있다는 말이기도 하다.

즉, 지금 나는 여기 있다, 내 방에 있다, 이 나무 곁에 있다. 이때, 나는 내 방이나 곁에 있는 나무와 전혀 관계없이 나 홀로 있는 게 아니며, 서로 교류하고, 시간적으로도 어제의 나와 오늘의 나는 다르지만, 어제의 내가 있었기에 오늘 내가 있는 것이요, 내일의 나는 오늘의 내가 있어 존재하는 것. 그래서 어제와 오늘을 결코 떼어놓을 수 없는 시간 속에, 또 공간 속에, 그리고 나도 그 한 부분으로서 실존한다는 말이 아니겠는가.

마찬가지로 멀리 있는 태양과 우주조차도 나와 무관하게 따로 떨어져 있는 게 아니며, 그들 모두는 그것들이 자리잡고 있는 공간과 항상 깊은 관련을 맺으면서, 별개의 차원으로 흐르는 시간조차도 실은 같은 공간과 그 공간 속의 물체들과 뗄 수 없는 연관을 맺으며 흘러가고 있다는 말이다.

이렇듯 내 곁의 나무 하나, 무심한 돌멩이 하나, 그리고 허공의 별과 태양까지도 '나'라는 존재와 무관하지 않고, 시간조차 무관한 게 아니라면 비록 2,000년 전의 일이 어찌 나와 무관할 수 있으며, 나아가 어떻게 플라톤이나 예수께서 나와 무관할 수 있을 것인가.

일찍이 불교에서는 이것을 '전일성(全一性)'이라고 일컬어온 것이지만, 우주만물 · 삼라만상은 서로 떼어놓을 수 없는, 서로가 깊이 의존하면서, 또 이미 흘러간 과거와 지금까지도 전체로서 하나를 이루고 있다는 게 아니겠는가.

근래 양자물리학이 발달하면서 이때까지 볼 수도 느끼지도 못하던 미시(微視)의 세계가 밝혀지면서 이 전일성이 더욱 설득력을 갖게 되었다.

즉 하이젠베르크(Werner Heisenberg)나 스탭(Henry P. Stapp)은[64] 소립자(素粒子)의 세계를 다음과 같이 설명하였다.

'한 소립자란 독립적으로 존재하는 실체가 아니다. 그것은 본질상 외부의 다른 대상과 서로 주고받는 일련의 관계일 뿐이다.'[65]

다시 말해 나와 내 곁에 있는 나무의 경우, 나를 구성하고 있는 소립자나 나무의 소립자는 보이지는 않지만 자기들끼리는 '서로가 주고받는 일련의 관계'를 맺고 있다는 말이다.

더욱 놀라운 발견은 우리의 정신이 물질과는 별개의 것으로 알려져 왔으나, 양자역학에서는 우리의 생각이나 의지가 물질세계에 영향을 준다고 하였다.

또, 물질의 원자핵을 구성하는 궁극의 미립자는 에너지의 한 묶음

---

64) 하이젠베르크(1901~1976)는 독일의 이론물리학자로 1925년 새로운 매트릭스 역학을 창시하였는데, 이 이론은 슈뢰딩거(E. Schrödinger)의 파동역학에 의해서 양자역학의 기초를 확립한다. 또 1929년에는 파울리(W. Pauli)와 함께 장(場)의 양자론을 발표, 상대성양자역학의 기초를 세우는 등 양자역학 연구에 언제나 선도적 역할을 해왔다. 1932년 노벨물리학상을 받았다.

65) F. Capra, 이성범 · 김용정 역, 《현대물리학과 동양사상》(서울: 범양사 출판부, 1979. p.156).

[波動, 파동]을 감추고 있는데, 이 에너지의 묶음이 관찰자나 실험자의 심리적 · 정신적 에너지와 미묘한 상관관계를 맺고 있다고 밝혔다. 그러므로 관찰자가 어떻게 생각하는가에 따라 정신적 에너지는 물질계의 원자핵 에너지에 영향을 끼칠 수가 있다고 하였다.[66]

얼마나 놀랍고 두려운 사실인가. 그동안 우리의 과학이 이러한 깊은 우주의 비밀을 몰랐을 뿐이지, 우주가 탄생하고 뭇 생물이 세상에 나오고, 사람이 나오기 전과 후에도 우주 삼라만상은 시간과 공간을 초월하여 서로 뗄 수 없는 깊은 관련을 맺으며 존재해 온 것이다.

처칠이 플라톤을 읽고, 케네디가 페리클레스를 낭독한 게 다 까닭이 있었다. 지극한 마음, 간절한 소원으로 매사에 임한다면 수천 년 전 인류가 쌓은 지혜의 보고 속에 못 들어 갈 이유가 없지 않은가.

교양은 이처럼 인간의 내면적 성숙을 위해 필요할 것이다. 공자가 '시(詩)에서 뜻을 일으키고, 예(禮)에서 뜻을 바로 세우며, 악(樂)에서 뜻을 이루리라'고[67] 했던 것도 다 까닭이 있었을 것이다.

자기 건강도 지도자의 중요한 책임이다.

책임과 임무가 무거워질수록 체력은 반비례해서 떨어지기 십상이다. 자리가 높아지고 책임이 무거워진다는 것은 나이도 그만큼 들었다는 말이다. 그러나 지도자의 건강은 절대이다.

'건강유지는 인간의 의무이다. 생리적(生理的) 도덕이라는 걸 그대

---

66) 하이젠베르크에 의하면 원자세계에서는 주체도 객체도 존재하지 않는다고 하였다. 즉 '입자의 위치를 정확히 측정하려 하면 그 운동량이 정확하지 않게 되고, 운동량을 측정하려 하면 그 위치가 정확하지 않게 된다. 따라서 원자물리학에서는 과학자가 객관적 역할을 할 수 없고, 다시 관찰되는 대상의 속성에 그가 영향을 미치는 정도만큼 자신이 관찰하는 바로 그 세계에 개입하여야 한다'는 불확정성 원리(uncertainty principle)를 주장하였다.

67) 興於詩, 立於禮, 成於樂-(흥어시, 입어례, 성어락).《논어》, 태백(泰伯) 8.

는 모르는가?' 영국의 철학자 스펜서(Herbert Spencer)의[68] 말이다.

사람의 건강은 윤리, 도덕과 같이 사람이면 지켜야 할 도리라는 말이다. 하물며 남 위에 서겠다는 지도자에게 있어서랴!

건강이란 희망사항이 아니며, 바람의 대상도 될 수 없다. 한 인간의 책임, 본인의 의무이다. 지도자는 모름지기 '건강하고 싶다'가 아니라 '건강하여야 한다'이다. 남의 생명도 책임져야할 사람이 자기 몸에 대한 책임 하나 제대로 못 진대서야 어떻게 지도자가 될 수 있을손가.

1815년, 6월18일은 불세출의 한 군사천재가 역사의 무대에서 영원히 떠난 날이다. 보나파르트 나폴레옹, 역사상 최고의 군인, 그러나 워털루에서 그의 전투지휘는 많은 병학도들을 실망시켰다. 그의 특기인 추격과 전과확대, 선제공격시기를 번번이 놓치다가 끝내 노장 블뤼허의 기습을 받고 맥없이 무너져 내렸기 때문이다.

왜 그런 졸렬한 지휘를 하였을까. 바로 건강이다. 그는 지병으로 만성 치질을 앓고 있었고, 마침 악화된 방광염으로 며칠을 시달렸다. 워털루에서 전투는 가열을 극하여 18시간이나 계속 마상에서 전투지휘를 했다. 신병이 깊으니 추격도 전과확대도 놓칠 수밖에 없었다. 신열이 정신을 몽롱하게 하는데 천하의 나폴레옹인들 어찌하겠는가.

'몸을 보살피고 건강을 도모하는 것은 덕을 닦는 것과 같다.' 지행

---

68) 스펜서(1820~1903)는 영국의 철학자로 학교 교육제도를 불신하여 독학으로 시종, 평생을 독신으로 보냈으며, 대학 강단에 서지 않고 민간학자로 보냈다. 또한 대학이나 학회에서 주는 명예칭호도 모두 거절했다고 한다. 저서로는 1860년부터 '96년까지 36년에 걸쳐 완성한 《종합철학체계(The Synthetic Philosophy)》가 있는데, 이는 인간사회의 도덕적 원리를 진화론적 입장에서 정리한 대저(大著)이다.

합일(知行合一)을 주장한 왕양명의 말이다. 얼마나 위대한 충고인가. 진리에는 동서가 다르지 않음을 새삼 깨닫는다.

‘주머니가 작으면 큰 것을 담을 수가 없고, 두레박줄이 짧으면 깊은 물을 길을 수 없다.’ 장자의 말이다.

원숭이가 머리에 왕관을 쓴다고 누가 왕으로 치겠는가. 남의 위에 서고자 하는 자는 마땅히 마음을 단련하고 언제나 건강하며, ‘참으로 하루를 새롭게 하고, 날로 새롭게 하여야’ 할 것이다.

제3장

수범(垂範)[69]

1. 밝은 세상
2. 천지자연의 이(理)
3. 앞장선다
4. 믿는다
5. 가르친다
6. 솔선수범한다

69) 본보기가 됨.

1. 밝은 세상

TV 다큐멘터리 중에 인기 있는 프로그램은 역시 역사물과 동물의 세계이다. 그 중에서도 동물의 세계는 남녀노소 없이 좋아하는 프로그램이다.

왜 그럴까? 그것은 사람들의 깊은 내면을 흐르는 원시에의 향수 때문일 것이다.

어떤 향수가? 힘 없는 자가 밀리고, 약한 자가 잡아먹히는 힘의 논리, 폭력, 잔인성인가?

그럴 수도 있을 것이다. 우리의 오랜 조상으로부터 물려받은 본성(本性) 가운데는 그런 것들이 다 포함돼 있다. 그러나 그것이 전부는 아닐 것이다.

폭력만이라면 사람들은 쉽게 싫증을 냈을 것이요, 잔인성만이라면 모든 TV방송국의 인기 프로가 될 리가 없다. 그것은 폭력이나 힘의 논리 아래 깔린 위대한 원리 - '질서'라는 대우주의 큰 법칙에 우리가 향수를 느끼기 때문일 것이다.

동물의 세계는 한 치의 양보도 없는 힘의 논리가 지배한다. 땅에 사는 동물이나 바다에 사는 동물, 나는 새나 심지어 곤충까지도 이 법칙에는 예외가 없다.

우리도 문명을 갖기 이전에는 이 법칙을 따랐을 것이다. 힘 있는 자가 힘 없는 자를 지배하고, 또 숫제 잡아먹기도 하는 세계, 그것이 동물의 세계이다. 우리는 이것을 '정글의 법칙'이라고 불렀다.

사람이 사는 세계와 차별하기 위해서다. 그 말에는 우리는 동물이 아니라는 자긍심도 깔려 있다. 또, 우리는 그런 야만적인 법칙과는 사뭇 다른 도덕과 법을 갖고 있다는 우월감이 작용하고 있다.

잘난 인류는 지구를 독차지하고 온갖 재주를 다 부렸다. 법과 과학만으로도 무언가 될 줄 믿었다. 마침내, 달에도 가고, 신의 영역인 생명까지 복제하고, 우리가 사는 지구까지 파괴할 무기도 손에 쥐었다. 정말 잘 나갔다. 과연, 우리는 지금 행복한가.

일만 년 전 인류보다 지금 우리는 천만 배는 부자이고, 백만 배는 더 잘 산다. 그럼, 일만 년 전, 밤하늘을 쳐다보며, 신을 굳게 믿던 수렵채집인보다 일만 배는 더 행복하다고 자부할 수 있는가.

도의(道義)는 땅에 떨어지고, 폭력집단이 아무나 가리지 않고 사람들을 마구 죽이고, 생태환경은 하루가 다르게 나빠져 인류의 장래까지 염려하게 되었다. 지구를 보다 좋은 세상으로 만들겠다는 꿈은 점차 악몽으로 변해 가고 있지 않은가.

그렇다면, 인간의 법률이 지배하는 세계와 정글의 법칙이 지배하는 세계 중 어느 것이 더 밝은 세상일까?

소위 '정글의 법칙'이 지배하는 동물의 세계는 질서도 있고 조화도 있다. 할 일 안 할 일이 분명하고, 안 할 일은 절대로 안 하는 게 동물이다. 누가 시키는 게 아니다. 강요하는 것도 아니다. 처음이나 지금이나 그 질서, 그 조화다.

사람은 배반해도 개는 배반하지 않는다. 사자가 들소를 잡아먹고, 표범이 산양을 잡아먹는다. 그러나 사자가 들소를 닥치는 대로 죽이

진 않는다. 표범이 아무리 잔인해도 산양의 씨를 말렸다는 말은 들어 보지 못했다. 법이 있는지 없는지도 모르는 짐승이지만 지킬 일은 지키고, 안 할 일은 절대로 안 한다.

그런데 사람들은 안 해야 할 일도 마구 한다. 몰라서 그런 게 아니다. 모두가 알고 하는 짓이다. 못된 놈들은 힘이 생기면 법률이라는 이름으로 구속하고, 정치라는 이름으로 억압한다. 심지어 전쟁이라는 싸움질로 무수한 사람들을 죽인다.

동물은 자기가 먹기 위해 잡는다. 살기 위해서만 죽인다. 사람은 배가 고파 죽이고, 화가 나서 죽이고, 또 재미로도 죽인다.

정글에는 그런 법이 없다. 정글에는 질서가 분명한데 사피엔스가 만든 사회는 질서마저 애매해졌다. 정글에서는 조화가 살고 여기서는 조화가 깨져간다. 질서가 없는 세상, 조화가 깨진 세계를 어떻게 밝은 세상이라 할 수 있는가?

어쩌다가 우리는 이 모양이 되었는가. 어쩌자고 조화를 깼는가.

모두가 지도자들 때문이다. 해서는 안 될 사람들이 지도자 자리를 차고앉았기 때문이다. 자리만 차지했는가. 분수도 모르고, 옳은 일, 틀린 일 가리지 않고 제 뜻대로 저지르기 때문이다.

인디언 신화에 이런 게 있다.

할아버지가 손자에게 "사람의 뱃속에서는 착한 늑대 한 마리와 악한 늑대 한 마리가 늘 싸우고 있단다."

"어느 늑대가 이기나요?"

"그야 네가 밥을 주는 늑대가 이기지."

선(善)과 악(惡)도 우리의 선택의 문제란 얘기다. 신은 우리에게 이런 엄청난 자유를 주셨다. 바로 지도자란 사람들이 분별없이 이 자유를 마음대로 휘둘러 이런 사태가 벌어지고 있는 것이다.

우리가 어떻게 행동하건-선(善)이건 악(惡)이건-하늘은 다 받아 주신다. 그러나 동물에게는 이 자유를 허락지 않았다. 얼마나 우리를 믿으셨으면 그런 큰 사랑을 베푸셨을까. 얼마나 위대한 사랑인가.

이왕이면 욕심이나 쾌락을 자제하도록 해 주시면 좋았을 텐데 인간에게만은 모든 걸 맡기신 것이다. 두렵다.

그런데 사람들이 이 무서운 자유를 함부로 휘두른다. 보통 사람들이 그러는 것은 참아주자. 그들은 민초니까. 큰일은 못 저지르니까.

그러나 지도자는 다르다. 달라야 한다. 지도자, 공직자는 감투를 썼기 때문이다. 감투는 나랏돈을 쓰고, 남을 호령하는 자리도 함께 주어진다. 그리고 그 감투에는 국록(國祿) 까지 따른다. 얼마나 무섭고 대단한 자리인가. 감투의 무게만큼이나 무거운 책임과 의무가 따르는데도 수많은 공직자, 지도자들이 민초와 꼭 같이 놀겠단다. 얼마나 경우 없고 염치없는 짓인가. 장차 얼마나 무서운 벌을 받으려고 그런 짓을 하는가.

밝은 세상이란 이성이 욕심을 누르고, 정직이 빛나는 세상이다. 할 일과 안 할 일이 분명하고, 정의(正義)가 이기는 세상이다. 질서가 조화를 불러 영혼이 활개치고, 사랑이 충만한 세계, 그것이 밝은 세상이다.

밝은 세상은 누가 만드는가?

지도자이다. 지도자는 무엇으로부터 시작하는가? 하늘의 뜻을 따르는 것이다. 천명을 깨닫는 것이다. 자기소임을 아는 것이다. 정직해지는 것이다. 그리고 행동에 옮긴다. 지도자부터 행동으로 정진하고, 행동으로 정직하고, 행동으로 사랑한다.

행동을 하려면 뜻이 중요하고, 뜻을 세우려면 생각이 중요하고, 생각을 바로 하려면 깨우쳐야 하고 깨우치려면 바로 보아야 한다.

무엇을 바로 보는가?

세상을 바로 보고 우주를 바로 보는 것이다.

우선 '나'라는 존재, 지금 여기 있는 나는 무엇인가? 원래는 공(空)이 아니었던가. 원래는 나만이 아닌 우주의 삼라만상(森羅萬象)이 모두 무(無) 아닌 공이 아니었던가.

그러나 참으로 우연찮은 원인과 인연으로 나는 오늘 여기 있다. 하나님이 나를 있게 해주신 것이요, 또 불교에서 말하는 열두 가지 인연으로 내가 여기 있다. 분명한 것은 우연히 아니라는 것, 온갖 원인과 얽히고 얽힌 관계와 무수한 힘의 작용이, 그리고 어떤 힘이 나를 있게 한 것이다.[70]

얼마나 의미심장한 일인가. 그 수많은 관계와 인연과 힘 가운데 어느 하나가 어긋나도 나는 있을 수 없었다. 그래서 나는 소중한 존재이다. 그뿐인가? 여기 있는 너나 저기 있는 그도 나와 마찬가지로 온갖 인연의 결과라면 우리 모두의 관계 또한 얼마나 의미심장하고 고귀한 것이겠나.

그런데 지도자라 자처하는 이들이 이걸 모른다. 알려고도 하지 않는다.

---

70) 현대과학은 우주의 존재 이유나 심지어 인간의 목적이 따로 없다고 하였다. 모든 자연의 선택도 우연의 결과일 뿐. 일부 과학자는 인류의 가장 오랜 종교, 힌두교의 교리까지 들먹인다. '천지창조 후에 신은 탄생하였다.' 즉, 신은 인간이 창조한 것이라고. 감히 묻는다. 빅뱅(Big Bang)도 우연이라고 치자. 그럼 이 엄청난 대 폭발의 원인(우연)은 '과학적 입장'에서 설명을 할 수 있어야지.

하나같이 변하는 게 세상이다. 순간순간 변하는 게 우주이다. 변하지 않는 것은 하나도 없다. 변하기만 하는가. 없다가도 생기고, 생겼으면 반드시 없어진다. 무(無)가 아닌 공(空)으로 가는 것이다. 그러므로 우주 삼라만상의 참모습은 공이다. 모습을 보이는 것은 인연 때문에 잠시 존재(存在)를 드러낸 것이다. 그러나 이 웅장한 일련의 드라마는 어떤 위대한 능력의 각본이다. 어떤 완성점을 지향하는 의미심장한 신의 의도(意圖)이다.

그래서 예수께서는 이 소중한 관계를 사랑으로 맺으라고 했던 것이요, 석가는 허망한 일에 매이지 말라 했던 것이요, 공자는 도리를 다하여 우연찮은 관계를 아름답게 하라고 하였던 것이다.

밝은 세상은 지도자가 만드는 것이다. 사랑으로 만들 수 있다. 집착하지 않음으로써 만들 수 있다. 도리를 다하여 만들 수도 있다. 그래서 지도자란 이 우주의 본질을 바로 보고, 그 심오한 뜻을 살피고, 그 뜻을 깨달아야 한다.

밝은 세상이란 할 일과 안 할 일이 분명하고 안 할 일은 절대로 안 일어나는 세상이다. 힘센 자가 그 힘을 절제하고 유보할 줄 아는 세상이다. 정글의 법칙이 자연을 지배하듯 사회는 정의가 지배하는 세상이다. 사랑과 도리로 소중한 관계가 더욱 아름답게 꽃피는 세상이다.

자신 있는 지도자는 앞장을 서라. 사람들이 미처 보지 못하는 밝은 세상을 향해 앞장을 서라.

2. 천지자연의 이(理)

지금 지구상에서는 하루 100여 종의 생물이 멸종하고 있다. 지구 남북극의 얼음 두께는 매 10년마다 2%씩 얇아지고 있다. 어쩌면 2050년 이후 뉴욕을 포함하여 플로리다 · 방글라데시 등 해안선에서 60km 이내 지역은 수몰될지 모른다. 인류의 3분의 1의 생활터전이다. 모두가 공해와 온난화 때문이다.

지난 40년 동안 오존층은 거의 10%나 파괴되어 오스트레일리아 퀸즐랜드(Queensland)에서는 65세 이상의 주민 75%가 피부암에 걸렸다. 아이들은 통학 때 큰 모자를 쓰도록 법률로 정하기까지 하였다. 앞으로 오존층이 1% 감소하는 데 따라 자외선의 양은 2% 증가하고 피부암은 4%나 증가할 것이다. 과학자의 말이다.

지구 표면은 매년 6백만 헥타르씩, 매 30년마다 거의 사우디아라비아 크기의 멀쩡한 땅이 사막으로 변한다. 인도만한 크기의 삼림이 매 30년마다 사라진다.

산성비는 수목을 죽이고, 회복이 거의 불가능한 광대한 토양을 황폐화 시키고 있다. 지구는 이제 위기를 넘어 죽어가고 있는 것이다.[71]

71) Al Gore, 이창주 역, 《위기의 지구》(서울, 삶과꿈, 1994. p. 35, 40, 86 /

《노자(老子)》 가운데 '왕이 도(道)를 따르면 만사가 위태롭지 않다.'[72] 는 말이 있다. 여기서 도란 도의 · 도덕이 아니라 자연의 섭리를 말한다.

최고의 지도자가 하늘의 이치를 따라야 자연과 정치, 문명이 위태롭지 않다는 뜻이다. 위대한 뜻, 절대자, 신 앞에 겸허해야 한다는 뜻이다.

그러나 지금 사람들은 너무 교만하다. 정신보다는 물질을 믿고, 하늘보다는 과학기술을 믿는다. 탁월한 물리학이 우주의 신비를 많이 밝히고, 정교한 진화론은 생명의 비밀도 풀었다. 인간이 자연을 마음대로 통제할 수 있다고 믿게 된 것도 무리는 아니다. 그러나 지금 우리는 영원히 살아가야 할 이 지구조차 온전히 보존할 줄 모르지 않는가. 보존은 고사하고 당장 우리의 생존이 심각한 위기에 처해 있다. 어쩌다가 이 지경이 되었는가?

한마디로 신을 의심하기 때문이다. 오랫동안 우리는 교리(教理)를 믿어 왔다. 교리란 자연과 우주를 사람이 사는 조건에 맞게 설명할 수밖에 없다. 그러니까 오류도 있을 수 있다. 그런데, 지동설이 나오고, 과학이 우주의 신비를 하나씩 풀어나가자 교리가 불신을 받기 시작했다. 교리가 흔들리니 신앙 자체까지 불신 받는 꼴이 됐다, 신앙이 흔들리면서 영혼은 이성으로, 신앙은 과학으로 대치되고 만 것이다.

교리는 교리일 뿐 신앙 자체는 아니다. 신앙은 한 인간이 절대자 앞에 나의 존재를 묻는 경건한 마음가짐이다.

믿고 안 믿고의 문제가 아니다. 한 인간이 자기를 바라보는 겸허한

WCED편, 조형준 · 홍성태 역, 《우리 공동의 미래》(서울, 새물결, 1994. p. 65).

72) 天乃道, 道乃久, 沒身不殆-(천내도, 도내구, 몰신불태). 《도덕경(道德經)》, 제16장.

자세이다. 나는 왜 있는지, 한 치의 오차도 없는 심오한 우주의 참 뜻은 무엇인지. 우주가 향하는 궁극의 목표는 무엇인지. 과학은 아직 이를 설명하지 못한다.

신앙은 영혼의 문제, 우주가 지향하는 위대한 목적에 따르겠다는, 생을 받은 한 인간의 경건한 태도이다. 신앙은 시비의 대상이 아니다.

송나라 명신 여공저(呂公著, 1018~1089)는 '제왕수칙십개조(帝王守則十個條)'에서 제왕은 하늘을 두려워하여야 한다고 하였다.

하늘이 무얼 시키는 것도 아니오, 그렇다고 구속력이 있는 것도 아니다. 그러나 남 위에 설 지도자는 귀담아 들어야 할 말이다. 한 인간이 자신을 두고 겸허해야 하듯, 높은 자리에 앉은 사람은 하늘 앞에 겸허해야 한다.

'엔트로피(Entropy) 법칙'이란[73] 게 있다. 말할 것도 없이 열역학 제2법칙이다. 엔트로피란 쉽게 말해서 우주의 모든 물질은 시간이 흐르면서 가치가 없어진다는 말이다. 진즉에 로마인 호레이스(Horace)도 '시간이 세상의 가치를 소멸시킨다'고 했지만, 리프킨은 그의 저서

---

73) 엔트로피(Entropy)라는 말은 'energy'라는 말과 그리스어 'tropy(변형)'를 합성하여 만든 용어인데, 1865년 독일의 과학자 클라우지우스(P. Clausius)가 처음으로 사용한 개념이다. 예컨대 우리가 석탄을 캐서 사용하면 열을 얻는 대신에 원래의 석탄은 연기와 재만 남는다. 즉 석탄은 영원히 사용할 수 없는 형태, 가치가 없는 상태가 된 것이다. 이처럼 사용할 수 없는 형태, 가치가 없는 상태를 '엔트로피'라 하는 것이다.

그런데 물리학에서는 이 엔트로피를 '질서가 없는 상태'라고 하고, 이러한 '질서가 없는 상태'를 에너지가 한 상태에서 다른 상태로 변환될 때는 반드시 일어나므로 이것을 엔트로피 법칙, 또는 열역학 제2법칙이라고도 하는 것이다. 쉽게 말해서 한 번 써버린 물질은 다시는 쓸 수 없는 물질, 가치가 없는 물질이 된다는 법칙이다.

《엔트로피》에서 이런 말을 하였다.

'이 세상 어디서든 사건이 일어날 때마다 이 세상의 에너지는 소비되고 총체적 엔트로피는 증가한다.'

이것은 고대 그리스의 플라톤이나 아리스토텔레스도 같은 인식을 하고 있었다. 그리스 신화에 의하면 역사는 5단계의 과정을 거쳐 전개되며, 각 단계는 항상 전 단계보다 악화되어 간다고 보았다.[74]

리프킨은 또한 '시간은 일을 수행할 수 있는 유용한 에너지가 존재할 경우에만 존재한다'는 것이요, '우주에서 유용한 에너지가 고갈되어 갈수록 일어나는 사건은 점점 줄어들게 된다'고도 하였다. 마침내 '열 종말 상태가[75] 되면 이 세상엔 아무 일도 일어나지 않게 된다'고 하였다. 그리고 그때는 완벽한 평행상태가 되어 더 이상 어떤 일도 일어나지 않기 때문에 '우리가 경험하는 시간은 더 이상 존재하지 않는다'라고 하였다.

'시간이 존재하지 않는다.' 역사도 우주도 존재할 수 없다는 말이다. 과연 그런 일이 일어날 수 있을까. 모르겠다. 그러나 엔트로피 법칙만은 불변하는 우주의 원리다.[76]

여기서 우리는 두려운 질문의 하나인 '역사는 예정되어 있는가?' '인간의 자유의지는 역사 전개와 어떤 관계가 있는 것인가?'라는 큰 의문에 도달하게 된다.

---

74) 헤시오도스(Hesiodos)에 의하면 역사는 ① 황금 시대, ② 은 시대, ③ 동 시대, ④ 철 시대라는 4단계의 과정을 거쳐 퇴보한다고 하였다.

75) 열종말(heat death)이란 한정된 에너지를 모두 사용하여 에너지가 바닥난 상태, 즉 에너지 흐름이 정지된 상태를 말한다.

76) 아인슈타인은 자신의 상대성이론이 훗날 바뀔 수는 있어도 엔트로피 법칙만은 '영원히 변할 수 없는 과학의 근본법칙'이라고 하였다.

그런데, 리프킨의 다음 말은 인간의 자유의지가 역사 전개에도 결정적 역할을 할 수 있다고 시사하고 있다.

'우리는 결코 시간이나 엔트로피 과정을 역전시킬 수는 없다. 이것은 이미 결정되어 있는 우리의 한계이다. 그러나 엔트로피 과정이 진행되는 속도는 우리의 자유의지에 따라 조절할 수 있다. 인간이 이 세계에서 행한 모든 행동은 엔트로피 과정의 속도를 가속시키거나 또는 이완시킨다.'

놀라운 얘기다. 역사의 전개 과정에 인간이 이토록 개입할 수 있다면 그 몫은 누구의 것인가? 말할 것도 없이 그것은 지도자의 몫이요 윗사람의 소임이다. 지도자란 이렇게 중요한 것이다.[77]

맹자에 이런 말이 있다.

'농사지을 때를 어기지 않으면 곡식은 다 먹지 못할 만큼 넉넉하게 될 것이고, 빽빽한 그물을 못에 드리우지 않으면 물고기와 자라가 다 먹지 못할 만큼 많아질 것이다.

도끼를 갖고 때를 맞추어 숲에 드나들면 재목을 다 쓸 수 없게 자랄 것이다. 곡식과 물고기와 자라가 다 먹지 못할 만큼 넉넉하고 재목 또한 쓰고도 남으면 이는 백성으로 하여금 산 사람을 봉양하고 죽은 사람을 장례하는 데도 소홀함이 없게 하는 것이니 이것이 왕도의 시작

77) 노벨화학상 수상자인 소디(Frederick Soddy)는 열역학 제2법칙이 '모든 정치체제의 흥망, 국가의 자유나 속박, 상업과 실업의 동향, 가난과 부의 근본, 심지어 모든 종족의 복지까지도 관장한다'고 하였다.

이다.'[78]

인간이 자연을 이용하되 대자연의 근본적 생명력을 손상하지 않으면서 자연의 덕(德)을 알고 그와 화해[天樂, 천악]하는 것이 '왕도의 시작'이라고 하였다. 쉽게 말해 '에너지'를 아껴 쓰는 것도 곧 지도자가 시작할 일이라고 선언하고 있다.

얼마나 위대한 발언인가. 생태계 파괴를 2000여 년 전에 경고하고 있다.

'〈천지자연의 이(理)〉에 따라 보천(輔天)을 지향하고 시중(時中)을[79] 통한 천지의 화육(和育)에 인간이 참여함으로써 더욱 큰 이익을 얻게 된다'는 주역의 주장을 크고 작은 톱(Top)은 상기할 필요가 있다.

오늘날 환경문제로 큰 위기를 맞고 있는 지구 위기는 천지자연의 이를 외면하기 때문이다. 이성에 너무 기대 영혼을 가벼이 여기고, 과학만 믿고 자연을 우습게보기 때문이다. 19세기 서양의 대표적 지성(知性)인 베이컨 같은 이도 자연을 활용하기 위해서는 '자연을 고문대 위에 올려놓고 자백을 받아내야 한다'고까지 했다.

---

78) 《맹자(孟子)》, 양혜왕장구(梁惠王章句) 3.

79) 《주역(周易)》에서는 만사에 때가 있음과 때를 맞추는 것의 중요성을 특히 강조한다. 그래서 많은 사람들은 역학의 핵심을 이 시중에 있다고도 한다. 《주역전의대전(周易傳義大全)》의 〈艮(간) · 彖(단)〉 '그칠 때는 그치고, 행할 때는 행하며, 움직임과 고요함이 그 때를 놓치지 말아야 그 도가 광명하다-(時止則止, 時行則行, 動靜不失其時, 其道光明-시지칙지, 시행칙행, 동정불실기시, 기도광명)'나, 〈계사전하(繫辭傳下)〉 5장 '때에 맞춘다(及時-급시)'나 〈乾(건) · 文言(문언)〉의 '때를 기다려 행동한다(待時而動-대시이동)' 등은 모두 시의(時宜)를 얻었음을 의미하며 이를 '시중'이라 한다. 곽신환, 《주역의 이해》(서울, 서광사, 1990. pp. 260~261). 이 시중에 대해서는 제5장에서 상술할 것임.

'홀로 천지의 정신과 더불어 왕래하되 만물에 대하여 오만한 태도를 취하지 않는다.'[80] 장자의 말이다. 이처럼 동양의 지혜는 자연을 개발의 대상으로 고문대에 올려놓거나, 혼이 없는 '기계'로 보는 데카르트 같은 태도는 애초부터 없었다.

사실은 고대 그리스의 우주관은 19세기 기계론자들과는 달랐다. 즉, 플라톤이나 아리스토텔레스의 경우 '자연은 내재적 힘만이 아니라 이성과 예지를 지닌 인격체와 같은 것'이라고 생각했다.

결국 근래의 기계론적 세계관이 저질 자본주의와 결탁해 끝없는 물질위주의 세계로 빠지면서 지구의 장래가 위협을 받게 되었다. 이러한 물질위주 · 발전위주의 가치관은 마침내 생태계를 파괴하고, 인류의 종말, 역사의 종언(終焉)을 가져올지도 모른다. 누가 이것을 막을 것인가. 지도자 말고 누가 있는가.

역사란 무엇인가? 역사란 인간의 심선[心善-맹자(孟子)]과 정악[情惡-순자(荀子)]이 인연을 만들고 결과를 낳는 연기(緣起)의 소산이요, 변증(辨證)이다.

토인비가 말한 우주에는 신(神)의 법칙과 자연의 법칙이 있어, 이 두 법칙이 '수레의 두 바퀴'처럼 서로 보완하며 역사를 전개해 가는 것일지도 모른다.[81]

---

80) 獨與天地精神往來, 而不傲倪於萬物-(독여천지정신왕래, 이불오예어만물). 《장자》잡편 제33 천하 14.

81) 즉 자연의 법칙이란 역사과정에서 반복되는 운동의 규칙성과 순환성을 말하고(주야 · 계절 · 세대의 순환 · 작물의 수확 · 사회적 제도의 변화 등), 신의 법칙은 정신적 요소로서 인간이 추구하는 유일하고 진정한 목적을 계시하는 것인데, 그것은 곧 인간 개인의 영혼을 구제한다는 인간의 진정한 목표를 말한다.

그런데 자연의 법칙은 이러한 신의 법칙을 실현하기까지의 역사적 시련을 나타내는 것으로, 자연법칙은 자신의 희생을 지불함으로써 신의 법칙의 수준을 그렇다면 역사 전개의 종말은 무엇인가?

역사를 연기의 소산으로 보는 필자는 지금의 시대를 유물론자들이 주장하는 전 시대의 법칙적 전개로도 보지 않으며, 또 결정된 목적지에 도달할 것이라는 필연적 결정론이나, 또 어떤 종말론에도 동의할 수가 없다.

종말이 있다면 그것은 '공(空)'으로 돌아가는 것일 뿐. 그러나 '공'은 곧 새로운 연기 · 변증에 의해 또 모습을 드러내어 우리의 역사는 다시 시작하는 법.

그곳에는 시작도 끝도 없는 영원한 윤회만이 있을 뿐. 《역(易)》에서 말하는 '항구불이(恒久不已)'요, '종칙유시(終則有始)'인 것이다. 그러나 인간 정신[魂-혼]만은 신이 의도하는 완성점을 향해, 윤회(輪廻)를 거듭하며 '위대한 정신'이 목적하는 '완성점'에 한발 한발 다가가는

고양하는 것이라고 하였다. 그래서 두 법칙은 수레의 두 바퀴와 같이 서로 보완하며 역사 전개를 가능케 한다고 한 것이다.

여기서 주목할 것은 신의 법칙 중 문명해체(文明解體) 순환으로서 역사상 14개 중요 문명은 저마다 전쟁의 참화를 겪으면서 해체해 가는 것이나, 그러한 '비극적 과정'을 거치면서도 새로운 질서에 의한 문명구제(文明救濟)를 실현해 간다는 점이다. 예컨대 그리스 · 로마 문명의 경우 펠로폰네소스 전쟁을 원인으로 하는 해체기의 정신적 중압 속에서 '호모노이아' 즉 '조화의 이상(理想)'이 구현되는가 하면, 중국의 문명해체기는 전국(戰國)시대의 시련 속에 공자와 노자의 등장을 보게 된다는 것이다.

또 하나 주목할 사항은 문명해체 주기에서 문명의 흥망과 고등종교의 성립이다. 즉 바빌로니아 문명과 그리스 · 로마 문명의 '내적 프롤레타리아(internal proletariat)'에 흡수된 시리아 문명은 그 패배와 억압이라는 역사적 고뇌와 진통을 거쳐 유태교와 그리스도교의 성립을 가져왔고, 그리스 · 로마 문명의 내적 프롤레타리아로서 인도문명은 대승불교와 힌두교를 낳게 된 것이라고 한 것이다. 졸저, 《어느 할아버지의 평범한 문명이야기》, op. cit., pp. 87~90 참조.

이것은 가장 큰 불행과 비극을 통한 '문명체험'이 '문명해체'를 초월하는 숭고한 정신적 차원에 눈을 떠 마침내 내면적 고등종교의 성립을 가능케 하는 것이다. 다시 말해 문명의 패배라는 비극적 체험을 통한 '도전(挑戰)'에 대해 정신적 '응전(應戰)'이 고등종교의 성립을 보게 된다는 것이다.

게 아닐까.

우주의 이치가 이럴진대 남 위에 서는 지도자가 어찌 한시인들 자신에게 소홀할 수 있겠는가.

그래서 계사전 하(繫辭傳 下)에는 '언제나 경계하고 두려워하며 게으르거나 나태하지 않는 것은 그 주된 뜻이 허물이 없게 하려는 데 있다'[82]고 하였을 것이다.

이것이 우주요, 역사이며, 인간의 삶이요, 사람의 길이기도 한 것이다. 이것이 곧 '천지자연(天地自然)의 이(理)'다.

크고 작은 지도자들에게 감히 한 번 묻는다. 그대는 단 한 번이라도 '허물이 없게 하려고 항상 경계하며 두려워한 적'이 있었는가? 한 번만이라도 '천지자연의 이'가 어떤 것인지를 스스로에게 물어본 적이 있는가?

---

82) 懼以終始 其要无咎 此之謂易之道也-(구이종시 기요무구 차지위역지도야). 계사전(繫辭傳) 하(下) 11장.

3. 앞장선다

‘인간의 행복이란 조용한 생활, 그리고 부족함을 모를 때 맛볼 수 있는 일이다. 그러나 큰 권력을 가진 자는 그런 행복을 누려서는 안 된다.’ 드골(Charles de Gaulle)의 말이다. 겁나는 말이다. 우리 지도급 인사들이 한번은 반추해 볼 말이다.

‘프랑스의 영광을 되찾기 위해서 흔히 말하는 행복을 희생한 사람이 드골이다.’ 닉슨의 말이다.

히틀러가 프랑스를 유린하였을 때, 그는 단신 영국으로 망명하여 조국 해방에 앞장섰다. 전후 세계열강이 식민지들과의 갈등으로 세상이 시끄러울 때, 드골은 앞장서서 알제리아(Algeria) 독립을 승인하였다. 프랑스 정치가 안정되었을 때, 그는 스스로 권좌에서 물러났다.

그도 선배 장군이나 정치가들과 같이 히틀러에게 항복했다면 영국에서 받은 그 많은 수모와 고아와 같은 신세는 면할 수 있었을 것이다.

그러나 독일이 프랑스를 점령했을 때 ‘나는 프랑스의 고통을 짊어지겠다’고 선언하였다. 그리고 잔 다르크(Jeanne d’Arc, 1412~1431)가 사용했던 ‘로렌의 십자가(☨)’를 앞세우고 영국으로 망명하였다. 백년전쟁에서 프랑스를 구하고 영국에서 처형당한 잔 다르크를 따르고 싶었던 것이다.

'프랑스의 지도자가 실패하였을 때 영원한 프랑스의 혼은 새로운 지도자를 탄생시켰다. 샤를 마뉴(Charlemagne)가[83] 그랬고, 잔 다르크가 그랬으며, 나폴레옹이 그랬다. 이번에도 우리 지도자들의 실패가 나를 낳게 한 것이다.' 드골이 미 대서양함대 사령관에게 한 말이다.

분명히 그는 위대한 프랑스를 재현하기 위해 태어난 사람이라고 스스로 믿고 있었다. 그러나 한 군인의 마음속에 그런 신념이 있으리라는 것을 처칠이나 루스벨트는 이해할 수 없었을 것이다.

한 번은 처칠이 사소한 일로 드골의 양보를 요구하자 "수상 각하, 당신은 잔 다르크를 우군으로 삼았으면서도 그녀를 다시 화형(火刑)에 처형하려는 겁니까?"라고 항의하였다.

그의 이런 태도 때문에 드골은 루스벨트나 처칠의 험구(險口)를 여러 번 들어야 했다.

"드골이 자신을 잔 다르크로 믿고 행동하는 것까지는 참아주겠다. 문제는 우리 교회의 사교(司教)들이 그를 불태우지 않는 데 있다." 처칠의 험구였다.

군부의 절대적 협력을 얻고 있었던 그는 알제리의 독립을 미루고

83) 샤를마뉴(742~814)는 칼대제(Karl der Grosse)라고도 불리는 카롤링 왕조의 제2대 프랑크 왕이다. 772년부터 804년까지 몇 차례의 원정을 감행, 작센족의 정복, 북이탈리아의 랑고르바트 병탄, 스페인 국경에 변경령 설치, 바이에른족 토벌 등 서유럽의 정치적 통일을 달성하였다. 또한 로마 교황권과 결탁하여 서유럽의 종교적 통일을 이룩하였다. 800년에 교황 레오 3세로부터 황제로서 대관되었는데, 이는 서유럽이 동로마의 영향에서 완전히 독립한 '서로마제국의 부활'을 의미하는 것이었다.

계속 식민지로 통치할 수 있었다. 그러나 미래를 내다보고 있었던 그는 군부와 많은 동지들의 반대를 무릅쓰고 알제리아의 독립을 승인해 버렸다. 누가 뭐라든 그는 신념에 따랐다. 동시대를 살았던 많은 사람들이 못 보는 내일을 그는 훤히 보고 있었기 때문이다. 그의 결단으로 많은 친구들이 돌아섰다. 많은 국민도 실망했다. 개인적으로는 정말 괴롭고 외로웠을 것이다.

그가 타계했을 때, 정계 거물은 물론 그의 육군사관학교 동기 90명 중 얼마 남지 않은 생존자들도 참석을 망설였다.

참 지도자란 이런 것이다. 고독한 것이다. 그도 인간인데 얼마나 괴로웠을까. 그러나 세론에 초연했고, 신념을 지켰다.

지도자란 이렇게 앞장을 서야 하고, 앞장을 서면 희생이 따르게 마련이다. 이것을 마다할 사람은 지도자가 될 자격이 없다. 이것이 달갑지 않은 사람은 아예 지도자로 나서지를 말아야 한다.

프랑스의 인류학자 레비 스트로스(Claude Lévi-Strauss)는 브라질의 오지 아마존 유역에 사는 미개인 남비그라와족과의 오랜 생활 끝에 《슬픈 열대》라는 책을 남겼다.

'한번은 추장에게 "당신의 가장 큰 특권은 무엇인가?"라고 물었더니 "전쟁 때 선두에 서는 것이다"라고 하였다. 400년 전 몽테뉴의 수상록에서도 어느 항해사가 데리고 온 브라질 추장에게서 꼭 같은 대답을 들었다는 기록을 보고 나는 놀라움을 금할 수 없었다. 오늘날 어느 문명국, 그 어떤 정치철학에서 이처럼 확고부동한 신념을 피력한 적이 있는가!'

공자 사상의 가장 중요한 개념의 하나는 '서(恕)'일 것이다. 자공(子貢)이 어느날 스승에게 묻기를 "선생님께서 평생을 일관한 신조를 한마디로 하실 수 있다면 그것이 무엇입니까?"하자, "그것은 서(恕)이다. 즉 자신이 하고 싶지 않은 일은 남에게 시키지 말라"[84]였다.

사람이 하고 싶지 않은 일이란 어떤 것인가? 재물을 잃는 것, 건강을 해치는 것, 명예를 잃는 것, 희망을 잃는 것, 목숨을 잃는 것 등이다. 공자는 이렇게 사람들이 싫어하는 일을 남에게 시키지 않는 것이라고 하였다. 참으로 깊은 뜻이 함축된 말이다.

지도자가 일을 하기 위해서는 남이 원하지 않는 일을 시켜야 할 때가 많다. 물론 나도 그 일은 하고 싶지 않다. 당신도 나도 내키지 않는 일이라면 누가 해야 하는가? 결국 지도자인 내가 할 수밖에 없다는 얘기이다.

지도자는 때때로 귀중한 남의 생명까지도 좌우해야 할 때가 있다. 세상에 하나밖에 없는 목숨을 누가 선뜻 내놓겠는가. 따라서 지도자란 자기 생명을 먼저 내놓을 각오가 필요하다.

결국 지도자의 중요한 덕목은 앞장서는 일이요, 그것이 곧 리더십의 제1과이다. 영어로도 '리더(leader)'요, '리더십(leadership)'이 아니던가.

흔히 나폴레옹을 불세출의 대전략가로, 또 가장 위대한 군인으로 역사는 기록하고 있다. 그 위대성의 이유를 여러가지 천부의 자질이나 그의 뛰어난 지략으로 들고 있지만, 나폴레옹의 위대성은 바로 그 자신이 언제나 앞장서는 데 있었다.

1809년 비엔나 근교 와그람(Wagram)에서 프랑스와 오스트리아

84) 子曰 其恕乎! 己所不欲 勿施於人-(자왈 기서호! 기소불욕 물시어인). 《논어》, 위영공(衛靈公) 23.

군이 강을 사이에 두고 대치하였다. 감히 어느 쪽도 나서지 못하고 있다. 강을 건널 다리는 하나밖에 없기 때문이다.

돌연 프랑스군 쪽에서 돌격명령이 떨어졌다. 그때, 말을 탄 한 장군이 적군을 향해 질주하기 시작했다.

누가 보아도 그는 나폴레옹이었다. 위험한 다리 위를 맨 먼저 달려가는 총사령관, 엎드려 있을 병사가 어디 있겠는가.

깊은 산의 눈사태가 쏟아지듯 프랑스군이 큰 파도를 이루며 오스트리아군을 덮쳤다. 이것이 나폴레옹 전사에서도 유명한 와그람 전투의 시말이다.[85]

역사상 나폴레옹 못지않게 신하들을 열광케 한 사람은 역시 알렉산더 대왕(Alexander the Great)이다. 일찍이 동서를 통합하는 대제국 건설에 뜻을 두고 마침내 헬레니즘(Hellenism)을 이룩한 그는 위대한 지도자였다.

약관 20세에 왕위에 오른 알렉산더. 젊은 나이에 그 큰일을 해낸 이유를 역사가들은 이렇게 지적하고 있다.

첫째, 역사상 최고의 지성 아리스토텔레스(Aristotle)가 스승이었다. 둘째, 아버지 필리포스로부터 잘 훈련된 군대를 상속받았다. 셋째, 싸움터에서는 언제나 기병대의 선두에서 돌격을 감행했다는 점

85) 1809년 4월 나폴레옹이 스페인과 '반도전쟁'으로 고전하고 있을 때, 오스트리아의 찰스(Charles) 대공은 프랑스가 두 전선에서 전투를 수행하기는 어려울 것이라고 판단, 프랑스 국경을 넘어 바이에른으로 진격해 프랑스를 기습했다. 그러나 나폴레옹은 오스트리아군을 물리치고 그들의 심장부 비엔나로 추격해 들어갔다. 이틀에 걸친 아스페른(Aspern) 전투에서 나폴레옹은 막대한 손실을 입게 된다. 그러나 1809년 7월 와그람에서는 나폴레옹의 천재성이 유감없이 발휘되어 오스트리아군을 격멸했다. 그 해 10월 오스트리아는 쇤브룬(Schönbrunn) 조약에 서명했다. 곧이어 오스트리아 황제 프란츠는 자기 딸 마리 루이즈(Marie Louise)와 나폴레옹의 결혼을 승낙할 수밖에 없게 된다.

이다.

두말 할 것 없이 충무공(忠武公)은 위대한 군인이요 지도자였다. 《이순신(李舜臣)과 히데요시[秀吉]》라는 책을 쓴 일본 작가 가타노[片野次雄]도 '세계 제일의 해장(海將)'이라는 찬사를 아끼지 않고 있다.

충무공의 행적을 읽을 때마다 그가 만일 시대만 잘 타고났더라면 인류를 위해 더 큰 공헌을 했을 것이라는 아쉬움이 남는다.

전쟁이란 항상 승패가 있는 법. 충무공은 어느 싸움에서도 진 적이 없다. 실로 경탄하지 않을 수 없다.

그의 승전의 비결은 무엇인가? 그도 싸움에서는 항상 위험한 위치에서 선단(船團)을 지휘하였을 것이다. 배와 해전의 성격이 육군의 기병대나 전차와는 달라 선두에 선다는 것이 애매하다. 그러나 그가 최후를 맞았던 노량(露粱)해전에서 적의 직격탄을 맞고 전사를 한다. 이 사실은 충무공이 얼마나 위험한 상태에서 전투를 지휘하고 있었다는 것을 알 수 있다.

해전에서는 대개 북을 쳐서 지휘를 하는데, 방패를 가리고 북을 쳐도 무방한 것을 사령탑에서 굳이 몸을 드러내고 지휘를 했다. 가타노가 그리는 충무공의 최후는 다음과 같다.

'이순신은 낡은 판옥선(板屋船)의 사령탑 위에 있었다. 좁은 사령탑 위에는 군관(軍官) 송희립(宋希立), 큰아들 회(薈), 조카 완(莞)도 함께 있었다. 일본군 사수(射手)들은 누상(樓上)의 네 사람을 향해 물을 붓듯 시탄(矢彈)을 집중하였다. … 한 발의 탄환이 이순신의 갑옷을 뚫고 가슴 깊숙이 박혔다. 이순신은 쓰러졌다.

회와 완이 가까이 가자 겨우 숨을 몰아쉬며 "싸움은 지금부터다. 내 몸을 방패로 막으라. 그리고 내 죽음을 알리지 말라." 이것이 이순신의 마지막 말이었다. 공의 54년, 생이 막을 내린 것이다.

적탄을 맞고서야 방패로 가리고 있다.'

'아랫사람이 윗사람을 받들 때는 그 명령하는 바를 따르지 아니하고 그 행동하는 바를 따른다.'[86] 《예기(禮記)》에 나오는 말이다.

인간이란 어떤 것이며, 지도자는 또 어떻게 하여야 한다는 것을 너무도 간명하게 지적하고 있다.

86) 下之事上也, 不從其所令而從其所行-(하지사상야, 부종기소령이종기소행). 《예기(禮記)》.

4. 믿는다

알렉산더가 큰 뜻을 펼치기 위해 페르시아 원정에 나섰을 때다. 진중(陣中)에서 얻은 열병이 심상치 않았다. 여러 의사들이 백방으로 노력하였으나 병은 점점 심해져 갔다. 사흘째 되던 날은 열이 너무 심하여 인사불성이 되었다.

이때 본국 파르메니오 장군으로부터 밀서 한 장이 전달되었다. 편지를 펴본 대왕이 적이 놀라는 듯하였다.

'의사 필립을 조심하십시오. 그는 페르시아 왕 다리우스(Darius Ⅲ)의 첩자가 틀림없습니다.' 대왕이 밀서를 읽자마자 바로 당사자인 필립이 나타나는 것이 아닌가. 왕은 밀서를 얼른 베개 밑에 감추었다.

"대왕 전하, 제가 마지막으로 약을 써 보겠습니다. 병이 아무래도 심상치 않으므로 부득이 극약을 써야 할 듯합니다. 이것은 독한 약이라 한 사흘은 정신을 못 차리실 것입니다. 저를 믿고 들어주십시오."

대왕이 약을 받아들자 근위대장 크르타스가 나서서 그 약을 뺏으려 들었다.

"이게 무슨 짓인가. 물러서라."

그리고는 알렉산더는 그 약을 마셔버렸다. 주위 신하들의 얼굴이 흙빛이 되었다. 이때 대왕은 베개 밑에 숨겨둔 밀서를 꺼내 의사 필립에게 건넸다. 편지를 펴 본 필립은 그 자리에 털썩 주저앉았다.

백지장이 된 얼굴로 어쩔 줄 모르는 그를 향해 왕은 "염려 말라. 나는 그대를 믿는다."

왜 믿어야 하는가. 사람의 관계는 믿음에서 시작된다. 나는 너를 믿는다. 너도 나를 믿는다. 그래야 인간관계가 바로 설 게 아닌가. 믿어야 따르고, 믿어야 일이 될 게 아닌가. 믿는 것은 나부터 시작이다. 내가 그를 믿을 때 그도 나를 믿는다.

믿음은 무엇으로부터 시작되는가. 사랑이다. 나는 너를 사랑하기 때문에 믿는 것이다. 너도 내가 사랑하므로 나를 믿을 것이다. 그러므로 지도자는 사람을 사랑하여야 하는 것이다.

사랑은 무엇으로 보일 수 있는가? 행동이요, 희생이다. 내가 앞설 때 그는 사랑을 보게 되고, 내가 희생할 때 사랑을 믿게 된다. 그러므로 지도자는 앞서야 하는 것이다.

일찍이 공자는 '임금은 신하를 예(禮)로서 부리고, 신하는 임금을 충성으로 섬긴다'고[87] 하였는데 그 시작은 역시 사랑이요, 믿음이다.

위(魏)나라 문후(文侯, ?~BC 396)가 장군 악양(樂羊)을 시켜 중산국(中山國)을 치게 하였다. 비록 명장인 악양이었지만 공격은 쉽지 않아 중산국을 항복시키는 데 무려 3년의 세월이 흘렀다.

개선한 악양 장군, 의기양양해서 문후를 알현하였다. 문후는 반가이 그를 맞았다. 그리고는 묵묵히 커다란 상자 하나를 악양에게 건네 보였다. 뚜껑을 열어 보니 자기를 모함하는 편지가 하나 가득하였다. 믿음이 전승을 가져온 것이다.

---

87) 君使臣以禮, 臣事君以忠-(군사신이례, 신사군이충). 《논어》, 팔일(八佾) 19.

《정관정요(貞觀政要)》로[88] 유명한 당 태종(唐太宗)의 '정관의 치[貞觀之治]'에 비견되는 것으로 그 후대(後代) 현종(玄宗)의 '개원의 치[開元之治]'가 있다.

개국 초에는 '요 · 송(姚 · 宋)'이라고 병칭되는 두 명신(名臣)이 있었다.[89] 현종은 두 사람이 문안을 오면 비록 신하인 그들이지만 반드시 자리에서 일어나 맞고, 퇴출할 때도 반드시 궁전의 처마까지 나가 그들을 배웅하였다.

훗날 두 사람의 후임 한휴(韓休)는 너무도 엄격하고 직언을 서슴지 않아 현종이 불편해 할 때가 많았다.

한 신하가 "한휴가 재상이 된 뒤로 폐하는 매우 수척해지셨습니다"고 하면서 한휴의 경질을 은근히 비췄다.

현종의 대답은 이랬다.

"한휴 덕분에 나는 야위었다. 그러나 천하는 살이 쪘지 않았는가."[90]

당신이 만일 한휴라면 그 말을 전해 듣는 순간 어떤 느낌을 받았을까? 감전(感電)과 같은 전율을 느꼈을 것이다. 눈물과 감동으로 가슴

88) 《정관정요》는 당 태종의 정치에 관한 중요 언행을 그의 사후 약 50여 년이 지난 후 오긍(吳兢)이란 역사가가 전10권 40편으로 편찬해 낸 책이다. 대 정치가 당 태종의 정치를 엿볼 수 있는 역사적인 명저 중의 하나다.

89) 요숭(姚崇)과 송경(宋璟) 두 사람을 일컫는다. 요숭은 임기응변에 능하고 송경은 법률을 잘 운용하였다. 두 사람은 마음을 합하여 조세나 부역은 관대하고 공평하게, 형벌은 맑고 공정하게 하여 나라를 부유하고 번성하게 하였다.

90) 吾雖瘠天下肥矣(오수척천하비의). 《십팔사략(十八史略)》 당송편(唐宋篇). 재위 45년(712~756)의 현종은 이처럼 명군(名君)이었으나 총희(寵姬)인 무혜비(武惠妃)가 죽으면서 그의 후반 치세는 많이 흔들렸고, 60이 되던 해에 26세의 양귀비를 얻으면서 그의 정치는 더욱 기울어졌다. 훗날 안록산(安祿山)의 난으로 아들에게 양위하게 된다.

이 꽉 막혔을 것이다.

똑같은 전율이 공포를 통해서도 일어날 수도 있다. 그러나 눈물과 감동은 뒤따르지 않는다.

역사상 우정과 신뢰를 대표하는 가장 상징적인 고사는 '관포지교(管鮑之交)'이다. 이 둘은 제(齊)나라 환공(桓公, BC 685~643) 때 활약한 사람들이다.

시성(詩聖) 두보(杜甫)도 경박해져가는 당시의 시대상을 관포의 우정에 비교하여 시(詩) 〈빈교행(貧交行)〉을 통해 이렇게 개탄한다.

손을 젖히면 구름이 되고 손을 엎으면 비가 오네
분분한 경박(輕薄)을 어찌 헤아릴 수 있으랴
군(君)은 보지 않는가. 관포 가난한 때의 우정을
이 길을 지금 사람들은 흙처럼 버리는구나.
翻手作雲覆手雨(번수작운복수우)
紛紛輕薄何須數(분분경박하수수)
君不見管鮑貧時交(군불견관포빈시교)
此道今人棄如土(차도금인기여토)

이 두 사람은 어릴 때부터 죽마고우(竹馬故友)였다. 젊었을 때 두 사람은 함께 장사를 한 일이 있었는데 이익 중에서 항상 관중(管仲)이 한 몫을 더 가져갔다. 그런데도 포숙아(鮑叔牙)는 관중에게 불만이 없었다. 그것은 관중의 가난을 이해하였기 때문이다. 관중이 실패하는 일이 있어도 포숙아는 관중을 무능한 사람으로 치부하지 않았다. 사람이 하는 일에는 운이 좋을 때와 나쁠 때가 있다는 것을 알고 있었기 때문이다. 관중은 싸움에서 도망친 적도 있었다. 하지만 그를 비겁자로 몰지도 않았다. 관중에게는 늙은 어머니가 있다는 것을 알고 있었기 때문이다.

후일 관중은 환공을 도와 천하를 움직이는 대정치가가 되었고 죽을 때는 다음과 같은 말을 남겼다.

'나를 낳아주신 것은 부모이지만 나를 알아주는 사람은 포숙아였다.'

'1940년 5월 15일 이른 아침, 처칠은 침대에서 프랑스 수상 레이노(Paul Reynaud)의 전화를 받았다. 수화기를 통해서 들리는 레이노의 말은 다급하였다. "우리는 마침내 패배했습니다. 우리는 망했습니다."'

프랑스의 패망을 처칠의 회고록은 이렇게 기록하고 있다.

5월 9일 독일이 프랑스를 침공한 지 불과 1주일만의 일이다. 독일군은 스당(Sedan)을 중심으로 프랑스 방어선을 돌파하였다.

프랑스가 경악한 것은 이때까지 육군이 신봉해온 요새화 방어 전술이 맥없이 무너졌기 때문이다. 소위 난공불락이라는 '마지노(Maginot)'선이, 그것도 가장 강력한 지점에서 돌파 당했기 때문이다.

전면에 있던 프랑스군은 그대로 괴멸하였고, 독일의 '팬저(Panzer) 전차군단'은 무풍지대를 질주하듯 파리로 진격했다. 뒤에 처진 프랑스군은 하루 동안에 80만 명이 포로가 되었다.

프랑스는 500마일의 방어선을 운용하면서 예비군도 두지 않는 전략적 과오까지 범한다. 마지노선을 그만큼 믿었다는 뜻이다.

이 지경이 되자 프랑스에 파견된 30만 영국군도 프랑스군과 연락이 단절되었다. 부득이 항구도시 덩케르크(Dunkerque)로 철수를 개시하였다.[91] 이 부대들은 영국 지상군의 주력이다. 이들마저 프랑스 육군과 같은 운명이 될 경우 유럽대륙에는 독일을 상대할 지상군이 없게 되는 것이다.

폴란드는 이미 한 달 전에 점령당했고, 벨기에, 오란다는 개전 초일에 박살이 났다. 그리고 스칸디나비아 반도까지 히틀러의 세력권에 들어간 상황이었다.

뿐만 아니라 소련은 진작 서방을 배반해서 히틀러와 폴란드를 반씩 나누어 먹었다. 스탈린도 이때는 히틀러와 한통속이었다.

이제 전 유럽의 운명이 예측할 수 없는 위기에 빠졌다. 유럽의 온전한 나라는 영국뿐이었다. 그나마 육군의 주력은 덩케르크를 철수할 때 무기는 다 버리고 맨몸만 빠져나온 처지였다. 영국의 운명이 경각에 달렸다. 그러나 처칠은 의연하였다. 오히려 최후의 순간까지 항전할 것을 공언하였다.

〈루스벨트 각하, 최근 사태의 중대성에 대해서는 말씀드릴 필요도 없으리라고 봅니다. 프랑스의 결과가 어떻게 되든 우리 영국은 최후의 순간까지 싸울 것입니다. 우리에겐 항복이란 있을 수 없습니다.〉

---

91) 1940년 5월 영국군 22만4천 명, 벨기에군 11만 3천6백 명이 독일군에 쫓겨 덩케르크에 몰렸다. 좁은 해안지대에 수십만의 철수부대가 집결하였으나, 은폐물이 없는 데다 독일군의 맹렬한 폭격과 좁혀오는 독일군의 포위망으로 풍전등화의 위기에 처하게 되었다. 그러나 영국군을 추적하던 히틀러는 전방 10마일 지점에서 3일간이나 공격을 지체시킨다. 덕분에 영국군 주력은 겨우 목숨을 건져 철수에 성공할 수가 있었던 것이다('40. 5. 28~6. 4). 독일군이 지체한 이유는 확실히 밝혀지지 않았지만 히틀러의 심중에는 영국군의 완전한 궤멸은 원하지 않았을 것이라는 추측도 있다.

1940년 5월 18일자 처칠이 보낸 편지의 전문이다. 지금의 영국 처지에서는 경탄할 만한 용기이다. 어디서 이런 불굴의 정신이 나오는 것일까.

처칠 개인의 용기, 영국민의 결의가 뒷받침했겠지만, 내심은 미국의 존재, 루스벨트를 믿었기 때문일 것이다. 이런 신뢰를 구축할 수 있었던 처칠이 위대하고, 그것을 받아준 루스벨트 역시 위대하다. 믿음이 역사의 진로를 바꾼 것이다.

'삼인성호(三人成虎)'라는 말이 있다. 글자 그대로 사람 셋이면 없는 호랑이도 만들어낸다는 말이다.

전국시대 위(魏)의 혜왕(惠王, BC 369~319)이 태자를 조(趙)나라 서울 한단(邯鄲)에 볼모로 보내게 되었다. 혜왕은 맹자에게 '왕도란 어떤 것인가'라는 유명한 질문으로 세상에 널리 알려진 장본인이다.

왕이 가장 믿는 방총(龐葱)이라는 사람을 선발하여 태자와 함께 보내기로 하였다. 조나라로 떠나게 된 방총은 한단에 있는 동안 자기를 중상모략 할 사람이 많을 것을 염려하여 왕에게 이런 건의를 하였다.

"만일 한낮 도성의 번화가에 호랑이가 나타났다는 소문이 나돌면 왕께서 믿으시겠습니까?"

"믿지 않겠다. 호랑이가 어찌 대낮 도성에 들어온단 말인가?"

방총은 다시 물었다.

"만약에 또 그런 보고가 있으면 어떻게 생각하시겠습니까?"

왕은 잠시 생각하다가 "두 사람이나 그렇게 고한다면 일단은 믿으려 할지도 모르지."

"세 번째도 똑같이 고한다면?"

"세 사람이나 그런다면 믿어야지."

"바로 그것을 신이 염려하는 것입니다. 조나라의 도성은 여기서 먼 곳입니다. 신이 이곳을 떠나면 신을 중상 모략하는 자가 세 사람이 아니라 수십 명에 이를 것입니다. 이 점을 명찰하여 주십시오."

왕은 고개를 끄덕였다.

그런데 아니나 다를까. 그가 조나라로 떠나자 다른 신하들이 그를 중상하기 시작하였다. 왕은 처음에는 믿지 않았다. 하지만 중상모략이 거듭되자 방총을 의심하게 되었다.

얼마 후 방총은 임무를 마치고 귀국하였다. 그런데 왕은 끝내 그를 등용하지 않았다. 방총이 우려했던 호랑이 세 마리가 도성 안에 나타난 것이다.[92]

사람과 사람 사이에 신뢰를 쌓는다는 것은 이렇듯 쉽지 않은 일이다. 그러나 이것이 인간관계의 성패를 결정하는 갈림길이며, 일이 되고 또 안 되는 관건의 하나이다.

제1장에서 장군 악양을 모함하는 편지를 한 상자나 받고도 그를 끝내 믿고 3년이나 참아 마침내 전승을 이룬 문후(文侯)는 바로 혜왕의 할아버지였다.

신뢰는 일을 성취하고 역사를 바꾼다.

92) 《한비자(韓非子)》, 〈내저설편(內儲說篇)〉과 《전국책(戰國策)》, 〈위책 혜왕편(魏策 惠王篇)〉.

5. 가르친다

1941년 12월 7 일 일요일 아침, 평화로운 진주만은 순식간에 아수라장이 되었다. 일본 기동함대의 기습이 시작되었기 때문이다.

350 대의 일본 해군항공기가 단 한 시간 내에 미 태평양함대를 괴멸시켰다.[93] 그것은 너무도 뜻밖에, 그리고 상상을 초월하는 군사작전이었다. 전사(戰史)에 길이 남을 성공적인 기습작전이기도 하였다.

그러나 무엇보다 이 작전이 던진 전략적 의미는 모든 세계 해군이 믿어 온 전통적인 거함거포(巨艦巨砲)주의가 일거에 무너졌다는 점이다.

제1차 세계대전 이후 항공기의 중요성은 날이 갈수록 중요해졌다. 그러나 해상에서만은 전투함정의 두꺼운 철갑과 물샐틈없는 방공화망(防空火網)으로 비행기는 얼마든지 막을 수 있다고 믿었다. 따라서 함대를 구성할 때도 전함을 중심으로, 항공모함은 보조수단으로 편성하는 것이 일반적인 관례였다. 그런데 일본 해군은 세계 최초로 항공모함 중심의 기동함대를 편성하여 태평양을 넘어 기습까지 성공한

---

93) 1차 공격에서 입은 미군의 피해는 전함 8척 피격(5척은 침몰), 기지의 항공기 544대 중 479대 피격(88%), 전사 2,404명, 부상 627명이었다. 그러나 전함의 경우 피격된 8척 중 6척은 곧 인양되어 수리 후 전투에 복귀하였다. 수심이 낮았기에 가능한 일이었다.

것이다.

항공모함 6척을 중심으로, 전함, 순양함 등 40여 척의 대기동부대가 기도비닉(企圖祕匿)을 위해 험난한 북해로 북상했다가, 다시 남하를 해야 하는 장장 12,000km의 대 항해도 문제였다. 더구나 미국의 초계기나 잠수함들이 눈을 부릅뜨고 경계를 하는데, 덩치 큰 기동함대가 20일 동안 들키지 않고 항해한다는 것은 불가능에 가까운 일이었다. 그러나 야마모토는 온갖 문제들을 극복하고 기습까지 성공시킨다.

이것은 기원전 한니발(Hannibal, BC 247~183)이 아프리카 북단에서 스페인을 거쳐 피레네산맥과 알프스를 넘어 이탈리아로 진공해 들어간 역사상 가장 어려웠던 대기동에 비견되는 작전이었다.

원래 일본 해군의 전략 개념은 미 해군이 중부 태평양을 넘어올 때를 기다렸다가 마리아나(Mariana)군도 서쪽 해역에서 함대결전을 한다는 소위 수세작전(守勢作戰)이었다.

일본의 국력, 해군의 능력이 태평양을 건너가서 작전하는 것은 무리였다. 따라서 전투함들의 성능도 화력과 속도 위주로 설계되었다. 때문에 항속력(航續力)이 취약한 해군의 도양(渡洋)작전은 많은 문제들을 안고 있었다.

사실, 이 기습계획이 처음 군령부(해군본부)에 건의되었을 때, '실행 불가능한 작전'으로 부결되었다.

그것은 ① 공격준비로부터 기동부대의 항해, 기습에 이르기까지 기밀유지가 사실상 불가능하며, ② 항모 세 척을 제외하고는 모든 전투함이 항해 중 연료보급을 받아야 한다. 험난한 북태평양의 겨울 파도 속에서 연료보급은 보장할 수 없다. 현 해군의 장비 및 기술로는 실행이 어려운 작전이다. ③ 공습효과에도 심각한 문제가 있다. 진주만은 선박장이 좁고 수심이 불과 12m밖에 안 된다. 뇌격(雷擊)을 위해선 수심이 최소 30m는 넘어야 한다. 수평폭격은 명중률이 10%로 매우 낮으며, 급강하폭격은 폭탄이 250kg 밖에 안 돼 전함에 대한 파괴력이 약하다. ④ 해군은 유전확보를 위해 남방작전(말레이시아 · 보르네오 공략)을 우선해야 하므로 항공모함을 진주만 공격에 할애할 수가 없다.

뇌격이란 비행기의 어뢰 공격을 뜻하는데, 배를 침몰시키기 위해서는 뇌격이 가장 효과적 방법이다. 그런데 뇌격에 필요한 최소 수심은 30m. 수심이 12m밖에 안 되는 진주만에서는 투하된 어뢰가 모두 해저에 부딪쳐 터지고 만다. 뿐만 아니라 뇌격 시 항공기는 가능한 한 해면 가까이 접근, 어뢰를 발사해야 하므로 장애물에서 목표까지의 소요거리는 최소 1,000m는 되어야 한다. 그런데 진주만의 경우는 500m밖에 안 되었다.

군령부 관계자들이 모두 반대한 것은 당연하였다.

이 작전이 얼마나 어려웠으면 작전실행부대인 제1항공함대 사령관과 참모장까지도 반대를 했을까. 결국 진주만 공격이란 일본의 당시 능력으로는 불가능한 일이었다. 그것은 상식이요, 논리였다.

그런데 이 작전의 최초 구상자인 야마모토[山本五十六][94] 연합함대 사령관은 달랐다. 처음부터 이 작전은 결행해야 하고 또 할 수 있다고 주장하였다. 그에게는 신념이요, 의무였던 것이다.

어떻게 전쟁이 신념이 되고 의무가 된단 말인가.

야마모토는 처음부터 미국과의 전쟁을 반대한 사람이다. 중령시절 하버드에서 공부하였고, 대령 때에는 워싱턴에서 무관으로 근무하였다.

---

94) 야마모토의 아버지가 56세에 낳았다고 해서 이름을 그렇게 지었다.

1940년 9월, 한 동창 모임에서 미국의 국력은 물론 미국인의 강한 정신력은 당할 수 없다고 했다가 과격파들의 암살 대상이 되기도 하였다.

이런 그가 왜 진주만 공격을 들고 나왔는가.

시간이 흐르면서 국론은 완전히 개전(開戰) 쪽으로 기울었다. 반전파(反戰派)는 설 자리가 없어졌다. 자기의 반대가 안 통할 것도 알았다.

이판사판이면 - 서툰 친구들에게 전쟁을 맡길 수 없다. 일은 내가 저지르마. 미국과 전쟁은 기상천외한 극적인 계기를 만들어 조기에 강화(講和)로 가야 한다. 50년 전 일본해해전(발틱함대 격멸)의 교훈이 있지 않은가. 그는 일본해 해전에 소위로 참전하였다.

목표는 미 태평양함대다. 하와이를 때린다. 태평양함대를 무력화시킨다. 태평양이 우리 세력권에 들어오면 6개월 내지 1년은 버틴다. 일본 본토도 공습으로부터 안전할 것이다.

그가 평소 우려했던 것은 미 해군의 본토 폭격이었다. 개화기, 미국의 흑선(黑船)이 준 충격을 그는 상기하였다. 적어도 강화가 성립할 때까지는 외국에 의한 일본 본토 공격은 없어야 한다. 이것이 연합함대 사령관으로서의 의무라고 생각하였다.

그는 끝내 반대하는 군령부를 '작전을 승인하지 않으면 옷을 벗겠다'고까지 위협하여 동의를 얻어냈다. 일본군의 전통과 관습에도 어긋나는 일을 야마모토는 불사한 것이다.

끝까지 반대하는 참모장에게는 회의를 마치고 돌아가는 그를 이례적으로 배웅하면서 다음과 같이 설득하였다.

"자네 신념도 나는 존중한다. 그러나 진주만 공격은 최고사령관인 나의 신념이다. 오늘부터는 내 신념이 실현되도록 힘써 줄 수 없는가? 나는 공격계획의 일체를 자네한테 맡기겠다."

참모장은 해군이 알아주는 이론가요, 끝까지 따져서 납득이 안 가는 일은 절대로 안 하는 꼼꼼한 사람이었다.

훗날 그는 그때를 이렇게 회상하고 있다. "나의 어깨를 가볍게 두드리는 그의 손길과 신념에 찬 말에 이상하리만큼 나는 감동하였다."

참모장의 이론이 신념에 압도당하는 순간이었다.

그로부터 공격에 참가하는 사람들은 일심동체가 되었다. 불가능한 것을 가능한 일로 바꾸어 나갔다. 논리는 신념으로 압도하고, 불가능은 훈련으로 극복하였다.

'개전 벽두 진주만에 전 항공병력을 투입하여 미 태평양함대를 격멸한다.'

1941년 1월 7일 야먀모토가 해군장관에게 처음으로 그의 의중을 밝힌 서한의 일부다. 그로부터 온갖 반대와 모함을 끝내 이겨내고 초지일관 진주만 공격을 이끌어냈다.

'月月火水木金金'이라는 말이 있다. 일본해군이 토요일과 일요일을 뺀 일주일이다. 진주만 공격을 앞두고 휴일도 없이 맹훈련을 할 때의 한 주일이다.

그들의 훈련이 얼마나 치열했던지 확률 10%의 수평폭격은 45%로 향상되었다. 함정의 고도한 회피운동목표는 50%, 정지목표는 100%로 향상되었다.

어떻게 이런 일이 가능했던 것인가?

인간에게는 '학습효과(學習效果)'라는 게 있다. 즉 사람은 같은 훈련을 거듭하면 먼저 익숙해지고, 다음으로 편해지고, 종래에는 달인이 되는 것이다.

일본 제일이라는 전설의 검객 미야모토 무사시[宮本武藏]는 그의 《오륜서(五輪書)》에서 이렇게 말하고 있다.

"단련(鍛鍊)의 '단(鍛)'은 천일(千日)의 수련을 말하는 것이요, '련(鍊)'이란 만일(萬日)의 수련을 두고 하는 말이다."

맹렬한 훈련으로 뇌격도 수심 12m의 천해(淺海)에서 83%의 성공률을 달성하였다. 뇌격의 요구조건인 최소수심 30m, 어뢰투하로부터 목표까지의 소요거리 1,000m의 반밖에 안 되는 진주만의 악조건을 모두 훈련으로 극복하였다. 기존 어뢰를 개조하고, 공격 시 비행고도를 20m까지 낮추었기 때문이다.

해면에서 불과 20m, 일반적으로 뇌격 고도가 50~100m인 점을 감안할 때 요원들의 훈련이 얼마나 처절한 것이었던가를 짐작케 한다.

공격부대 훈련은 진주만과 지형이 비슷한 가고시마[鹿兒島] 만에서 했다. 가고시마 시가지 상공을 40m 고도로 아슬아슬하게 넘어 500m 전방의 부이를 공격하는 것이다. 조종사들은 시가지를 넘자마자 고도를 20m로 낮추어 어뢰를 투하하는 연습을 밤낮으로 계속하였다. 비행대원들은 공격목표가 어딘지는 몰랐다. 그러나 100일 후 그들이 진주만에 도착했을 때, 가고시마시는 바로 미 해군공작창이었고, 부이는 물론 미국의 전함군(戰艦群)이었다.

신념이 상식과 논리를 압도하고, 불가능한 일은 훈련으로 극복되었다.

모세가 그 많은 유태인 동족을 이끌고 홍해를 넘어 가나안에 이르는 대장정을 논리로는 설명할 수 없다. 2,500여 년 전, 한니발이 코끼리 부대를 몰고 알프스를 넘었다는 것도 상식은 아니다. 그러나 모세와 한니발 같은 위대한 지도자들은 논리와 상식을 뛰어넘는다.

야마모토의 신념이 불가능을 가능케 한 것이다. 그는 사람을 움직이는 방법은 훈련과 칭찬밖에 없다고 하였다. 그의 유명한 말 가운데 '해서 보이고, 일러서 하게 하고, 그리고 칭찬하지 않으면 사람은 움직이지 않는다'란 게 있다.

야마모토의 한 부하는 '그분을 모실 때처럼 힘든 때도 없었다. 그러나 그렇게 신나게 일해 본 적도 없었다'고 과거를 회상하였다.

인간은 따지고 보면 교육의 소산이다. 무엇을 가르치는가, 어떻게 가르치는가에 따라 인간은 새로 탄생하는 것이다.

《사기(史記)》에 '대롱을 가지고 하늘을 엿본다[以管窺天-이관규천]'라는[95] 말이 있다. 배우지 않으면 아는 게 없는 법이요, 아는 게 없으면 시야가 좁을 수밖에 없다는 말이다. 즉 넓은 하늘을 두 눈을 뜨고 보아도 시원찮을 판에, 배우지를 않으면 붓 대롱과 같은 작은 관으로 하늘을 살피는 격이다.

인간은 크건 작건, 쓸 수 있는 사람으로 키워내자면 훈련하고 또 닦아야 하는 것이다.

'아무리 총명하더라도 배우지 않으면 깨닫지 못한다.'[96] 맹자가 한

---

95) 옛날 편작(扁鵲)이라는 명의가 괵(虢)나라에 갔을 때다. 마침 괵나라 태자가 사경을 헤맨다는 말을 들었다. 전의(典醫)를 만나서 자세한 이야기를 들은 편작은 살아날 수 있는 치료법을 가르쳐주었다. 그런데 모자란 전의는 그 말을 신용하지 않았다. 이때 편작이 시야가 좁음을 비웃으며 한 말이 바로 이 말이다. '그대의 처방을 보면 관을 가지고 하늘을 엿보고, 극(隙)을 가지고 글을 보는 것과 같다.' 누구나 좁은 세계에서 안주하고, 자기계발을 위해 노력하지 않으면 사람은 누구나 이렇게 되고 만다는 말이다.

96) 事雖小 不作不成, 子雖賢 不教不明-(사수소 부작불성, 자수현 불교불명). 《장자(莊子)》.

말이다.

배우고 가르치는 법도 여럿이 있다. 섭수문(攝受門)과 역화문(逆化門)이라는 게 있다. 불교에서 중생을 가르치고 깨우치게 하는 방법이다.

섭수문이란 온건한 방법으로 순리에 따라 점차적으로 한 단계씩 올라가는 방법. 한편, 역화문이란 섭수문과는 반대로 과격한 방법이나 체벌까지 동원하는 방법이다.

때로는 자극하고, 때로는 몹시 화를 내게 하여 흥분한 상대에게 역으로 모욕도 주고, 심지어 매를 들어 침으로써 상대를 깨우치게 하는 방법이다. 바로 격죽선감(擊竹宣鑑)의 고사로 알려진 당나라 덕산선감(德山宣鑑)이 등불을 빼앗기고서야 득도했다는 경우이다.

큰 깨우침을 위해서는 온건하게 나아가는 섭수문보다 역화문이 더 효과가 있을 것이다. 한동안 유행했던 기업체의 극기훈련도 역화문 방법을 따른 것이다. 오늘날 사람 존중을 지나치게 강조한 나머지 버릇없고 무질서한 것까지 교육에 수용하는 것은 바람직한 현상이 아니다.

적벽대전(赤壁大戰)을 앞두고 위(魏)의 조조(曹操)가 백만 대군을 이끌고 오(吳)로 쳐들어 왔다. 오나라의 국론이 싸울 것인가, 화평을 구할 것인가로 갈렸다. 화전(和戰)양론이 팽팽히 맞서 손권도 결단을 내리기 어려웠다.

제갈공명(諸葛公明)이 천하대세를 판단해 보니 여기서 오가 항복을 하면 영락없이 천하는 조조의 손에 들어가게 되어있다. 오가 화(和)로 기울면 촉(蜀)은 낭패다. 어떻게든 오의 손권(孫權)을 설득해서 촉과 힘을 합쳐 위(魏)와 싸우도록 하지 않으면 안 된다.

오나라에 서둘러 들어온 공명은 노숙(魯肅)을 먼저 만났다. 공명의 의중을 헤아리는 노숙, "주군에게 싸움을 결의하게 하자면 조조의 군사가 실제보다는 대수롭지 않다고 말씀드리는 게 좋겠소."

그러나 막상 공명이 손권 앞에 이르러서는 "흔히 조조군사가 100만이라고 하는데, 소신이 알기로는 그보다 더 많은 군사가 쳐내려온다고 합니다. 그러니 군왕께서는 화평을 구하심이 현명한 처사일 듯합니다."

너무도 뜻밖의 말에 손권은 "그렇다면 귀국은 오보다 작은 나라인데 어찌하여 조조와 싸우겠다는 것이오?"

"소신의 주군은 아시는 바와 같이 한(漢)왕실을 위해 역신(逆臣) 조조를 징벌하려고 일어선 것입니다. 지고이기는 것은 나중 일인 듯합니다. 그저 대의를 위한 싸움을 하겠다는 것이지요. 그러나 오나라는 나라의 안태(安泰)를 우선한다고 들었으므로 화평을 구하도록 권해드린 것입니다."

"무슨 말이 그럴 수가 있는가?" 대노한 손권이 발분하여 일전을 결의하였다. 오 · 촉 두 나라는 힘을 합쳐 역사에 남을 적벽대승을 거두는 것이다. 역화문의 효과이다.

《논어》에도 이런 말이 있다. '분발하지 않는 자에게는 일러주지 않으며, 말로는 표현을 못 하나 머리로는 알고 있는 수준에 이르지 않으면 도와주지 않는다.'[97]

---

97) 不憤不啓, 不悱不發-(불분불계, 불비불발)-[《논어》, 술이(述而) 8]. '분'이란 어떤 일을 하고자 하는 마음이 용솟음치는 상태이며, '비'란 하고 싶은 말이 목구멍까지 올라오는 상태를 가리킴이다. 즉 자기자신의 역량으로 분발하여 일을 거의 완성단계에 이른 상태가 아니면 힌트를 줄 필요가 없다. 하고 싶은 말이 머릿속에는 있으나 아무래도 입 밖으로 나오지 않으며, 뱅뱅 돌기만 하는 상태가 아니면 도와주지 않는다는 말이다.

제대로 배우려면 먼저 자신이 '분(憤)'하여야 한다. 또 가르칠 때도 상대를 분하게 하여야 한다. 분이란 어떤 일을 하고 싶은 욕망이 용솟음치게 한다는 말이다. 감동해서 용솟음치고, 화가 나서도 용솟음치고, 신이 나서도 용솟음칠 수가 있다. 따라서 사람을 깨우치려면 그때그때 상황에 따라 알맞게 가르치고 일깨워 주어야 하는 것이다.

6. 솔선수범한다

왜 솔선수범인가? 부하들을 따르게 하기 위해서이다. 부하들은 명령보다 행동을 보고 따른다.

윗사람이 솔선수범할 때 부하들은 강한 동기를 느낀다. 윗사람이 솔선수범해야 부하들은 믿게 된다. 솔선수범 없는 리더십은 처음부터 성립이 안 되게 되어 있다.

왜 그런가? 솔선수범은 앞장을 선다는 뜻이며, 앞장을 선다는 것은 희생을 뜻하며, 희생을 한다는 것은 성실을 뜻하기 때문이며, 성실은 사랑에서 시작하기 때문이다.

솔선수범의 첫째는 남을 측은히 여기는, 사랑하는 마음부터다. 자기 자신을 사랑하듯 남의 입장을 먼저 생각하고, 남의 처지를 먼저 살피고, 자기를 사랑하는 마음만큼 솔선수범한다. 바꾸어 말하면 '자기가 하고 싶지 않은 일을 남에게 시키지 않을' 뿐만 아니라 한 걸음 더 나아가서 '남이 하고 싶지 않은 일을 자기가 하는 것'이다. 이것이 진정한 솔선수범이다. 얼마나 힘들고, 얼마나 큰 희생이 따르면. 공자(孔子)까지도 '서(恕)'를 평생의 갈 길로 여겼겠는가.

솔선수범은 부하들의 숨은 능력을 일깨워 준다. 윗사람이 꼭 잘해서가 아니라 서툴러도 해 보이고, 실패해도 해 보임으로써 부하는 마음 편하게 나선다.

윗사람이 잘해 보이면, 부하는 쉽게 배울 것이요, 윗사람이 실패하면 서툰 부하들이 부담을 덜 느낄 것이다. 따라서 윗사람은 일을 잘하고 못하고를 떠나 수범을 서슴지 말아야 한다.

사람은 여러 층이요, 각양각색에 능력도 저마다 다르게 타고 난다. 그러므로 누구나 남다른 능력을 한 가지씩은 타고난다. 겉으로만 보통사람으로 보일 뿐이다. 따라서 어느 큰 인격이 이들 보통사람의 영혼에 어떤 불을 붙이는가에 따라 숨은 능력이 살아나게 된다.

마음에 불만 붙으면 보통사람도 보통을 뛰어넘어 달인이 되고 신(神)의 경지에도 가게 되어 있다. 그게 인간이다. 그래서 인간이다. 우리는 이미 '학습효과'의 위대한 힘을 보았지 않은가.

윗사람은 모름지기 처음부터 사람을 가리고 차별할 게 아니다. 누구에게나 타고난 자질과 능력은 있는데 다만 숨겨져 있다는 것을 명심할 필요가 있다. 겉만 보고 '너는 무능한 놈'이라고 치부할 게 아니라 누구나 타고난 숨은 능력이 있을 것이라는 전제로 어깨부터 쳐 주는 것이다.

그러므로 능력이 문제가 아니라 그 마음에 불을 붙이는 지도자의 역량과 인격과 영혼에 문제가 있다.

그럼 어떻게 영혼에 불을 지르는가?

솔선수범이다. 영혼은 말이 통하지 않는 대상이다. 행동으로 보여야 알아듣는 대상이다. 그러므로 리더십의 핵심이 사랑이라면 그 실천의 제1단계는 솔선수범이다. '남이 하기 싫은 일을 내가 한다.' 이것이 솔선수범이요 리더십의 제1과이다.

야마모토도 부하를 움직이는 첫 마디가 '해 보이고'였다. '윗사람이 먼저 한다'이다. 바로 솔선수범이다.

소크라테스는 2,000여 년 전에 살다 간 사람이다. 그런데 나 같은 사람이 오늘의 리더십에 그 이름을 올리지 않으면 안 되는 위인으로 추앙받는다.

왜 그런가? 도망칠 수 있는 데도 사약을 마신 것 때문일까?

"나는 오늘까지 법은 지키는 것이라고 너희들에게 가르쳐 왔다. 그런 내가 국법을 어길 수는 없다."

탈옥을 준비한 제자들에게 훈계했다는 그의 최후의 말이다. 법을 지키라고 가르쳤기 때문에 그는 법을 지켰을 뿐이다. 불행히도 솔선수범은 사약을 마시는 것이었고, 그는 마침내 목숨을 잃었다.

참으로 처절한 솔선수범이다.

《손자》에 이런 말이 있다.

'병사들이 아직 익숙해지기도 전에 처벌하면 불복한다.' 학습효과가 나올 때까지 훈련하라는 말이다. 그래도 부족하면 벌보다 솔선해서 본을 더 보이라는 말이다.

야마모토의 두 번째 말은 '일러서 시켜본다'였다. 안 되면 자주 시킨다. 숙달을 위해서다. 그리고 마지막 말이 '벌을 준다'가 아니라 '칭찬한다'가 아니던가.

부하를 가르치고 백성을 다스리는 것도 같은 원리일 것이다.

가르쳐야 할 일이나 다스려야 할 일은 첫째, 명백하고 간단하여야 한다. 간단하고 명백하여야 솔선수범도 쉬울 것이요 아랫사람도 편할 것이 아니겠는가.

《사기(史記)》에 '법은 3장(三章)만으로 정한다'라는 말이 있다.

한(漢)나라 고조(高祖) 유방(劉邦)이 진(秦)나라를 멸망시킨 후 종래의 번잡스러웠던 법령을 모두 폐지하고 법률을 3개조(條)만으로 뜯어 고친 고사(故事)이다. 곧 '법삼장(法三章)'이다.

유방의 군단(軍團)이 관중(關中)에 들어가 진나라 도읍인 함양(咸陽)을 함락시켰을 때다. 유방은 함양성과 이웃한 제현(諸縣)의 유지(有志)들을 모아놓고 이렇게 약속하였다.

"그대들은 오랫동안 진나라의 가혹한 법 때문에 시달려왔소. 나는 그대들에게 약속하리다. 법은 삼장만으로 하겠소. 사람을 죽인 자는 사형(死刑)에 처하고, 사람에게 상처를 입힌 자는 응분의 처벌을 할 것이며, 남의 것을 도둑질한 자에게도 응분의 처벌을 할 것이다. 그 밖의 진나라 법은 모두 폐지하겠소."

사람들의 마음이 얼마나 홀가분하였을까. 유방이 천하를 얻은 데는 다 그만한 이유가 있다.

《한비자(韓非子)》에 이런 이야기가 있다.

춘추오패(春秋五霸)의 하나인 제나라 환공은 화려한 것을 좋아했다. 언제부턴지 보라색 옷을 즐겨 입기 시작하였다. 얼마 되지 않아 궁궐 안은 모두가 보라색으로 옷을 해 입었다. 보라색 옷감 값이 5배나 올랐다. 사정이 지나친 데 놀란 환공, 명재상 관중을 불러 의논을 하였다.

"우선, 주공께서 보라색 옷을 입지 않으시는 일입니다. 다음은 시간을 두고 해결하겠습니다."

관중의 진언에 환공은 그날로 보라색 옷을 벗어 버렸다. 그리고 보라색 옷을 입고 알현하는 신하들에게는 "어쩐지 경의 옷 빛깔이 마음에 안 드는구려!" 하였다.

사흘이 지났다. 나라 안에 보라색 옷은 볼 수 없게 되었다. 한비자는 '그러므로 윗사람은 좋고 싫어하는 것을 남에게 쉽게 드러내지 말아야 한다'고 경고하였다.

전한(前漢) 초기의 이광(李廣)은 흉노 토벌에 많은 활약을 한 장수이다. 용병이 신출귀몰하고, 특히 그의 활쏘기는 신기에 가까워 '한(漢)의 비장군(飛將軍)'이라는 별명까지 얻었다. 그가 바로 '석석위호(射石爲虎)'라는[98] 고사의 주인공이다.

장군이 지휘하는 부대의 행군이나 평소 움직임은 규율이 없어 보였다. 사무 행정도 장부를 하나만 썼다. 그러나 경계만은 신중하여, 사방으로 경계병을 멀리 보내 기습에 대비하였다. 그런데 전투가 벌어지면, 질서 없고 군기도 시원찮아 보이던 모든 군사가 맹호같이 용감하였다. 이광의 군단을 당할 자가 없었던 것이다.

장군의 특징은 불필요한 곳에 노력을 낭비하지 않았고, 전쟁터 외에서는 병사들을 괴롭히지 않았다는 점이다.

그러나 그 이면에는 장군의 무서운 솔선수범에 있었다. 이광은 하사되는 은상(恩賞)을 모두 부하에게 나누어 주었다. 먹는 음식도 부하들과 똑같은 것을 먹었다. 행군 중에 우물을 발견하면, 부하들 모두가 물을 마시기 전에는 물을 입에 대지 않았다. 죽을 때까지 그는 40년 이상의 녹(祿)으로 이만 석을 받았는데, 그의 집에는 재산다운 물건이라곤 하나도 없었다.

이광의 동료 장군 정불식(程不識)이라는 사람은 그를 평하여 이런

98) 이광이 숲 속의 호랑이를 활로 쏘았는데, 실제로는 호랑이가 아니라 바위였는데도 화살이 깊이 박혔다는 교훈. 여기에서 '射' 자는 '쏠 사'가 아니라 '맞힐 석'자로 읽어야 함.

말을 하였다. '이광의 부대군율은 너무 느슨하여 군대로 보기조차 어려웠다. 그러나 그의 군사는 하나같이 이광을 위해서라면 죽음을 기꺼이 하는 자들뿐이었다.'

그는 부대의 군율만 생각했지, 군율보다 더 중요한 게 따로 있다는 것을 미처 깨닫지 못하고 있다. 이광을 위해 목숨을 초개같이 버리는 군사들만 부러워했을 뿐, 뒤에 가려진 이광의 처절한 희생과 솔선수범을 그는 보질 못한 것이다.

사마천(司馬遷)은 그의 《사기》에서 이광 장군을 이런 말로 칭송하였다.

'복숭아나무와 오얏나무는 말이 없지만, 그 아래에는 저절로 길이 생긴다[桃李不言, 下自成蹊-도리불언, 하자성혜].' - 복숭아나 오얏나무는 꽃을 피우고 열매를 맺어 덕을 이룰 뿐 이를 말로 자랑하지 않는다. 그러나 사람들은 그 열매(덕)를 보고 모이게 마련이라 그 아래에는 저절로 길이 난다.

제4장

선견(先見)

1. 앞을 본다
2. 판단한다
3. 행동한다
4. 따르게 한다

1. 앞을 본다

'승자(勝者)의 우행(愚行)'이라는 말이 있다. 처칠이 그의 회고록에서 제1차 세계대전(1914~1918) 전승국들을 두고 한 말이다. 즉 전승국들이 전후 처리를 잘못하여 제2차 세계대전까지 일어나게 되었다는 자성(自省)과 탄식의 소리다.

제2차 세계대전은 과연 불가피한 전쟁이었던가?

처칠은 'NO! 필요 없는 전쟁. 막으려고만 들었으면 얼마든지 막을 수 있는, 그렇게 쉽게 방지할 수 있었던 전쟁도 일찍이 없었다'고 단호하게 말했다.

'전승국 제국민은 그들이 체험했던 시련과 고통이 분별없는 선동자들에 의해 증폭되자, 전범국가들이 치러야 할 죄의 대가는 더욱 가혹해야 한다고 주장하였다.

승리에 도취된 지도자들조차도 병사들이 전장에서 뿌린 피의 대가가 강화회의에서 조금이라도 희석이 되면 큰일이라고 생각하였다. … 결국 독일은 법에도 없는 가혹한 전쟁배상을 선고받았다. 이것은 한낱 전승국들의 분노의 표현일 뿐, 현실적으로 패전국이 물 수 없는, 납득하기도 힘든 결정이었다.'

처칠이 말하는 당시 전승국들의 분위기이다. 이러한 비이성적 결정은 독일 국민들을 무참한 곤경에 빠뜨렸고, 주체할 수 없는 공허감을 독일 국민들의 가슴에 안겨 주었다.[99]

비록 전쟁에는 패했지만 게르만의 강력한 정열이 본질적으로 변할 수는 없는 것이다. 독일 국민의 허무감은 결국 광포한 천재 히틀러로 하여금 바이마르(Weimar)를 짓밟도록 묵인하였고, 광기 어린 정열로 국민적 공허를 메우게 하였다.

1차대전에서 1,000만 명 이상의 전사자와 수많은 민간인 희생자를 내고도 우리 지도자들은 정신을 못 차렸던 것이다.

프랑스군 총사령관이던 포시(Ferdinand Foch,1851~1929)는 베르사이유 평화조약 조인 보고를 듣고, '이것은 평화가 아니다. 20년간의 휴전일 뿐이다'라고[100] 평했듯이 그의 사후(死後) 10년, 인류는 1차대전보다 더 무참한 비극과 시련을 겪게 된다.

사람들은 제1차 세계대전이 이 지구상에서 전쟁을 영원히 추방하기 위한 전쟁이라고 주장했다. 그러나 인류는 불과 20여 년 후 그보다 더 큰 전쟁을 치렀다. 필자가 줄곧 주장해온 리더십의 본질과 정신이 바뀌지 않는 한 '다음 전쟁을 준비하기 위한 전쟁'은 있어도 '전쟁을 추방하기 위한 전쟁'은 이 지구상에서 추방할 수는 없을 것이다.

---

99) 베르사이유 조약에 의해 독일은 30년 이내에 1,320억 마르크의 배상금을 물어야 한다는 판결을 받는다. 이는 1923년 당시 독일 GNP의 2.9배가 되는 어마어마한 액수였다. 이 외에도 식민지 박탈, 병력의 제한, 지원병제도 폐지, 잠수함 · 항공기 · 전차 · 대공포 등의 보유 금지, 전쟁물자 생산 제한 등 조약의 내용은 독일 민족에게 큰 치욕을 안겨줬다.

100) 그리고 막스 베버(Marx Weber, 1864~1920)는 '앞으로 10년 이내에 우리는 다시 군국주의가 될 것이다'라고 예언하였다.

1938년 9월 30일, 뮌헨에서 돌아온 챔벌린은 런던 교외의 '크로이던' 공항으로 마중나온 군중들을 향해 주머니에서 종이 한 장을 꺼내 자랑스러운 듯 흔들어 보였다.

뮌헨에서 히틀러와 공동으로 서명 교환한 '영 · 독 상호불가침 서약'이었다. 그것은 챔벌린 자신이 '우리 시대의 평화의 보증서'라고 부르는 증서였다.

다우닝 10번가의 수상 관저에 도착해서도 관저 주변에 모여 열광하는 시민들에게 다시 그 종이를 흔들어 보였다.

'여러분, 전쟁의 악몽은 이제 멀리 사라졌습니다. 여러분은 지금부터 베개를 높이 하고, 편안한 잠을 이룰 수 있게 되었습니다.'

챔벌린이 한 연설이다.

대영제국 수상이, 그것도 회담 당사자로서 히틀러를 만나고 온 장본인이다. 영국 수상이 세계평화를 보장한다는데 유럽의 미래를 비관할 사람이 어디 있겠는가.

영국 국민 모두가 환호하고, 전 유럽이 평화의 사도로 그를 칭송하였다. 챔벌린은 놀랍게도 뮌헨협정으로 유럽전쟁을 막았다고 믿었다. 뿐만 아니라 기대하지도 않았던 '영 · 독 불가침 서약'을 히틀러로부터 얻어냈다고 만족하고 있었다.

그러나 뮌헨협정은 무분별한 유화주의(宥和主義)의 결말이 얼마나 비극적이며, 또 앞을 내다보지 못한 지도자의 리더십이 인류에게 끼친 불행이 얼마나 큰 것인가를 일러준 역사적 교훈이다.

소위 뮌헨의 성과라고 믿고 있던 문제의 협정은 히틀러의 일방적 공갈에 휘말린 굴욕적인 것으로, 그 협정 자체만으로도 체코슬로바키아를 통째로 히틀러의 손아귀에 넘겨주는 결과를 낳은 것이다.

‘챔벌린 수상과 달라디에(Edouard Daladier, 1884~1970) 프랑스 수상의 행동은 근대 유럽 역사상 전례가 없는 굴욕외교의 표본이며, 파시즘에 대한 민주주의의 전면적 항복을 의미하는 것이었다.’

《제2차 세계대전 전야(前夜)》를 쓴 일본의 사사모토[笹本]의 말이다.

그런데 놀랍게도 런던이나 파리의 언론들은 당시 외교협정을 대대적인 성공으로 취급하였다. 파리의 한 대중지는 낚시를 좋아하는 챔벌린의 공적에 보답하기 위해 ‘챔벌린이 낚시를 즐길 수 있도록 프랑스의 어디든 작은 토지를 그에게 증여하는 것이 좋겠다’란 제안까지 하였다.

언론이 이 모양이니 국민들은 무엇을 알겠는가.

1939년 9월1일 새벽, 독일군은 폴란드 국경을 넘어 물밀듯이 쳐들어갔다. 막강한 공군, 강력한 전차군단을 앞세운 소위 ‘전격전(Blitzkrieg)’으로 폴란드를 사정없이 유린하였다.

영국과 프랑스는 처음 독일의 폴란드 침공을 외면하였다. 불과 6일 전 조인한 조약에 의하면 폴란드가 침공을 당하면 ‘이를 구하기 위한 어떤 수단도 불사하겠다’는 것이었다. 즉각적인 선전포고는 고사하고 폴란드의 애원에 가까운 지원요청조차도 묵살하였다.

폴란드의 운명은 그야말로 풍전등화인데 챔벌린은 여전히 평화교섭에 희망을 걸고 있었고, 프랑스는 ‘최소한의 전쟁동원을 하기 위해 며칠만이라도 독일 공군의 공격을 피해보자’, 영국은 ‘프랑스와 공동으로 선전포고를 하기 위해’라는 구실로 며칠을 허송하였다.

개전 3일째, 폴란드군이 괴멸한 상태에서 영국과 프랑스가 선전포고를 하였다. 그날부터 5년 8개월 동안, 살육과 파괴는 전 유럽을 휩쓸었다. 파괴는 또 다른 파괴를 부르고, 살육은 또 다른 살육을 낳아

사람들을 야만적 광기로 치닫게 하였다.

세계는 이 비문명적 살육행위를 그것도 두 번씩이나 치르지 않으면 안 될 특별한 이유라도 있었던가? 정말 2차대전은 불가피한 것이었을까?

《역경(易經)》에 '서리를 밟고 단단한 얼음에 이른다[履霜堅氷至-이상견빙지]'라는 말이 있다.

가을철이 되어 서리가 내리기 시작하면 이윽고 딱딱한 얼음이 어는 겨울이 찾아온다. 즉 겨울은 가을을 뛰어넘어 단숨에 오는 것이 아니다. 그 전에 반드시 서리가 내리는 전조(前兆)가 있다. 그러므로 서리가 내리면 겨울이 오리라는 것을 예측하고 겨울을 날 준비를 해야 한다는 말이다.

히틀러가 군비를 확충하고, 국론을 통제하고, 체코를 집어삼키고, 폴란드를 소비에트와 나누어 먹는 판인데 히틀러와의 약속을 믿고 오직 유화정책에 매달렸다. 히틀러는 작심하고 유럽을 짓밟는데 유럽과 챔벌린은 평화협상에 골몰했다.

서릿발이 아니라 얼음이 얼었는데도 소위 지도자라는 사람들이 팔짱만을 끼고 있었던 것이다.

사람들을 많이 거느리는 사람, 책임이 중한 사람을 우리는 쉽게 '높은 사람'이라고 한다. 왜 그럴까.

높은 데 있으면 잘 보이고 멀리 보인다. 곧, 높은 자리의 사람은 멀리 잘 보라는 뜻이다. 그런데 높은 데 앉아서 멀리는 안 보고 아래만 내려다본다.

아래만 보는가. 사람들을 타고 앉아 짓누르기도 한다. 높은 사람이란 타고 앉으라고 높이 세운 게 아니다. 멀리 보라고 높이 앉힌 것이다.

눈앞의 일은 아랫사람들이 보게 되어 있다. 그래서 《춘추좌씨전》에서도 '군자는 장래를 염려하며(遠慮-원려) 소인은 눈앞의 일을 따른다'라고 한 게 아닌가.

《논어》에 보면 '먼 앞의 일을 염려하지 않으면 반드시 가까운 장래에 근심이 있다'라는[101] 말이 있다.

서리가 내렸는데도 챔벌린은 '원려(遠慮)'를 외면하였다. 그러니 필유근우(必有近憂)라. 곧이어 큰 우환을 맞게 된 것이다. 이것은 챔벌린 개인의 문제에서 끝난 게 아니라 세계가 참화를 입었다.

왜 챔벌린을 자꾸만 들먹이는가.

그는 그 당시로는 세계에서 제일 높은 사람이다. 쉽게 말해 오늘의 미국 대통령과 같은 위치가 당시의 영국 수상의 자리다.

1930년대에 이미 미국의 국력은 세계 제일이긴 하였지만 국제정치 무대에서는 관록과 전통상 영국이 주도권을 행사하였다. 또 세계 정치의 중심은 어디까지나 유럽이었기 때문에 미국은 개입할 여지가 없었다.

미국은 전통적으로 먼로주의를 채택하여 왔고, 당시 제네바에 있던 국제연맹(LN)의 가맹국이 아니었기 때문에 세계 정치는 영국이 주도하는 형국이었다.

높은 자리에 앉아 멀리 못 보는 사람은 즉시 아래로 내려와야 한다. 자기도 망가지고, 뭇 사람이 다치며, 세상을 불행하게 한다.

'멀리 보고, 미리 보고, 그리고 어디로 끌고 갈 것인가를 알고 있는 것, 그것이 위대한 지도력의 비밀이다. 지도자라는 말 자체가 현재를

101) 人無遠慮 必有近憂-(인무원여 필유근우).《논어》, 위영공(衛靈公) 11.

넘어 미지의 세계로 사람들을 이끌어 가는 가이드(guide) 역을 의미하는 것이다.' 닉슨의 말이다.

세계 지도자 가운데 멀리 앞을 본 사람으로 드골을 빼놓을 수 없다.

그는 대통령 시절 '나는 오늘의 정치가 아니라 내일의 신문 표제가 될 정치를 하고 있다'고 했다.

세계적인 인물이 되기 훨씬 전부터도 동시대를 사는 사람들의 머리 위로 멀리 보고, 언제나 미래를 응시하였다.

1934년 그가 대령 시절 《미래의 군대》이라는 책을 썼는데, 바로 근대전의 혁신적인 이론을 담고 있었다.

'이제 우리의 운명은 기계가 결정할 것이다.'

책의 주제이다. 기계는 우리 생활뿐만 아니라 전쟁에도 일대 혁명을 가져올 것이다. 미래를 위해 육군을 대폭 개편해야 한다. 당장에 10만 병력으로 기계화부대 6개 사단을 편성하여야 한다. 과거는 병력과 화력에 중점을 두었지만, 다음의 전쟁은 기동력과 돌진력이 승패를 좌우한다.

드골의 이러한 예언은 사람들의 관심을 전혀 끌지 못했다. 오히려 매도까지 당했다. 제1차 세계대전의 영웅 페탱(Henri Philippe Pétain, 1856~1951) 원수는 드골의 주장을 '일종의 경구(警句)'로 치부하였고, 막심 웨이건 장군은 '위험한 사상'이라고 경고까지 하였다.

2차대전이 나기 5년 전, 프랑스의 저널리스트 필립 발르라는 사람이 독일을 방문하였다. 독일 방문 중 육군사령관 아돌프 훙헤링 장군과 인터뷰를 할 때이다.

"귀국의 기동전 권위자는 장차 올 기동작전에 대해 어떤 생각을 갖고 있는가?"라고 장군이 물었다.

"누구를…?" 기자는 어안이 벙벙할 수밖에 없었다. 그는 드골 대령을 몰랐다. 당황해 하는 기자를 보다 못한 장군은 "당신 나라에 드골이라는 기동작전의 대가가 있지 않습니까?" 하고 오히려 드골의 존재를 알려주었다.

독일 육군은 드골이 쓴 《미래의 군대》를 200부나 구입하여 열심히 연구를 하였다. 막상 프랑스에서는 100부밖에 팔리지 않은 책을.

원래 전차(戰車)라는 것은 보병을 지원하는 보조병기로 보고, 편성과 운용도 보병을 주력으로 해온 것이 세계적인 추세였다. 그러나 독일 육군은 전차를 보병 대신 타격의 주된 수단으로 하는 기갑병단을 편성하였다. 바로 드골이 주장한 이론을 채택한 것이다.

독일군은 이 기계화사단을 이용한 전격전으로 유럽을 순식간에 석권하였다. 전격전이란 전차를 중심으로 편성된 기계화병단을 공격의 주체로 삼고, 급강하 폭격기와 낙하산 부대의 긴밀한 협조로 보병이 한 지점을 강타, 돌파구가 형성되면 그 돌파구를 통해 기계화사단이 후방 깊숙이 돌진해 가는 전술이다.[102]

기계화 부대가 돌파와 함께 후방 깊숙이 진격하면 후방 사령부나 전투태세가 덜된 예비대가 공격을 먼저 받게 된다. 전방에 배치된 주

---

102) 기계화 부대 운용에 관한 이론에 대해서는 드골 외에도 영국의 풀러(Fuller), 독일의 구데리안 · 롬멜, 미국의 패튼 등을 들 수 있다. 그러나 전격전의 이론을 정교하게 다듬은 사람은 역시 '붉은 나폴레옹'이라는 별명까지 붙은 소련의 투하체프스키(Mikhail Tukhachevskii) 원수이다. 그의 개념은 전차를 주력으로 하는 육상함대를 만들어 기마 유목민의 전통을 살린 신속한 기동전으로 적 후방 깊숙이 침투한다는 것이다. 그는 1차대전 당시 독일군에게 포로로 잡혔는데, 포로수용소에서 역시 포로로 잡힌 드골을 만나 전술에 관한 많은 토론을 나누었다고 한다. 따라서 드골의 기갑병단 운용 개념도 많이 적용되었을 것이다.

력은 제대로 싸워보지도 못하고 혼란에 빠져 괴멸하게 되는 것이다.

드골이 그토록 경고를 했음에도[103] 프랑스는 마지노선에만 의존했다. 결국 스당(Sedan) 부근을 돌파 당해 통신과 지휘계통이 무너져 전투다운 전투라곤 해보지도 못하고 파리를 점령당했다. 프랑스는 자신이 창안한 기계화병단 전술에 당한 것이다. 개전 후 불과 35일 만의 일이다.[104]

《관자(管子)》에 이런 말이 있다. '오로지 훌륭한 유도자(有道者)만이 화를 알고 대비한다.'[105] 유도자란 진정한 덕과 능력을 가진 사람으로, 첫째로 시의(時宜)를 얻어 대책을 세우므로 항상 일이 크게 벌어지지 않게 하는 사람이요, 둘째 공평하고 무사하므로 널리 부하들의 지지를 모을 뿐만 아니라 편견 없이 사태를 바로 볼 수 있는 사람이요, 셋째 우유부단하지 않고 때맞추어 결단하므로 남의 뒷수를 두지 않고, 넷째 무능한 사람을 쓰지 않으므로 심지 깊은 부하들이 모여 일을 그르치지 않는 사람이라고 하였다.

프랑스가 '유도자'를 버렸으니 어찌 살아남을 수 있었겠는가.

영국도 사정은 마찬가지였다. 1930년대 들어서면서 처칠은 다가올 나치의 위험을 홀로 경고하였다. 그러나 아무도 그를 주목하지 않았다. 전쟁이 끝난 40년대 후반, 소련의 확장주의를 경고할 때도 귀담아 듣는 사람은 얼마 되지 않았다. '유도자'란 이렇게 어려운 것이

---

103) 드골은 전쟁 발발 4개월 전, 독일은 마지노선을 반드시 돌파하거나 우회할 것이므로 요새에 의존해서는 안 된다고 경고하였다.

104) 독일은 전격전으로 사상 유례 없는 전과를 올린다. 개전과 함께 폴란드를 3주, 덴마크는 하루, 네덜란드는 18일 만에 석권한다.

105) 惟有道者 能備患於未形也-(유유도자 능비환어미형야). 《관자(管子)》.

요, 어느 시대나 외로운 법이다.

전쟁이 터지고, 나치가 전 유럽을 석권한 후 영국만이 홀로 남았을 때에야 영국은 비로소 '유도자(有道者)'를 수상에 임명하였다.

전쟁 중에도 처칠은 스탈린의 음모를 진작부터 간파하고 노르망디 아닌 발칸 반도 상륙을 제안하였다.

미국을 포함하여 연합국은 그의 충고를 일축하였다.

노르망디 상륙 후에는 연합군의 진격속도를 높여 가능하면 동유럽 쪽으로 진격할 수 있는 데까지 가서 소련군과 접촉을 해야 한다고 몇 번이고 충고하였다. 그러나 스탈린의 눈치를 보는 루스벨트를 생각해 아이크(Dwight D. Eisenhower)는 소련군의 서진(西進)을 가능하면 눈감아 주었다.

전쟁이 끝난 후에도 미국의 대소정책이 너무도 순진하고 유화일변도로 나가는 데에 그는 우려를 금할 수가 없었다.

1946년 미주리 주 훌튼시 웨스터민스터 대학 졸업식에서 대소정책에 관한 연설을 할 때도 소련의 확장주의를 막기 위해 미 · 영의 강력한 소련 견제가 시급하다고 강조하였다. 그러나 백여 명의 미국의원들이 그의 대소정책을 비난하고, 루스벨트 부인은 '위험한 사상'이라고까지 혹평하였다.[106] '철의 장막(iron curtain)'이라는 용어가 이 연설에서 처음 나왔다.

철의 장막이라는 용어는 이제 쓸 필요도 없는 세상이 되었지만, 만일 처칠이 2차대전 중에 주장한 전략을 채택하였더라면, 또 전후에도

---

106) 〈런던 타임스〉는 '서방세계의 민주주의와 공산주의는 서로를 존중해야 하는 대응적인 입장에 있으며 아직도 서로에게서 많은 것을 배워야 한다'고 논평하였다. 미 상원의원 페퍼는 '제국주의를 옹호하는 말보로(Marlboro: 영국 왕실이 있는 지역)식 구상이겠지만 항상 영국식 제국주의 냄새가 난다'며 비난하였다.

계속해서 주장한 대소 견제정책을 세계가 흔쾌히 받아들였다면, 전후 인류가 겪었던 그 많은 시련은 피할 수 있었을 것이다. 수백만 명의 무고한 희생도 막을 수 있었을 것이다.

그러면 왜 '유도자'는 그렇게 어렵고 외로운가? 그것은 남보다 앞서간다는 것, 남보다 앞을 본다는 게 그만큼 쉽지 않다는 것을 의미한다. 지도자가 모름지기 멀리 보는 일에 더 큰 관심과 훈련을 쌓아야 하는 이유이기도 하다.

높은 자리는 멀리 보라고 만든 자리다.

2. 판단한다

독일 북부를 차지하고 있던 소국 포로이센의 빌헬름 1세(Wilhelm Ⅰ, 1797~1888)가 즉위한 것이 1861년, 그의 나이 64세가 되던 해였다.

이 사람이 91세까지 왕위에 있으면서 독일제국의 통일을 이룩한다. 완고한 보수주의자이며, 정직하고, 약속을 반드시 지키는 도덕가요, 기사도 정신의 소유자인 그에게는 좋은 인재가 많이 모였다.

수상 비스마르크(Fürst von Bismarck, 1815~1898), 군사대신 론(Albercht Graf von Roon, 1803~1879), 참모총장 몰트케(Helmuth Karl Bernard Moltke, 1800~1891) 등 기라성 같은 위인들이 그를 보필하여 마침내 유럽의 역사를 크게 바꾸어 놓는다.

프랑스 황제 나폴레옹 3세가 빌헬름 1세에게 항복하던 날 빌헬름은 축하연에서 '비스마르크의 외교적 보호막 아래서 론은 칼을 갈고, 몰트케는 그 칼로 오늘의 승리를 가져왔다'라고 치사를 하였듯이, 이들의 탁월한 역량은 마침내 독일제국의 기초를 놓았다.

난립한 독일 소국가들을 프로이센이 통일하는 데 큰 장애는 덴마크 · 오스트리아 · 러시아 · 프랑스 같은 주변 열강들의 간섭이었다. 통일을 위해서는 최소 덴마크 · 오스트리아 · 프랑스만은 우선 무력으로라도 제압해 두어야 하였다.

불세출의 군인 몰트케의 선견과 주도한 용병으로 1864년 덴마크는 조용히 굴복시켰다. 그리고 2년 후, 오스트리아에게 도전장을 냈다.

오스트리아는 프로이센이 넘볼 수 없는 유럽의 최강국이다. 몰트케 자신부터 오스트리아와의 전쟁은 피하고 싶어 할 정도였다. 그러나 비스마르크는 오스트리아를 굴복시키지 않고는 통일이 불가능하다고 주장하였다.

마침내 몰트케도 동의하였다. '형편이 그렇다면 한번 해 보겠다. 물론 어려운 싸움이 될 것이다. 내가 총장으로 있는 동안 해 치우지 않으면 누가 하랴.'

그도 언젠가는 오스트리아와의 일전이 불가피하다고 생각은 해온 터. 그렇다면, 오스트리아와의 전쟁은 한 번의 결전으로 일대 타격을 주어야 하고, 그러기 위해서는 전략요충 쾨니히그레츠(Königgrätz) 밖에 없다고 내다보았다.

쾨니히그레츠는 프라하 동쪽으로 50마일 떨어진 전략 요충. 몰트케는 대오전쟁을 대비해 쾨니히그레츠로 통하는 철도를 5개나 부설해 놓았다. 그야말로 앞을 내다본 진정한 전략가.

몰트케는 19세기 당시로서는 어떤 전략가도 감히 상상할 수 없는 일대 포위작전을 구사한다. 단시간에 장장 300km에 달하는 거대한 활 모양의 포위망을 쾨니히그레츠에 폈다. 오스트리아군 주력 20만을 일거에 격파하겠다는 것이다. 포위는 전광석화와도 같이 이루어졌다. 철도라는 신속한 기동수단 덕분이다.[107] 이때 몰트케는 외선작

107) 나폴레옹의 내선작전이란 제한된 병력으로는 장기전에 취약하므로 내선(상대의 병력배치를 바깥쪽으로 두고, 자신은 그 안쪽에서 용병하는 것)의 이점

전을 펴야 하는 불리한 지형이었지만, 5개 노선이나 되는 철도망이 이를 극복하였다. 오스트리아는 경악하였다. '우리 주력의 80%를 포위하다니!'

기병대의 속도만 고려했던 그들에겐 청천의 벽력이었을 것이다. 철도가 갖고 있는 어마어마한 능력 - 속도, 병력수송, 군수지원 - 을 기병대 운용수준의 머리와 스케일로는 이해할 수가 없었다. 또, 프로이센은 각각 다른 5개 방향에서 전장접근이 가능했으므로 기도비닉(企圖祕匿)도 가능하였다.

상황을 파악했을 때, 오스트리아군은 아연실색했다. 주력군이 완전히 포위되었기 때문이다. 오스트리아의 기동수단으로는 속수무책이다. 그들에겐 쾨니히그레츠로 통하는 철도가 하나밖에 없었기 때문이다. 오스트리아 제국이 마침내 약소국 프로이센 앞에 무릎을 꿇었다.

실제로 몰트케가 총동원할 수 있는 병력은 오스트리아군과 백중한 20만에 불과하였다. 프로이센 국력의 한계였다. 그러나 프로이센은 강했다. 철도망뿐만 아니라 통신망(장거리 전신-그 당시 유럽의 통신연락은 전령에 의한 명령전달 수준이었다), 그리고 차세대 화기에서 오스트리아군을 4~5배나 앞섰기 때문이다. 몰트케와 참모본부는 진즉부터 앞을 내다보고 있었던 것이다. 장차 올 전쟁에서는 속도, 통신, 화력이 전승의 관건이라는 것을!

을 최대 활용, 집중된 힘으로 각개 목표에 대한 신속한 공격을 통해 적을 돌파, 속전속결하는 방식이다. 적의 위협정도를 평가하여 비결정적인 정면은 소수부대로서 견제만 하고 결정적인 정면에는 전투력을 집중하여 적의 접합부(joint) 사이를 돌파한 후 분리된 적을 각개격파하는 전법이다.

이에 반해 몰트케의 외선작전은 철도의 발달로 이동 소요시간이 단축된 점을 이용, 외선에 집결시킨 부대를 신속히 이동 · 집중시켜 적을 포위, 격파하고 퇴로를 차단하는 공격방식이다.

특기할 일은 프로이센의 드라이제(Dreyse) 소총이다. 지금도 유명한 세계적 기업인 크루프(Friedrich Krupp Aktiengesellschaft)가 세계최초로 개발한 볼트 액숀 소총. 전장식 머스킷이 분당 한 발을 쏠 때, 드라이제는 6발을 쏘았다.

마차, 전령, 머스킷으로 무장한 당시 유럽 육군이 드라이제, 무전기, 기차로 싸우는 프로이센을 어떻게 당하겠나. 프로이센은 보수적인 유럽 육군보다 20년을 앞선 간 것이다.

쾨니히그레츠에서 일대 승리를 거둔[108] 몰트케는 빈(Wien)에서 60㎞ 떨어진 니콜스브르그로 전진하였다. 이제 오스트리아의 수도 빈까지는 거칠 게 없었다. 몰트케를 포함하여 참모본부는 수도 빈 입성을 강력히 주장하였다. 이 위대한 승리를 샴페인으로 축하하고 싶었다. 그러나 비스마르크는 정면으로 반대하였다.

그 나름대로 앞을 내다보는 비스마르크, 통일 독일이 목표인 그에겐 적의 수도 전승축하연(戰勝祝賀宴) 따위는 안중에도 없었다.

제국 오스트리아는 굴복시켰지만, 아직 프랑스가 있다. 러시아도 있다. 이제 프랑스와의 일전이 불가피하다. 그렇다면, 오스트리아의 체면을 생각해야 한다. 왜? 프랑스와 개전했을 때, 오스트리아의 우호적 중립이 절대 필요하다. 수도 비엔나를 점령하고, 축하연이나 하고 있을 때가 아니다. 합스부르크(Habsburg)가(家)의 콧대를 꺾고 오스트리아 국민들의 자존심을 손상시켜 득 될 게 무언가. 군인들의 기분은 십분 이해한다. 그러나 이 정도에서 오스트리아에게 관용을 보여야 한다.

---

108) 쾨니히그레츠 근교 자도바에서 벌어진 이 전투에서 오스트리아군은 병력 5만 명에 포 200문을 노획당하여 프로이센 손실의 무려 5배에 달했다.

전승국이면 으레 하는 영토의 요구나 배상금의 요구도 안 해야 한다. 그는 한술 더 떠 무할양(無割讓), 무배상(無倍償), 즉시강화(卽時講和)를 주장하였다. 참으로 심원(深遠)한 판단이다.

그러나 보통사람들에게 그것이 받아들여질 리가 없다. 소국(小國) 프로이센이 오스트리아제국을 굴복시켰는데, 군부는 물론 국민적 흥분이 고조된 분위기 속에서 그의 주장이 통할 리가 없었다.

전 육군이 들고 일어나고, 몰트케와 국왕까지도 가세를 하였다. 그러나 그는 의연(毅然) 하였다. 빌헬름이 뭐래도 요지부동이었다. 그런데 오직 한 사람, 황태자가 그를 지지하고 나섰다. 얼마 안 있어 몰트케도 비스마르크를 이해하고 나섰다. 마침내 그의 고집이 통했다. '유도자'(有道者)의 뜻이 통한 것이다.

비스마르크의 뜻대로 오스트리아에 어떤 요구도 안 했다. 얻어낸 것도 없었다. 그러나 오스트리아는 감동하였다.

프로이센은 오스트리아의 우호적인 묵인과 후원으로 하노버, 헤센, 프랑크푸르트, 나사우연방 등을 합병하였다. 프로이센은 이제 영토의 4분의 1이 늘어나고, 인구도 450만이나 불었다.

프랑스와 일전(一戰)을 할 때, 오스트리아는 팔짱을 끼고 있었고, 러시아의 개입은 선수를 쳐서 봉쇄해 주었다.

《한비자》에 이런 말이 있다.

'작은 이익(小利)을 탐하는 것은 곧 큰 이익(大利)을 잃는 것이다.'[109]

---

109) 顧小利則大利之殘也(원소리칙대리지잔야). 《한비자(韓非子)》. 한비자는 이 말과 함께 다음과 같은 고사로 소리(小利)에 집착하지 말고 대국을 보도록 경고하고 있다.

옛날 강국인 진(晋)나라가 소국인 괵(虢)나라를 멸망시킬 때의 이야기로, 괵나

몰트케 같은 대 전략가도 잠시 판단을 흐릴 때가 있었다는 것을 주목할 필요가 있다. 판단을 잘한다는 게 그만큼 어렵다. 지도자들이 명심할 일이다.

판단은 바로 보는 데서 시작한다. 정견(正見)이다.

불교에서 말하는 '팔정도(八正道)'[110] 가운데 제일 먼저 나오는 것이 정견(正見)이다. '정견'이란 바른 견해, 즉 바른 세계관과 인생관을 말한다. 따라서 바른 견해를 가지면 모든 것을 바로 보게 되어 올바른 사유[正思惟-정사유]를 하게 되고, 바른 마음을 가지면 올바른 언어를 구사하게 되며[正語-정어], 또 올바른 신체적 행위[正業-정업]를 하게 된다는 것이다.

그런데 세상은 정견(正見)보다 '견탁(見濁)'이 판을 친다. 견탁이란 제대로 사물을 못 본 다는 뜻. 바르게 못 보니 옳은 판단 · 바른 행동이 나올 수가 없다. 그래서 견탁을 다섯 가지로 나누어 경계를 한다. 즉 ① 신견(身見), ② 변견(邊見), ③ 사견(邪見), ④ 견취견(見取見), ⑤ 계금취견(戒禁取見)이다. 소위 '견탁오견(見濁五見)'이란 것이다.

'신견'이란 자기만을 생각하고 자기를 중심으로 모든 것을 생각하

라를 치려면 우(虞)나라를 지나가야 했다. 그래서 준마와 옥(玉)을 우나라에 바치고 길을 빌려달라고 청한다. 우나라 중신들은 '괵나라가 멸망하면 그 다음 차례는 우리나라입니다'며 반대했다. 그러나 우나라 왕은 준마와 옥에 눈이 어두워 진나라의 요구를 받아들였다. 그 결과 괵이 망한 후 얼마 안 돼 우나라 역시 진의 침공으로 멸망한다.

110) '팔정도'는 정견(正見) · 정사(正思) · 정어(正語) · 정업(正業) · 정명(正命) · 정정진(正精進) · 정념(正念) · 정정(正定), 여덟 가지 바른 길을 말하는데, 이는 어느 쪽에도 치우치지 않는 바른 길을 뜻하는 중도(中道), 곧 불교의 가장 핵심적인 사상을 나타내는 것이다. 성철, 《백일법문 상(上)》. (합천, 장경각, 1992. pp. 92~93).

는 이기적(利己的) 생각이다. '변견'이란 한 모퉁이만 보는 것, 눈앞의 일만 생각하는 것이다. 앞이 있으면 당연히 뒤가 있다는 것을 모른다. 양면(兩面)만이 아니라 여러 면이 있다는 것을 알 길이 없다. '사견'이란 참 아닌 거짓을 보는 것이다. 보는 것까지는 좋은데 그것을 참으로 믿고 고집하는 데 문제가 있다. 오늘날 소위 주체사상이나 얼마 전까지 세상을 어지럽게 한 유물사관이 모두 여기에 속한다.

'견취견'이란 오로지 외길만이 있다고 보고, 한 가지 생각, 주장에만 집착하는 것이다. 사상 · 종교 · 학문 등 여러 분야에서 그 폐단을 볼 수 있다. 견취견이 무서운 것은 그곳에는 추호의 관용이나 여유가 용납되지 않는다는 점이다. 따라서 세상이 복잡해지고 사람의 지능이 더 커지면서 견취견의 비극이 걷잡을 수 없이 커지고 있다. 멈추지 않는 인도의 종교분쟁, 피로 피를 씻는 팔레스타인 문제 등이 모두 견취견의 탓이다.[111]

'계금취견'이란 세상을 너무 단순하게 보는 데서 오는 잘못이다. 즉 세상일이란 그 어느 것도 그냥 이루어지는 법이란 없다. 그런데 단순히 일대 일의 관계, 너와 나의 관계로만 보는 태도이다.

예컨대 내가 오늘 여기 있다는 것은 단순히 생각하면 부모가 있었

---

111) 최근에는 소위 유나바머(Unabomber)까지 나오는 형편이다. 유나바머란 대학(university)의 앞자 un과 항공사(airline)의 a를 딴 다음 폭파범(bomber)을 합친 합성어로, 지난 1978년부터 16년간 16차례에 걸쳐 주로 대학이나 항공사와 관련된 사람들에게 우편 폭탄물을 보내 세 명의 사망자와 23명의 부상자를 낸 폭탄테러범을 말한다. FBI는 1996년 4월 3일 그 유력한 용의자로 카진스키(53세)를 체포하였는데, 그는 24세 때 미시간대에서 박사학위를 받았으며 버클리대에서 종신 교수직을 얻었을 정도로 천재 수학자였다. 카진스키는 현대의 산업 · 기술 · 문명사회로 말미암아 사회는 점점 불안정해지고, 인간은 비천한 존재로 추락하고 있으며 점점 몰락의 길로 가고 있다고 주장하면서, 그럴 바에는 하루라도 빨리 지구가 멸망하는 것이 고통스런 시간을 단축해 주는 길이라는 주장으로 폭탄테러의 이유를 설명하고 있다.

기 때문이다. 그러나 따지고 보면 부모 위로 여러 대의 조상이 있었다. 시간적으로도 오늘이 어제는 될 수 없지만 어제가 없었으면 오늘이 있을 수 없고, 오늘이 있어 내일이 있다.

부모가 있기 위해서는 할아버지 대(代)에서 네 사람이 있어야 했고, 그 위로는 여덟 사람이 있었다. 시대적으로도 내가 할아버지 시대에 살 수 없듯 먼 조상이 나와 한 시대를 살 수 없다. 이처럼 나 한 사람 여기 있게 된 것도 그냥 있게 된 게 아니며, 시간적으로, 또 복잡한 이간관계를 통해 여기 있다. 세상은 어느 하나 그저 되는 일이 없으며 모두가 이런 여러가지 복잡한 인과관계에 얽히고 얽혀서 이루어지는 것이다.

그런데 세상일을 이런 복잡한 인과관계로 보지 않고 단순한 외길로만 본다. 그래서 갖고 싶은 것은 손에 넣고 보고, 먹고 싶은 것은 먹고 본다. 갖고 싶다고 남의 것을 빼앗아서는 안 되고, 먹고 싶다고 몸이 탈날 것을 먹어서도 안 되는 것이다.

얼지 않는 항구가 필요하다고 그냥 쳐들어가면 되는가. 미운 놈이라고 '가스실'로 보내면 일이 끝나던가. 그럼에도 세상일을 너와 나만의 단순한 관계로 도식화하여 그르치는 것, 그것이 '계금취견'이다.

히틀러의 행적을 보면서 사람들은 망할 줄 뻔히 아는 전쟁을 어쩌자고 일으켰느냐고 그의 어리석음을 비판한다. 그러나 그는 결코 어리석은 사람이 아니었다. 진정 어리석었다면 1차대전시 한낱 하사관 출신의 병사가 어떻게 대독일의 수상이 될 수 있었겠는가.

유럽대제국을 건설하겠다고 세계를 상대로 전쟁까지 일으킨 사람이다. 물론 바로 그 전쟁 때문에 패전의 좌절과 울분과 절망감 속에 광인(狂人)이 수상이 될 여지가 생겼다는 사람도 있다. 그러나 그 좌절과 절망을 이용한다는 게 그리 쉬운 일이라던가.

게르만은 베토벤을 낳고 괴테를 키운 위대한 민족이다. 그런 나라의 수상은 아무나 되는 게 아니다.

히틀러는 영리한 사람이었다. 처칠도 '천재적 광인'이라고 표현하지 않았던가. 문제는 수상이 된 이후의 그의 생각이요, 행적이다. 외람되지만 지도자로서의 문제가 있었고, 리더십에 문제가 있었다.

그럼 그가 어리석었다는 말인가? 아니다. 오히려 그는 정치가로서나 전략가로서 뛰어난 사람이었다. 권력을 장악할 때까지의 절묘한 그의 운신은 아무나 흉내 낼 수 없는 일이었다. 군사 면에서도 때때로 보여준 그의 천재성이 너무도 빛나지 않는가.

그렇다면 무엇이 문제였던가.

'정견(正見)'이다. 지도자로서의 바른 세계관이요, 인생관이다. 정견이 없으니 바른 판단이 있을 수가 없었던 것이다.

'1차대전에서 받은 수모와 원한을 풀리라. 〈제3제국〉을 건설하여 게르만의 영광을 되찾으리라. 약한 놈은 힘으로 칠 것이요, 미운 놈은 말살하리라. 주변을 쳐서 영토를 넓히고 자원을 확보하자.'

너와 나의 단순한 관계로 이렇게 세상을 도식화한 것이다. 바로 '계금취견'이다.

힘으로 칠 것만 생각하니 좋은 탱크를 만들면 되는 것이요, 남의 땅을 뺏으려니 전격전을 구상해야 하고, 미운 놈도 하도 많으니 가스실로 보낼 수밖에 없었다.

그러나 세상이 어디 너와 나만의 관계로 끝나는 것이던가? 이리 묶인 인연과 저리 얽힌 인연과 사연으로 내가 너를 치면 재가 울고, 네가 나를 치면 재가 너를 치게 되어 있는 게 세상인 것을.

세상만사 우연도 필연도 아닌 연기(緣起)의[112] 소산이라고 하지 않았던가.

'계금취견'이 얼마나 무서운 것인가를 히틀러를 되돌아보면서 지도자들은 다시 한 번 세상일을 생각해야 할 것이다.

히틀러가 원래 잔인해서 그런 것이 아니라 '정견(正見)'이 없었기 때문이요, 그토록 흉포(凶暴)할 수 있었던 것도 그가 옳은 지도자가 못 되었기 때문이며, 리더십을 잘못 알고 있은 탓이다. 즉 바른 세계관 · 인생관을 갖지 못했기 때문이다. 사람을 사랑할 줄 몰랐고 하늘 무서운 줄 몰랐기 때문이다.

히틀러는 일본과 달리 전쟁을 하면 이긴다고 생각하였다. 무서운 '계금취견'이다. '미국만 덤비지 않으면 이긴다. 어떻게 하면 안 덤비게 할까?' 여기까지는 그가 옳았다. '미국만 제치면 이긴다.' 그건 사실이었다.

'누구보다 좋은 탱크 · 비행기도 가졌겠다. 잘 훈련된 독일병정으로 전격전까지 펼치는데 유럽 천지에 대적할 놈이 누구인가. 이 판에 제3제국을 건설하자. 그리고 게르만의 영광을 되찾자. 영국은 늙었고, 프랑스는 정신없고, 러시아는 멍청한 놈들이다.

바다 건너 양키들만 팔짱끼고 있게 하면 다 된 일이다. 방법은 있다. 양키들은 순진한 녀석들이니까 건드리지 않고 추켜 주기만 하면 된다.

일을 저지르면 여론은 들끓겠지만, 혼란 중에 빨리 해치우면 문제

112) 연기(緣起)란 '인연생기(因緣生起)'의 줄임말로 모든 존재는 주관적 조건인 인(因)과 객관적 조건인 연(緣)의 조화로 생기(生起)한다는 뜻이다. 그래서 사람의 일, 또는 역사란 어떠한 물리적 법칙이나 우연으로는 설명할 수 없는 것이며, 자기 또는 인간이 하기 나름으로 전개되는 것이다. 졸저, 《어느 할아버지의 평범한 문명이야기》(서울, 삶과꿈, 1995. pp. 28~29).

없다. 멍청한 촌놈들이 정신을 차렸을 때는 대영제국도 프랑스 공화국도 유럽에서 사라진 후다. 사정이 이렇게 된 판에 바다 건너 일을 저흰들 어떻게 하겠나. 게다가 그들이 떠받들던 먼로주의를 미덕이라고 아직까지 믿고 있으니 안성맞춤이 아닌가.'

실제로 히틀러는 전쟁을 일으키고도 2년 동안 열심히 지킨 일이 하나 있다. 1차대전 때와는 달리 잠수함공격의 범위를 절대로 확대하지 않은 일이다.

1차대전에서 미국이 참전하게 된 직접적인 동기가 독일 잠수함이 국적을 가리지 않고, 그것도 군함이건 상선이건 닥치는 대로 가라앉혔기 때문이다.

어떤 일이 있어도 이 일은 피한다. 그러면 미국의 참전을 막을 수 있다. 그래서 독일 해군의 거듭되는 공격 확대 건의를 몇 번이고 각하를 한 것이다.

겁 없는 히틀러로서는 참으로 조심스런 행동이 아닐 수 없었다. 그는 진심으로 1차대전의 교훈을 따르기만 하면 일은 성사가 되는 것으로 믿었다.[113] 얼마나 무서운 '계금취견'인가?

1956년 이집트의 나세르(Gamâl Abdel Nasser, 1918~1970)는 수에즈운하를 점령하고 국유화를 선언해 버렸다. 놀랍게도 영국과 프랑스는 군사력을 동원하여 즉각 보복조치를 취하였다. 세계의 비난이 빗발쳤던 것은 당연한 일. 더구나 소련이 세계의 반을 지배하고 있던 때다. 제3세계를 부추겨 세계 여론이 영국과 프랑스를 신제국주의 침략자로 몰아세우게 하였다. 지금이 어느 세상인데 강대국이라

113) Ernst R. May, 신도 에이이치[進藤榮一] 역(譯), 《역사의 교훈(歷史の教訓)-Lessons of the Past》(東京, 中央公論社, 1991).

고 약소국가를 무력으로 치다니!

영불 양국의 명예가 정말 말이 아니게 떨어졌다. 그러면 그렇게도 노련한 영국의 지도자들은 무슨 생각을 했기에 실속도 없는 그런 실수를 하였던가. 도대체 어떤 판단을 하였기에 그런 어리석은 탈환작전을 시도하게 되었는가.

〈20년 전 히틀러와 무솔리니(Benito Mussolini, 1883~1945)가 대담하게도 아비시니아와 오스트리아, 체코슬로바키아, 알바니아를 합병할 때. 우리는 그들의 모험을 방관하였다. 이것이 결국 히틀러로 하여금 '민주국가란 이런 상황이 되면 저항할 의지를 잃고, 이를 편승하면 세계 정복도 달성할 수 있다'는 오판을 하게 한 것이다. 바로 이것이 '30년대 우리의 유화정책(宥和政策)을 실패케 한 원인이라고 나와 동료들은 다시 한 번 인식을 같이하였다. 따라서 우리 각료들은 1956년 가을의 상황을 면밀히 검토한 끝에 30년 전 일이 다시는 일어나게 해서는 안 된다는 결의를 하게 된 것이다.〉

당시 영국수상 이튼의 회고이다.

30년 전 유화정책이 실패했던 교훈을 상기하며, 지금은 강경책으로 가야 한다는 입장을 밝힌 것이다.

히틀러 때 역사적 교훈을 살린다? 맞는 말이다. 역사는 산 교훈이기 때문이다. 역사적 교훈? 좋은 말이다. 역사적 교훈은 그냥 써도 되는 것인가? 아니다. 제행무상(諸行無常)이라 하지 않던가.

'어제의 태양이 오늘의 태양'이 아니듯, 어제의 교훈은 오늘의 교훈이 아니다. 물론, 오늘의 교훈이 될 수도 있다. 문제는 도식화하는 데 있다. 공식화하는 데 있다. 너와 나의 관계로 단순화시키는 데 문제가 있다. 세상엔 어찌 너와 나의 관계만이 있는가. 너와 나 외 제3자도 있다. 시간이라는 3차원도 있다.

이튼과 그의 각료들은 수에즈 문제를 진지하게 토론하였을 것이다. 냉정하려고 노력했을 것이다. 그러나 진정 이성적 판단만으로 문제에 임할 수 있었을까. 누군가가 30년대 히틀러의 교훈을 거론했을 때, 30년 전 챔벌린의 실책을 연상하지 않은 사람이 몇이나 되었을까. 과연 몇 사람이나 챔벌린의 수모에 아무런 심리적 압력을 받지 않은 채 초연할 수 있었을까.

오히려 냉철한 이성은 챔벌린이 두고두고 당한 역사적 비난을 상기하지 않을 수 없었을 것이다. '나는 제2의 챔벌린이 될 수 없다'라는 압박감을 못 느낀 사람이 과연 몇이나 되었을까.

사람은 사람이다. 누구나 자기부터 생각한다. 그래서 사람이다. 자기 입장부터 생각 않을 사람이 어디 있겠나.

이것이 바로 '신견(身見)'이다. 그때 상황과 챔벌린의 유화책이 가져온 결과를 오늘의 수에즈와 나세르를 비교하면서, 또 히틀러와 챔벌린을 연상하면서, 과연 몇 명의 각료가 '나는 챔벌린이 될 수 없다'는 강박감에서 자유로울 수 있었을까.

'신견'이 앞서니 '정견'이 나올 수 없고, 정견이 흐려지니 '견탁'이요, 또 '계금취견'이 되었다.

어제는 유화정책이 실책(失策)을 불렀는데, 오늘은 강경책이 실책을 초래한 것이다.

이렇듯 판단이란 어려운 것이요, 역사적 교훈 또한 그 적용이 쉽지 않은 것이다.

야마모토가 대미(對美) 전쟁을 맹렬히 반대했던 것은 앞서 말한 바 있다. 오죽했으면 과격한 개전파(開戰派)들이 그를 죽이려고까지 하였을까. 그가 해군성 차관에서 연합함대 사령관으로 옮기게 된 이유의 하나도 군령부가 그의 신변을 염려해서 단행한 인사였다. 이렇듯 그는 목숨을 걸고 전쟁을 반대하였다.

그런데 반대하는 사람의 목숨을 노릴 정도로 전쟁을 원했던 사람들의 생각과 배짱은 대체 어찌된 일인가? 같은 전쟁을 두고, 그것도 국가의 존망이 달린 문제를 두고 어떻게 그렇게도 양극을 달릴 수 있단 말인가.

모든 게 '변견' 때문이요, '견취견'이다. 보이는 앞면만 알고 안 보이는 뒷면은 모를 뿐만 아니라 알아도 믿으려 들지 않는 변견 때문이다. 하나만 생각하고 둘은 생각지 않는다. 세상일은 가는 길도 여럿인데, 하나만 옳다고 고집한다. 같은 물건도 그 모습이 밤과 낮이 다르고, 앞에서 보는 모습, 옆에서 보는 모양이 다 다른데, 굳이 앞에서만 보려는 태도 때문이다.

일본이 소위 개전 결정을 한 것은 1940년 11월 말이다. 유명한 헐(Cordell Hull, 1871~1955) 당시 미 국무장관의 '노트'를 접하고 벌인 어전회의 때다.

"이제는 전쟁을 하는 길밖에 없다. 모나코 같은 소국도 이런 굴욕적인 조건은 받아들일 수 없을 것이다"라고 책상을 치며 그들은 전쟁을 결의한 것이다.

그럼 헐 노트가 어떠했기에 나라의 운명과 바꾸려고까지 했던 것일까.

헐 노트의 중요내용은 ① 일본군의 프랑스령 인도지나(지금의 베트남)에서의 즉각 철수 ② 중국으로부터의 병력의 즉각 철수 ③ 독일 · 이탈리아 · 일본에 의한 삼국동맹의 파기 등 3개 항목이다.

또 하나 일본으로 하여금 전쟁을 결의하게 한 이유를 든다면 '40년 8월 1일자로 미국이 통고한 대일 석유수출 전면금지이다.

일본은 석유소요의 4분의 3을 미국에 의존해 왔으니 금수 조치가 아프긴 하였을 것이다. 석유수출 전면금지는 일본이 앞으로 2년밖에 견딜 수 없다는 것을 의미한다. 군부로서는 앉아서 죽느니 서서 죽겠다는 생각을 할만도 하다.

그러면, 석유금수나 헐 노트가 추호의 타협의 여지도 없었는가. 과연 미국의 요구가 절대로 받아들여질 수 없는 절체절명의 것이었던가.

많은 사가(史家)들이 주장하듯, 헐 노트는 최후통첩이 아닌 권유였다. 협상의 여지는 얼마든지 있었다.

먼저 인도차이나 철수 문제인데, 못할 것은 없었지 않은가. 베트남의 자원이 욕심은 나겠지만, 그것 때문에 나라의 운명과 바꿀 수는 없는 것.

중국문제만 해도 이미 중일전쟁에서 지친 일본은 1940년부터는 단계적인 철병을 검토하고 있었던 게 사실이다.

세 번째 3국동맹인데, 언제부터 일본이 이탈리아나 독일에게 의리 지킬 일이 그리도 많았던가.

실은 '41년 6월, 독일이 일본에 통고 없이 소련을 침공하여 일본에 대한 신의를 먼저 저버렸다. 독일은 도의상 소련침공을 알렸어야 함에도 전혀 그 의무를 다하지 않은 것이다. 사실 일본으로서는 일방적으로 3국동맹을 파기해도 당장에는 손해 볼 일이 없는 상황이었다.

문제는 일본의 국제적인 체면이었다. 나라의 체면, 물론 중요하다.

모욕감을 많이 느꼈을 것이다. 그러나 따지고 보면 헐이 요구했던 것은 일본의 제국주의의 철회를 요구하는 것이었지, 가만히 있는 일본의 국가 체면에 모욕을 준 것은 아니었다.

참는다는 것은 물론 아픈 일이다. 그러나 여기서는 참아야 했다. 아니, 정의를 위해서라면 당연히 중국에서 전쟁을 일으키지 말았어야 했고, 프랑스령 인도지나 진주(進駐)도 사실은 주제넘은 짓이었다. 이미 일본은 한국을 식민지화하였고, 일본 국토의 4 배가 넘는 만주까지 손에 넣은 터이다. 사실은 국가의 체면이 아니라 자기의 처지와 분수를 돌아봤어야 할 시점이었다.

끝내는 미국까지 공격한다. 분수를 몰라도 너무했다.

누구나 다 아는 '득롱망촉(得隴望蜀)'이라는 고사가 있다. 후한(後漢)의 시조 광무제(光武帝) 유수(劉秀)가 중원을 평정하고 농서(隴西)를 평정할 때이다.

이웃의 촉(蜀)은 여전히 광무제에게 대항하고 있었다. 이때 광무제는 "사람이란 그 욕심이 끝도 없구나. 내 오늘 농(隴)의 땅을 얻었으니 내일은 촉(蜀)을 치리라" 하고는 촉마저 손에 넣었다는 고사(古事)다.

그런데 그로부터 200년 후 위(魏)의 조조가 군사를 이끌고 농서 땅을 점령하게 되었다. 그때 한 신하가 "왜 촉마저 치지 않으십니까" 하고 권하자 "나는 광무제가 아니다. 이제 농서를 얻었는데 촉까지 욕심을 낼 게 뭔가."[114]

우리가 흔히 아는 조조답지 않은 말에 놀라지 않을 수 없다. 어제의

---

114) 《후한서(後漢書)》, 광무기(光武記), 《삼국지(三國志)》, 위지(魏志).

광무제가 '시(是)'라고 한 것을 오늘의 조조는 '비(非)'라고 했다.

조조가 누군데, 누구보다 지략에 뛰어나고 사람을 잘 쓰고, 포부도 큰 사람이 아니던가. 웬만한 사람이면 옛날에 광무제가 촉을 쳤다는 이유만으로도 촉으로 진격을 하였을 것이다.

조조는 견탁(見濁)을 뛰어넘고 있다. 분수를 알고, 족(足)한 것을 알았다. 그러므로 판단이 정확할 수밖에 없었던 것이다. '만족을 모르는 것보다 더 큰 화(禍)는 없다.'[115] 노자의 말이다. '부지족(不知足)', 즉 만족을 모르면 '신견'에서 헤어날 날이 없는 것이다.

'40년 8월 1일 미국의 대일 석유수출 전면금지 조치가 떨어지자 당시 내무대신 기도[木戸幸一]는 그의 일기에서 '앞으로 10년을 와신상담(臥薪嘗膽)하리라 다짐한다'고 하였다.

옳은 말이다. 이때의 일본의 바른 선택은 와신상담이었을 것이다. 그리고 이 석유금수가 갖고 있는 의미가 무엇인가를 깊이 생각했어야 옳았다. 왜냐하면 이때가 바로 '서리가 온 시기'이기 때문이다.

따지고 보면 미국이 석유금수조치를 한 이후에도 일본이 군사행동을 계속했기 때문에 헐 노트가 나온 것이다. 내용도 전보다 더 강경해졌다.

좋은 말로 할 때 수습해야 할 일을 욕설로 대신했다. 경우 없는 욕설을 듣고 가만히 있을 어른이 어디 있겠나. 뺨까지 맞았으니 참기가 더 어렵지 않은가.

11월 29일 중신(重臣)회의에서 중신의 한 사람인 고메우치[米內光政]는 "'빈대 잡으려다 초가삼간 태우는 격'이 되어서는 안 된다(じり貧を避けようとしてドカ貧にならないように)"라고 하였다는데, 이 시점에 일본이 참지 않으면 주먹이 날아올 것을 그는 알고 있었던 것이

115) 禍莫大于不知足(화막대우부지족). 《도덕경(道德經)》.

다. 이게 바로 '서리'라고 그는 보았을 것이 틀림없다.

따지고 보면 일본의 정책 결정권자들은 '견탁(見濁)'에 사로잡혀 판단은 고사하고 '지족(知足)'까지도 몰랐던 것이다. 그들은 나만의 문제가 아니라 일억의 국민생명을 다루는 사람들이었다. 그런데 스스로 자초한 굴욕을 가지고 전쟁으로까지 끌고 갔다.

그저 하는 전쟁놀이가 아닌 것이다. 수천만의 생명이 걸리고, 온 나라의 재산이 걸리고, 또 상대해야 하는 나라의 꽃같이 젊은 생명이 얼마나 죽어야 할지도 모르는 전쟁이다. 일본국민은 말할 것도 없고 식민지하의 우리 백성도 얼마나 참담한 시련을 겪어야만 했던가.

《손자》에 이런 말이 있었다.

'군주는 노여움으로써 군대를 일으키지 말아야 하고, 장수는 성냄으로써 싸움을 해서는 안 된다. 이득에 맞으면 움직이고, 이득에 맞지 않으면 그만두어야 한다.

노여움은 다시 기쁨이 될 수 있고, 성냄은 다시 즐거움이 될 수 있지만, 망한 나라는 다시 존재할 수 없고, 죽은 자는 다시 살아날 수 없다.

그러므로 현명한 군주는 전쟁을 삼가고, 훌륭한 장수는 전쟁을 경계하거니와, 이것이 나라를 안전하게 하고 군대를 온전하게 하는 길이다.'[116]

116) 《손자병법》, 화공편(火攻篇).

3. 행동한다

공자는 일찍이 '군자란 먼저 실천한 다음에 말을 하는 사람'이요,[117] '말은 더디고 행동은 민첩해야 한다'고[118] 하였다.

공자는 어째서 군자(君子)의 행동을 강조하였을까.

철학자 모리스 브론델(1861~1966)은 그의 유고(遺稿) 《마음의 일기(日記)》에서 이런 말을 남겼다.

'사고(思考)가 행동을 이끄는 것은 사실이지만, 실은 행동이 사고를 이끌고, 다음으로 사고에 의해 진지한 태도를 보증하게 된다.'

즉 행동이 사고를 이끌고 있다는 말이다. 인간에게 행동이 얼마나 중요한 것임을 거듭 밝힌 것이라 하겠다.

처칠도 그의 회고록을 통해 행동의 자제(自制)가 역사상 얼마나 큰 비극을 우리에게 안겨주었던가에 대해 다음과 같이 술회하고 있다.

'신중(愼重)과 자제가 치명적인 위험의 주된 원인임을 알았고, 또 안정과 평온한 생활을 추구한다고 채택된 타협이 바로 참담한 재해(災害)에 직결된다는 것을 깨달았다.'

2차대전 직전, 유럽 지도자들의 우유부단한 행동이 끝내 전쟁을

117) 先行其言, 以後從之-(선행기언, 이후종지).《논어》, 위정(爲政) 13.
118) 欲訥於言, 而敏於行-(욕눌어언, 이민어행). 《논어》, 이인(里仁) 24.

유발하고 만 것을 한탄하는 말이다.

행동이 왜 필요한가?

행동을 해야 남이 따르고, 행동을 해야 일이 되기 때문이다. 사람이 따라야 톱(Top)이요, 일을 일구어야 톱이라고 하지 않던가.

리더란 앞서가는 사람이요, 앞서가야 사람이 따르고, 앞서려면 행동을 해야 하는 것이다.

행동만 한다고 일이 되는가? 물론 아니다. 행동에 앞서 알아야 되고, 생각에 앞서 뜻을 세워야 한다. 그러나 행동은 몰라서 못 하고, 게을러서 못 하고, 따지다가 못 하고, 겁나서도 못 하는 법이다. 행동이 어렵고 힘든 까닭은 남보다 앞서 가야하고, 모범을 보이고, 알아야 하며, 생각해야 하고, 뜻과 신념이 있어야 가능하기 때문이다.

따라서 행동은 고통이며, 희생이다. 그러나 희생이 전제되지 않은 행동은 뜻이 없으며 가치도 없다. 또 고통 없이 보다 좋게 되는 세상일도 없으며, 희생 없는 전진 또한 있을 수 없는 게 사람 일이다. 그래서 행동이 어렵고, 톱(Top)이 힘든 것이다.

전사상(戰史上) 가장 큰 시빗거리의 하나가 앞에서 언급한 야마모토의 진주만 공격이다. 그 중에서도 공격 당일인 1941년 12월 7일 항공기에 의한 진주만 공격을 '왜 한 번만으로 끝냈는가'이다.

다시 말해 하와이는 군함의 정박장일 뿐만 아니라 미 태평양함대의 본거지이다. 거대한 석유저장시설과 항만시설, 그리고 무엇보다 중요한 해군 공작창이 있다. 일본의 항공기들은 단 한 번의 공격으로 전함과 항공기만 공격했을 뿐 상기한 전략 시설은 전혀 손도 대지 않았다.

만일 1차 공격제대(항공기 350대)가 한 번 더 폭탄을 장진하고 재출격하여 제2차 공격으로 전략시설들을 파괴하였다면 태평양 전쟁의 양상도 많이 달라졌을 것이다.

우선, 석유저장 시설에 일격만 가했어도 상상을 초월하는 피해를 입었을 것이다.

총 450만 배럴의 유류는 태평양 함대가 두 달 동안 쓸 기름이다. 유류저장고가 파괴되었다면, 급유를 위해 전함들은 미드웨이나 미 본토까지 3,000마일을 가야한다. 공작창까지 파괴되었으면 전함수리와 정비를 위해 샌디에이고까지 항해해야 한다. 미 태평양함대는 적어도 6개월 내지 1년은 행동의 자유를 얻지 못했을 것이다.

실제로 공격 당일 격침된 전함들은 6개월 후 애리조나만 빼고 모두가 재취역하여 전투에 참가하였다. 공작창이 온전했기 때문이다.

이러한 시비는 군사학도 사이에서 수 없이 일어나고 있지만, 주목을 받는 주장은 미 모리슨(S. Morrison) 제독의 '야마모토 전략' 비판이다.

그에 의하면, 일본의 진주만 공습작전은 ① 전략적으로 최대 실책이다. 왜냐하면 미국의 태평양 전략은 '개전 초 북태평양의 일본 수송선단과 마셜제도를 공략하는 보급로 공격에 중점을 둔다. 다음 단계가 마셜제도를 장악 제해권(制海權)을 잡는다'는 소위 '점진작전(漸進作戰)'이다.

따라서 일본은 전력을 충분히 저장하였다가 진격해 오는 미 해군을 공격하는 것이 정석이다. ② 전술적으로는 해상의 군함만 공격하였을 뿐, 지상의 석유저장고나 중요한 해군 공작창을 공격하지 않은 것은 큰 실책이다. ③ 정치적으로도 큰 실패다. 선전포고 없는 기습공격으로 일본의 국가적 위상이 실추되었고, 비신사적 공격행위로 미 국민의 분노와 전의를 고조시켰다.

'Remember the Pearl Harbor!'란 구호와 함께 미국 국민의 가슴에 분노를 심게 한 것은 정략적(政略的) 큰 손실이다.

모리슨 제독의 비판 ①은 재고의 여지가 있다.

미국의 군비증강 계획에 의하면 1943년까지 현재 보유함정은 170%로 늘리고, 항공기는 총 15,000 대로 증강토록 되어 있다. 반면 일본 해군은 1922년 워싱턴 군축조약에 의해 미 해군의 60% 전력만을 유지하도록 되어 있었다. 시간이 흐를수록 불리한 것은 국력이 열세한 일본 쪽이다. 일본 해군이 기다린다는 것은 상책은 아니다.

야마모토가 두려워했던 것도 바로 미국의 국력이 아니었던가. 그래서 개전 벽두 일격으로 우선 태평양 함대를 무력화시켜 놓고 보자는 게 그의 기본전략이었다. 또 그렇게 함으로써 1~2년 동안의 여유를 얻어 외교수단에 의해 전쟁을 수습해 보겠다는 것이었다. 따라서 이것은 야마모토의 판단이 옳았다고 본다.

다음 ③의 비판도 정략적 실책만으로는 보기 어렵다.

'Remember the Pearl Harbor!'란 구호가 미 국민을 진노, 분발케 한 것은 사실이지만, 진주만 기습의 성공으로 일본 국민이 느꼈던 광희(狂喜)와 팽배했던 자부심은 'Remember the Pearl Harbor!'에 못지않은 정치적 효과를 발휘했다.

미국이 크고 힘 있는 나라라는 것은 삼척동자도 안다. 그런 미국을 이기다니! 세계최강국의 콧대를 꺾었으니 일본 국민들이 얼마나 고무되었겠는가. 어쩌면 일본이 그 어려운 전쟁을 4년 동안이나 버틸 수 있었던 것도 바로 진주만의 승리와 감격 때문이 아니었을까.

문제는 ②의 전술적 실책이다. 즉 2차 공격을 하지 않은 것은 분명히 실책 중의 실책으로 보인다. 왜냐하면 기동부대 작전명령 제3호에는 분명히 '적 기지 항공병력의 섬멸이 순조롭게 진행될 경우, 즉시

반복공격을 가해 결정적 전과를 획득할 것'이라고 명시되어 있다.[119]

현지 기동부대 지휘관 나구모 주이치[南雲忠一][120]가 1차 공격만으로 작전을 종결지으려 하자, 연합함대 참모들이 일제히 제2차 공격을 야마모토에게 진언(進言)하였다. 그러나 그는 '전투지역의 일은 현지 지휘관에게 맡겨두는 것'이라고 참모들의 건의를 받아들이지 않았다.

왜 그랬을까? 흔히 사가(史家)들은 다음 두 가지를 이유로 들고 있다. 첫째는 진주만에 정박해 있어야 할 미 항공모함 렉싱턴(Lexington)과 엔터프라이즈(Enterprise)의 소재가 불명하므로 이들과의 조우를 피하기 위해서, 둘째, 일본 해군의 주력이다시피 하는 기동부대의 전력을 보존하기 위해서라는 것이다.

그러나 둘 다 설득력이 부족하다. 첫째, 야마모토는 최초 공격 구상을 밝힐 때나 그후 해군장관 앞으로 보낸 두 번의 편지에서나 '전멸할 각오'로 이 작전을 결행하여야 한다고 하였다. 그런 그가 접적(接敵)을 두려워했다는 것은 말이 안 된다. 사자 사냥 갔던 사람이 사자가 무서워 돌아왔다는 말이다. 되는 소린가.

두 번째, 전력보존을 위해서라는 사유도 어불성설(語不成說)이다. 공격을 직접 지휘한 나구모는 처음부터 이 작전의 반대자요 조심스런 사람이라 단한번의 공격으로 기동부대를 회수하고 싶었을 것이다. 그러나 야마모토가 어떤 사람인가.

집요하고 명석한, 그러면서 승부욕이 무서운 사람이 아닌가. 당시

119) 일설에는 중복공격이 명시되어 있지 않았다고 하는 논자(論者)도 있다.

120) 나구모 주이치(1887~1944). 일본해군 대장. 일본의 진주만 공격시 기동함대사령관. 일본해군의 최대 패전의 하나인 '미드웨이 해전' 때 항공함대사령관. 1944년, 사이판 방어 책임자로 마지막 전투 후 권총 자살.

로서는 무모(無謀)에 가까운 이 작전의 발상자요, 갖은 난관을 극복하고 여기까지 끌고 온 장본인이다. 그에게 공격의지만 있었다면 2차 공격을 명하였을 것이다. 또 당연히 했어야 할 일이었다. 더구나 참모들의 모처럼의 공격 건의도 있었지 않은가. 그런데 그는 그것마저 각하하였다.

왜 그랬을까? 일설에 의하면, 공격 2주 전인 11월 중순에 있었던 최종 작전회의에서 연합함대 참모장[宇垣纏]은 기동함대 참모장[草鹿龍之介]에게 기습이 성공하면 공격은 1격으로 끝내고 즉시 회군할 것을 지시하였다는 설이다. 그럼 계획단계에서부터 중복공격의 의지가 지휘부 내에서조차 확고하지 않았다는 말 아닌가.

그 어려운 기도비닉도 성공했다. 지난(至難)한 북해를 거쳐 장장 10,000마일이 넘는 항해도 사고 없이 마쳤다. 이제 적의 심장에 비수를 꽂을 차례다. 찌르기만 하면 된다. 그런데 찔러야 할 심장은 그대로 두고 두 팔만 자르고 물러서다니!

이것은 최고 사령관의 의지가 부족했거나 신념이 없었다는 이유로밖에 볼 수 없다. 즉, 야마모토의 의지가 확고하지 않았다는 증거다. 추격, 전과 확대는 전술의 기본이다.

야마모토가 누군가! 불세출의 전략가, 지금까지 이 작전을 끌어 온 그의 지모와 열정을 생각할 때 참으로 이해가 안 가는 대목이다. 야마모토 같은 인물이 왜 이런 석연찮은 뒷맛을 남겼을까.

이것은 어디까지나 필자의 개인 소견이지만, 그의 군사사상(軍事思想)에 문제가 있었다고 본다.

즉, 그는 적의 전투력을 군함이나 항공기로 국한시키고 있었지 않았나 싶다. 아니면, 전략물자나 지원시설에 대해서는 아주 낮은 우선순위를 부여하고 있었음에 틀림없다.

왜냐하면 적의 공작창시설이나 연료저장소까지를 주요 전투력으로 간주하였다면 처음부터 어느 공격제대(梯隊)에게 그 임무가 주어졌을 것이다. 그러나 기동부대의 1차 공격은 전함과 항공기가 목표였다. 정박 중인 8척의 전함 전부를 격침(擊沈), 파괴(破壞)하고, 항공기도 무려 500대나 파괴하였다는 보고에 접했을 때 그는 임무를 완수하였다고 판단한 게 틀림없다. 그렇지 않고서야 재차 공격명령을 하달하지 않았을 리가 없는 것이다.

그는 분명히 위대한 전략가였다. 진주만 공격을 착상(着想)한 그 하나만으로도 그는 타의 추종을 불허하는 군인이다. 그런 그가 그런 실책을 범할 리가 없다. 기동부대 사령관 나구모가 1차 공격만으로 회군을 건의했을 때, '현지작전은 현지사령관 몫이다'고 순순히 물러날 위인이 아닌 것이다. 문제는 그의 전쟁관(戰爭觀)에 있었다고 나는 본다. 즉, 일본군의 오랜 고질(痼疾), 군수지원 경시(輕視)사상이다.

수교회(水交會)라는 게 있다. 제국해군(帝國海軍)의 사관들이 전후 친목과 지난날의 군사작전에 대한 반성과 토론을 위해 만든 모임이다.

수교회가 발행한 책 《해군반성회(海軍反省會)》에 보면, '적의 수송선단 공격은 해군을 타락시킨다.'[121]라는 내용이 있다.

놀라운 발언이다. 어이없는 말이다. 혹자는 귀를 의심할 것이다. 그러나 이 믿기 어려운 말은 책에 엄연히 기록된 내용이다.

121) 《해군반성회》 증언록, p. 93, 戶高一成 편(編). (일본, 2009. 8. 발행). 연합함대 참모 도히[土肥] 중좌(해군병학교[海士]-34기)와 항모(航母) 즈이카쿠[瑞鶴] 함장 노모도[野元] 소장 등의 발언 내용이다.

1, 2차 대전을 통틀어 연합군이 가장 두려워했던 게 독일의 U보트(U-Boat)였다.[122] U보트가 노린 것은 전투함뿐만 아니라 주로 연합군의 수송선단이었다. 수송선단은 전쟁수행에 절대불가결한 요소였기 때문이다. 세상이 다 아는 전술이다. 일본 해군이 그걸 몰랐을까. 말이 안 된다.

처음 필자도 그 대목에 아연(啞鉛)하였다. 한참 후에야 발언의 뜻을 이해하였다. 물론 내 나름의 풀이다.

이 발언은 구리다[栗田] 함대가 보르네오 해전 직후 작전회의 중 나온 말이다. 회의록에 발언자는 명시되지 않았지만 이것은 참모 혼자만의 생각은 아닐 것이다. 적어도 많은 일본해군 사관(士官), 장관(將官)들이 내심 느끼고 있는 공통된 감정일 것이다. 결국 2차대전 중, 이해할 수 없었던 일본 육해군의 의문스런 군사행동들은 바로 이런 군사사상이 원인이었던 것이다.

일본은 역사적으로 전통적 군사문화국이다. 17세기 도쿠가와 막부가 들어서기 전까지 수백 년을 전쟁으로 지새운 나라다.

그들이 말하는 막부 250년 평화기간 동안에도 군사문화는 계속되었다. 오히려 다듬어지고 세련되었다. 바로 사무라이다. 충의, 명예, 용기의 화신. 이것이 안 지켜지면 배를 갈랐다. 철저한 정신주의! 처절한 군사문화다.

시대가 바뀌었다. 오랜 전통은 쉽게 없어지지 않는 법. 현대 군인이라고 사무라이에의 향수가 없으랴. 이 군사전통은 그들의 깊은 잠재의식 속에 하나의 체질로 남은 것이다.

과거 일본군을 연구해 보면 군수지원에 허점이 너무 많다. 작전이

122) 제1, 2차 세계대전 때 대서양 · 태평양에서 활동한 독일의 중형 잠수함.

우선이요, 중심이다. 쌀이나 옷, 기름은 다음이요, 무기, 탄약, 사람이 우선이다. 그것은 어쩌면 '체질'에 가깝다. 왜?

사무라이는 전사(戰士)지 경영자는 아니다. 그들의 관심은 칼이요, 검술이요, 전승(戰勝)이다.

당당한 무사가 비무장의 노약자를 벨 수는 없다. 40인치 거포(巨砲)로 비무장의 수송선을 어떻게 때린단 말인가. 수송선(군수지원)에 관심을 둘리 없다. 몰라서가 아니다. 그게 무사(武士)의 체질인 것이다.

굳이 따진다면 일종의 변견(邊見)이다. 체질에서 오는 어쩔 수 없는 약점. 군수 보급을 무시하는 그런 발언이 작전회의 석상에서 나왔다는 사실을 어떻게 상식으로 설명할 수 있는가.

이러한 전쟁관이 마침내 참담한 패배와 수없는 비극을 초래한다. '42년, 육해군의 카달카날 침공작전에 참가한 14만8,000 중 생환자는 일할도 안 되는 불과 13,000명. '44년, 육군의 임파르 작전에 동원된 8만5천 명 중 5만여 명이 전몰하였다.

모두가 기아와 질병으로 죽었다. 군수지원이 문제였다. 쉽게 말해 두 작전의 경우 8, 9 할이 싸우다 죽은 게 아니라 굶어 죽었다. 먹을 쌀이 없었으니 옷이며 탄약인들 제대로 보급되었을까. 임파르의 경우 반 이상의 병사들은 맨발이었다. 20세기에 맨발의 정규군이라니!

2차대전 중 미국의 경우, 식량, 탄약, 의약품은 45일분을 저장하고, 잠수함 출몰 지역에서는 95일분을 저장하였다. 보급규정이다.

전투에 당장 필요치 않은 군복의 경우도, 전투복의 수명을 3개월로 보고, 입고 있는 것을 포함, 1년에 4벌을 공급하였다. 지급할 세벌 중 한 벌은 해상과 육상 수송기간까지 정확히 계산하여 책정하고 있다.

일본군의 경우, 남방군(南方軍)의 하복은 2년에 한 벌 지급하는 것으로 되어 있었다. 그나마 계획대로 공급하지도 않았다.

물론 미국은 부자라서 그렇다고 치부해 버릴 수 있다. 사실이다. 부자니까 넉넉한 것은 사실이다. 문제는 미국의 Logistic에 대한 관심과 우선순위다. 다시 말해 병력, 탄약 못지않게 기타군수품의 보급도 면밀히 따지고, 그것이 여의치 않으면 작전 자체를 중단하는 정신과 태도이다.

일군(日軍)의 작전계획을 검토해 보면 군수지원에 많은 허점이 발견된다. 정교한 작전계획에 비해 군수지원은 허술하기 짝이 없다. 웬만한 보급은 현지조달, 수선이 기본이다. 심하게 말해 보급에 대한 개념이 없다. 그러니까 임팔에서 병사들이 맨발로 싸우다 9할이 희생되고, 카달카날에서는 10만 명 이상이 병사(病死), 아사(餓死)했던 것이다.

우리 전술시간에는 작전참모가 아무리 기발한 작전계획을 발표해도 군수참모가 군수지원 실행불가면 그 계획은 폐기되었다. 물론 예외도 있다. 긴급시, 절체절명의 경우, 작전이 우선이다. 당연한 얘기다.

문제는 일본의 전통적인 군사문화가 낳은 변견(邊見) 내지는 견취견(見取見)에 있었다. 해군의 거함거포주의, 육군은 돌격보병 위주의 군사사상에 사로잡혀, 시대는 한참 변했는데도, 해군은 러일전쟁 당시 발틱함대를 전멸시킨 동해해전(東海海戰)에 심취해 있었고, 육군은 봉천대첩(奉天大捷)에서 한발작도 더 나아가지 못하고 있었던 것이다. 실례지만 총을 든 '사무라이'였다.

이제 진주만으로 돌아가자.

야마모토가 2차 공격을 중단한 것도 이상과 같은 맥락에서 이해되어야 한다. 즉, 근본적으로 그의 군사사상에 문제가 있었던 것이다. 1차 공격대는 진주만에 정박 중인 미 전함 8척 모두를 격파하였다. 지상의 항공기도 무려 500대나 파괴하였다. 따라서 그의 전쟁관(戰爭觀)으로는 임무가 끝난 것이다. 전략물자인 막대한 유류저장고나, 전략적인 군수시설인 해군공작창은 그의 관심 밖의 일이었다.

중용에 이런 말이 있다. '할 일을 마음에 미리 정해 놓으면 어렵지 않다. 행하기 전에 마음으로 먼저 정해 놓으면 틀리지 않는다.'[123]

야마모토 같은 전략가가 진주만 공격 같은 대작전을 계획하면서 왜 할 일을 미리 정해 놓지 않았겠나.

야마모토도 어쩔 수 없는 사무라이였다.

그뿐인가. 이 같은 '사무라이'식 전쟁사상의 병폐는 전쟁의 기본 전략부터 오류를 범해, 처음부터 태평양전쟁을 지는 싸움으로 만들었다.

일본 육해군은 개전하기가 바쁘게 태평양상의 주요 도서 25개를 점령하였다. 그리고 총 27만6,000명의 병력을 주둔시켰다. 지구 바다의 10분의 1이 넘는 서태평양 전체가 일본 세력권에 들어갔다. 지도상에 나타난 일본군 점령지역을 본 국민들은 열광하였을 것이다. 저 광활한 태평양의 절반이 대일본제국의 일부라니!

그러나 채 1년도 지나지 않아 비극은 시작되었다. 인류사에 보기 힘든 일대 살육전, 소위 '옥쇄(玉碎)'다.

---

123) 凡事豫則立, 不豫則廢, 言前定則不跲, 事前定則不困, 行前定則不疚, 道傳定則不窮-(범사예칙립, 불례칙폐, 언전정칙불겁, 사전정칙불곤, 행전정칙불구, 도전정칙불궁). 《중용》, 제20장.

일본군 점령하의 25개 도서 중 8개 섬에 주둔했던 군인, 군무원, 그리고 민간인까지 무려 11만6,000명이 옥쇄하였다. 남은 17개 섬의 16만 명은 그냥 버려졌다. 일본이 버린 그들을 미군도 무시해 버렸다. 섬에 갇힌 일본군은 위협이 안 되니까.

어째서 8개 섬의 군인들만 옥쇄를 하였는가. 미군이 그 8개 섬만 골라 공격을 했기 때문이다. 하필이면 왜 8개 섬인가. 제공권을 확보하기 위해서다.

태평양전쟁 당시 미군의 전폭기 P-38의 항속거리가 1,300마일이다, 항속거리가 미치는 섬 8개만 확보하면 서태평양 전체를 통제할 수 있었기 때문이다. 즉, 미군이 중시한 것은 공역(空域)이지 해역(海域)이 아니었다. 제공권이 통제 가능한 공역만 확보하면 나머지 해역(海域)은 군사적 의미가 없는 것이다. 결국 해역만 차지하고 있던 일본군은 옥쇄를 하거나 그냥 버려졌다. 버릴 수밖에 없었다. 제공권이 없는데 섬에 갇힌 100만 대군인들 무슨 소용이 있나.

모든 병학도가 가장 꺼리는 것 가운데 하나가 병참선의 연장이다. 병참선의 길이, 군수지원, 제공권은 말할 것도 없이 깊은 함수관계다. 특히, 병력전개(兵力展開) 때 병참선은 가장 중요한 고려 요소다.

어쩌자고 일본육해군의 군토구미[軍刀組-육 · 해군 대학 우등생]들은 그런 고려도 없이 그 넓은 태평양에 병력을 깔아 놓는단 말인가. 모두가 사무라이의 변견이다.

일본육군이 알아주는 대본영(大本營)의 작전통 핫도리[服部卓四郎] 대좌는 미군의 태평양 반격이 시작되자 이렇게 호언하였다.

"마리아나(사이판과 티니안, 괌)는 절대로 안 무너진다."

계획을 입안한 주무 참모 하루끼[晴氣誠] 소좌는 한술 더 떠서,

"일반 사단 정면(正面)은 1km 당 포 3.3문이 정상이다. 사이판의

경우 그 두 배에 가까운 5.5문을 배치하였다. 미군의 상륙은 해안에서 저지될 것이다."

미군의 공격이 시작되었을 때, 미군의 상륙 정면 10km는 '1m 당 2.5톤'의 포, 폭탄이 떨어졌다. 1km가 아니다. 단 1m다. 함포사격 19,000톤, 폭탄 6,000톤을 쏟아 부었기 때문이다.

미군의 전력은 전함 8척 외에 순양함, 구축함 등, 20여 척의 전투함, 그리고 항공기 500대와 64,000명의 해병대가 동원되었다.

전함 한 척의 화력(탑재량 2,000톤)은 일본 육군 5개 사단에 필적한다.

사이판에서만 3만9,000명의 군인과 10,000명의 민간인이 옥쇄하였다. 무고한 생령(生靈)들이 너무 불쌍하지 않은가.

작전참모란 사람의 방어계획이 그 모양이다. 매 미터 당 2,5톤의 폭탄이 떨어지는데, 1km 정면에 대포 5문을 깔아놓고 문제가 없다니! 참으로 어처구니없다. 크고 작은 지도자, 책임자들의 변견이 이렇게 심했다.

그런데 옥쇄는 깊이 따져 볼 일이다. 이것이야말로 몹쓸 견취견(見取見)의 본보기다.

사상, 종교, 학문 등에서 흔히 보는 외고집. 견취견이 무서운 것은 추호의 용서가 없기 때문이다.

의무, 충성. 국가. 명예. 다 좋다. 문제는 왜 귀한 생령들을 떼죽음 몰고 가는가이다. 꼭 죽어야 충성이요, 다 죽여야 국가가 서는가. 수만(萬) 가지 연기(緣起)로 이 세상에 온 생명들이다. 무슨 권리로, 무엇 때문에 그들을 옥쇄로 몰고 가는가.

사람은 죽어야 할 때가 없는 것은 아니다. 그러나 그런 식 옥쇄는 안 된다. 전투원은 그렇다 치자. 아녀자까지도 꼭 절벽에서 뛰어내려야 했던가.

지도자들의 한참 잘못된 생각이, 무서운 견취견이 수도 없는 무고한 생령들을 희생시켰다.

물론 그 시대 세론(世論)이란 게 있다. 흐름도 있다. 일부 국민도 열병을 앓고 있었다. 크고 작은 지도자들이 집단광기에 사로잡혀 있었다. 그러나 그것은 민초의 생각과는 사뭇 다르고, 대의(大義)에도 어긋났다.

문제는 세상을 바로 보고, 천지자연의 이를 따르고, 하늘을 두려워하는 지도자가 없던 탓이다. 뜻이 있어도, 행동하는 지도자가 없었기 때문이다.

지도자라면 마땅히 세론도 바꾸고, 시대 흐름도 돌려놓아야 하거늘. 소임과 천명까지도 거슬리며 생사람을 그냥 죽이다니! 힘없는 중생이 너무 불쌍하지 않은가. 대명천지에 그런 법이 어디 있나. 하늘이 무섭지 않은가.

무릇, 지도자 되길 뜻하는 자, 깊이깊이 생각할 일이다.

그 사람의 위치에 있지 않으면서, 남의 일을 너무 떠들었다. 진정, 후학들을 위해 한번 해 본 것이니 해량 바란다.

행동에서 가장 어려운 일은 '언제 결단을 내리는가'이다.

요즘 이 문제를 경영학이나 리더십 이론으로 풀려고들 한다. 현명한 접근법은 아닌 듯싶다.

소위 기회(機會), 계기(契機), 분기점(分岐點)이 되는 '때[機]'의 문제와 '결단'의 문제는 논리가 아니라 직관(直觀)의 영역(領域)이다. 직관은 논리나 이론을 뛰어넘는다. 필자가 미칠 수 없는 범위(範圍)이다.

감히 말 할 수 없다.

배우지 않고 그럼 어떻게 한단 말인가.

단 한 가지만 말하라면, '지극정성'(至極精誠)이다. 자나 깨나 생각하는 것이다. 골똘히 생각하는 것이다. 걸을 때도 생각하는 것이다. 밥 먹을 때도 생각하고, 꿈속에서도 생각하는 것이다. 절실하게 생각하는 것이다. 생각하고 또 생각하는 것이다.

그리고 간절히 기도한다. 머리에 붙은 불을 끄듯, 처절하게 기도한다. 절대자에게, 위대한 이 우주의 능력자 앞에 무릎을 꿇는다. 겸허한 마음으로 깊이 고개 숙인다.

이때 우리의 가슴은 벅차오른다. 긴장이 쌓인다, 긴박감이 축적된다, 폭발 직전까지 간다. 충만감이 영혼을 흔든다. 마침내 임계점(臨界點)에 도달하였다. 꽝! 폭발의 순간, 답이 나온다. 직관이다.

'때[機-기]'의 문제는 공자도 어려워했던 '시중(時中)'의 문제다. 위에 있는 자라한들 어찌 이를 가벼이 볼 수 있을 것인가? 공자도 어려워했던 일이다. 지도자가 겸허해야 할 이유가 여기 또 있다.

정말 존망이 걸린 문제에 답이 없을 때, 어떻게 할 것인가?

스스로에게 묻는다.

'이 일을 위해 죽을 각오가 되어 있는가?'

4. 따르게 한다

20세기 후반에 들어와 가장 주목할 역사적 사건 세 가지를 든다면, 중국의 공산화, 미국의 월남전 패퇴와 소련제국의 몰락일 것이다. 자유중국이 맥없이 중국 공산당 손으로 넘어가고, 미국이 아시아의 일개 후진국한테 수모를 당하고, 지구의 절반을 차지했던 강대한 소비에트는 스스로 무너졌다.

대 사건의 근본 원인들은 무엇인가?

한마디로 사람을 따르게 하지 못하였기 때문이다. 부패했기 때문이다. 중국 인민(농민)들은 국민당을 외면하고 공산당만 따랐다. 월남 사람들은 베트콩(Vietcong)을 따르고, 호치민(胡志明, 1890~1969)을 존경했다. 동맹군인 미군을 미워하고, 응오딘지엠(Ngo Dinh Diem, 1901~1963) 자기 대통령은 경멸했다.

월남전에 참전했던 사람들은 누구나 목격한 일이지만, 베트콩은 작전 중에 끼친 민폐는 반드시 보상했다. 불가능할 때는 각서까지 써주었다. 월남인들의 민심을 사고, 훗날을 약속하기 위해서였다.

볼셰비키는 100년은 견뎠다. 처음엔 국민이 믿었다. 환상(幻想)의 이상사회가 보였기 때문이다. 그러나 환상의 사회주의 실체가 드러나자, 백성들은 공산당으로부터 등을 돌렸다.

왜? 민심을 못 잡았기 때문이다.

'부르주아 계급은 봉건적이며, 가부장적, 목가(牧歌)적 인간관계를 파괴해 버렸다.

그들은 사람과 사람 사이를 살벌한 이해관계로, 아름다운 사회를 현금정산으로 결제하는 냉혹한 사회로 바꾸었다.

그들은 깊은 신앙심, 기사(騎士)도의 격정(激情), 보통사람들의 애수어린 감정들을 이기적 타산의 심연 속에 익사(溺死)시켰다.

그들은 인간의 가치를 한낱 교환가치로 바꾸고, 사람이 마땅히 누려야 할 수많은 소중한 자유를, 양심이라고는 티끌만치도 없는 상업의 자유로 바꾸어 놓았다.'

〈공산당 선언〉의 한 구절이다.

'선언'은 이렇게 훌륭하였지만, 행동은 선언과 달랐다. 이상(理想)도 드높았다. 그러나 실체가 없었다. 그들은 선언과는 달리 사람을 무시하였고, 사람을 사랑할 줄 몰랐다.

마침내 '만국의 프롤레타리아가 단결'하여 부르주아 대신 공산당을 무너뜨렸다. 민심이 돌아섰기 때문이다.

'게릴라가 물고기라면 민중은 물이다.'

모택동(毛澤東)의 말이다. 물이 없는 곳에 물고기가 살 수 없듯이, 민중이 없는 곳에 게릴라가 발붙일 수 없다. 모택동이 천하를 차지했다. 민심을 잡았기 때문이다.

호치민은 총보다는 사람 마음을 사려고 애썼다. 마침내 남북 월남의 민심이 미국의 항공모함과 폭격기를 막아냈다. 모택동이 사람들의 마음을 사로잡아 천하를 차지했듯, 호치민도 '사람을 따르게'하여 미국의 강대한 군사력을 물리쳤다.

필자가 할 얘기는 아니지만, 미국은 월남문제를 너무 잘못 다루었다. 민심을 외면하고, 적을 너무 쉽게 생각했다.

'미국이 월남에 적극 개입하지 않을 경우, 동남아시아와 남아시아 지역의 상실은 물론, 침략행위에 저항하는 자유세계의 의지와 능력에 대한 신뢰를 미국이 저버릴 수도 있다.'

케네디 정권의 러스크(Dean Rusk) 국무장관의 말이다.

자유에 대한 미국의 결의와 신뢰를 보여주기 위해 월남에 적극 개입하여야 한다는 것이다. 백 번 옳은 말이다. 대의명분도 있다. 또 세계 지도국으로서 당연히 나갈 길이다. 그러나 문제는 물리적인 힘에만 치우쳤고, 무엇보다 중요한 민심을 소홀히 했다.

1961년 가을, 케네디는 백악관의 최고 막료 두 사람을 월남에 파견한다. MIT의 로스토우(Walt Rostow) 교수와 육군 참모총장을 역임한 테일러(Maxwell Taylor) 장군이다.

테일러는 중국어와 일본어를 포함, 5개 국어를 유창하게 구사하는 지성파. 한국의 8군사령관, 극동군 사령관까지 역임한, 아시아를 안다는 장군이다. 케네디가 부임 초 겪은 피그만(Bay of Pigs)사건[124] 충격 이후 대통령 특별 군사고문으로 백악관에서 근무 중이었다.

귀국 후 그들은 다음 권고안을 대통령에게 제출하였다.

① 월남 구원에 대한 미국의 진지성(眞摯性)을 행동으로 보이기 위해 월남에 군사력을 파견하여야 한다.

② 미국은 현재의 조언자에서 협력자로 입장을 바꾸어야 한다.

이 권고안은 즉시 각서가 되어 국무성 · 국방성 · UN · 백악관 등

124) 케네디 집권 직후인 1961년, 미 중앙정보국(CIA)이 주도한 쿠바 침공 상륙작전이 완전히 실패로 돌아간 사건.

지에서 몇 차례에 걸친 토의가 이루어졌다. 해외공관과 해외 군사사절단에서까지 검토하도록 하였다. 특히 정력적인 분석가인 맥나마라(Robert MacNamara) 국방장관은 다음과 같이 대통령에게 조언하였다.

'만일 테일러-로스토우 권고안이 채택되어 월맹이나 중공이 같은 방식의 대응을 해 올 경우 미국은 25만에 이르는 군대를 파견하지 않으면 안 될 것입니다.'[125]

모두가 군사력에 초점을 맞추고 있을 뿐, 월남인의 인심 수람(收攬)에 대해선 언급이 없다.

왜 인심이 중요한가.

인심이 천심(天心)이란 말도 있지 않던가. 인심이 따라야 정치가 되고 나라가 선다. 리더십의 기본 요건이다. 이 기본을 무시하면 전쟁도, 정치도 리더십도 성립이 안 된다.

'인민과의 관계에 있어서 인민의 사랑을 얻고, 인민과 군대 사이의 완벽한 상호이해를 획득하기 위해 다음 세 가지 권고를 따를 것;

① 인민을 존중할 것, ② 인민을 도울 것, ③ 인민을 수호할 것.'

베트남 인민군 전사들이 신조로 삼는 〈영예의 서약〉 제9조다.[126]

공산군은 전술교리에 앞서 민심을 잡기 위해 서약으로 군인들을 무장시키고 있다.

다 아는 일이지만 월남전쟁은 힘으로 싸울 일이 아니었다. 힘겨루

125) Ernst R. May, 신도 에이이치(進藤榮一) 역(譯), 《역사의 교훈(歴史の教訓)》(東京, 中央公論社, 1991. p. 128).

126) 《인민의 전쟁, 인민의 군대》, 보응우옌잡.

기라면 미국과 월맹의 싸움이 성립이나 될 일인가.

이 전쟁은 땅을 뺏거나 상대를 죽이기 위한 싸움도 아니었다. 월남 사람들의 마음부터 잡아야 하는 싸움이었다. 호치민은 그걸 먼저 알았고, 미국은 미처 눈치 채지 못했다. 그게 승패의 갈림길이었다.

그런데도 테일러는 군사고문단의 파견을 권고하면서 이런 의견을 덧붙이고 있다.

'아시아 지역에서 대규모 전쟁에 빠져들 위험에 대해 우려할 필요가 없다. … 월맹은 재래 폭탄에 의한 폭격에 매우 취약하며, 월맹이나 중공이 야전에서 강력한 군사력을 유지하려면 병참 보급상 심각한 곤란에 직면하게 될 것이기 때문이다. 공산군의 인해전술에 의한 대량 반격을 두려워할 근거는 전혀 없다.'[127]

무력만으로 월남문제는 해결할 수 있다고 본 것이다.

적의 대규모 군사력은 공군력으로 충분히 막을 수 있으므로 아시아 지역에서의 전면전쟁의 위험도 없다고 했다.

따라서 군사개입부터 서둘렀다.

수천 명의 미군이 군사고문단으로 월남군 소대에까지 파견되었다. 때로는 고문관 자신이 월남병사를 투입하기 위해 빗발치는 탄환 속으로 헬리콥터를 몰았다. 조언자에서 협력자로 바뀐 것이다. 무력만 도와주면 자유월남이 이길 거라고 가볍게 생각한 것이다.

고문관 자격이라곤 하지만, 이제 미국의 군인들이 실제 전투에 끼어들게 되었다. 그러나 이것이 비극의 시작이란 걸 알고 있는 사람은

---

127) Ernst R. May, 신도 에이이치(進藤榮一) 역(譯), 《역사의 교훈(歷史の教訓)》, op. cit., p. 128.

많지 않았다.

외람된 얘기지만, 월남전의 가장 큰 실패의 하나는 월남인들의 정서를 깊이 헤아리지 않았다는 점이 아닐까 싶다. 베트남에서는 총칼에 앞서 마음과 민심을 샀어야 했다. 아시아인의 정서, 특히 월남인들의 감정을 깊이 따졌어야 했다.

월남인은 누구보다 침략의 트라우마에 시달려 온 민족이다. 그들의 역사도 한국과 마찬가지로 외침(外侵)으로 점철된 고난의 역사였다. 건국과 함께, 수백 년 동안 중국의 침략에 시달렸고, 19세기 말에는 프랑스의 무력 앞에 식민지로 전락하였다.

1945년, 2차대전이 끝나면서 겨우 독립을 되찾았지만, 1년 후, 프랑스가 다시 침공해와 장장 8년에 걸쳐 프랑스와 싸워야 했다.

'54년, 디엔비엔푸에서 불(佛)군을 완전히 제압하여 이제 독립을 눈앞에 두었다. 그러나 냉전시대 국제정치의 압력으로 부득이 17도선을 기준으로 남북이 양단되었다.

대불전쟁 동안 소련의 지원을 받은 호치민은 17도 이북에 월맹을 수립하였고, 남쪽은 자유 우방에 우호적인 응오딘지엠이 대통령이 되었다.

호치민은 월남인들의 우상이었다. 모든 월남인들이 그를 우러러보았다. 그는 '유도자'였기 때문이다. 건국의 아버지요 8년 동안 대 프랑스전을 승리로 이끌었던 민족의 영웅이다.

그는 공산주의자는 아니었지만 시세(時勢)를 따르느라 친소(親蘇)권에 머물 수밖에 없었다.

월남전에 참전했던 우리 군인들은 월남인들의 정서가 어떤 것이었나를 다 체험했을 것이다. 맹호가 주둔했던 퀴논 주변도 베트콩이 득

실거렸다. 동네 사람들은 누가 베트콩이고, 누가 협력자라는 것까지 뻔히 알았다. 국적은 월남이지만 마음은 월맹사람들이었다. 우리를 공격하지 않은 것은 우리가 그들에게 손해보다는 덕을 많이 보였기 때문이다. 대민지원을 열심히 한 덕분이다. 민심을 얻으려고 많이 애썼으니까.

어떻든 일부 작전지역은 예외였지만, 사령부를 포함 대부분지역이 안전하였다. 그러나 프랑스와 미국에 대한 감정은 달랐다. 할아버지 때부터 싸운 프랑스는 미웠고, 이를 도운 미국이 싫었다. 엄연히 자기 대통령이 있는 데도 마음은 호치민을 향하고 있었다.

국민정서는 17도는 그냥 위도일 뿐, 그들의 서울은 사이공[128] 아닌 하노이였다. 게다가 지도자들이 부패하고, 군인들이 썩었다. 국민들의 마음이 떠날 수밖에 없었다.

월남 국민의 이런 오랜 원한과 감정을 미국은 깊이 살폈어야 했다. 정치는 물론 군부의 내막도 보다 정확히 알고 있어야 했다. 군사개입에 앞서 월남의 이런 역사적, 사회적 분위기에 상응(相應)하는 전략을 면밀히 검토 했어야 했다. 물론, 미국이 몰랐을 리는 없었을 것이다. 그렇다면, 사회 심리적 요소들을 중시하는 군사전략으로 나갔어야 할 게 아닌가. 그러나 심리전보다 군사개입을 서두른 인상을 지울 수 없다.

전투의 단계적 확대는 비례해서 사상자만 증가시켰다. 하노이가 굴복하리라고 믿었던 폭격도 주효하지 않았다. 응오딘지엠을 제거했던 일이나, 무책임한 군부에 권력을 넘긴 게 다 실책의 증거다. 사흘이 멀다고 일어났던 군부의 쿠데타가 모두 이를 뒷받침하고 있지 않은가.

128) 지금의 호치민시로 이름을 바꾼 자유월남의 구수도.

결국 일이 잘못되었다는 것은 판단이 잘못된 탓이고, 판단의 잘못은 뭘 몰랐다는 뜻이다. 안된 얘기지만, 필경 미국은 월남을 너무 몰랐고, 너무 쉽게 보았고, 아시아를 너무 몰랐다.

군사개입을 처음부터 반대한 사람이 없는 것은 아니었다. 케네디 정부 인도 대사로 있던 갤브레이스(John K. Galbraith).[129]는 '월남에 개입하면 미국의 빛나는 희망도 논바닥에 가라앉고 말 것'이라고 경고하였다. 또 당시 국무차관으로 있던 조지 볼(George Ball)도 군사행동만은 시종 반대하였다. 그는 '54년 프랑스가 월남에서 실패했던 사실을 상기시켰다. 그러나 군부와 정책입안자들은 반발했다.

'프랑스의 우유부단이 중요한 정책을 지연시켰고, 결과적으로 군사적 실패를 가져오게 했다. 이 시점에 프랑스의 실책을 재론하는 것은 의미가 없다. 그들의 과오를 되풀이 않는 게 중요하다.'

합동참모본부가 극동문제 차관보인 윌리엄 번디(William Bundy)에게 보낸 항의문이다.

결과론이지만, 전쟁의 결과는 비참하였다. 군부는 정말 잘못했다. 발끈했으면 싸움도 잘했어야지. 항의는 그럴 듯했지만 프랑스보다 나을 게 없었다. 처음부터 고려가 부족했고, 전략이 잘못되었기 때문이다.

시작은 어디서부터일까. 실례지만 오만이다. 교만하면 어둡기 마련이다.

'60년대 초, 미국 인구 1억8천, GNP $3,670. 월맹은 인구 1,800만에 GNP는 불과 $50. 군사력은 비교가 무색한 하늘과 땅 차이다.

전략입안자들의 안중엔 월맹이 보일 리가 없었다. 한번에 쓸어버

129) 갤브레이스(1908~2006)는 미국의 경제학자, 외교관. 주요 저서로는 《풍요한 시대》, 《불확실성의 시대》 등이 있다.

릴 상대다. 이것저것 생각할 것도 없다. 그들에게 외세에 대한 월남인들의 사무친 원한이 눈에 보일 리가 없는 것이다. 기회에 무력으로 가볍게 한방 먹이면 끝이다.

그런데 손자는 이런 말을 하였다.

'용병에서 군사만 많다고 좋은 것은 아니며, 적을 헤아려 판단하고, 인심을 얻으면 족하다.'[130]

얼마나 위대한 발언인가. 그것도, 2000년 전에 한 말이다.

인심! 우리가 말하는 인심, 곧 천심(天心)이다. 불행히도 서양에는 인심이란 개념이 없다. 동양의 천·지·인(天·地·人) 삼재(三才)의 개념이 없으니 인심을 어찌 알랴! 인심을 살필 줄 모르니, 어떻게 월남인들의 사무치는 원한을 읽을 수 있을 손가.

이렇게 시작부터 전략이 비뚤어지기 시작했다.

그뿐인가. 시작이 틀어지니 용병에도 무리가 따를 수밖에 없었다. 처음에는 미 정규군을 투입하지 않고, 고문관부터 참전했다. 조언자 때와 달리, 협력자가 되고 보니 부족한 베트남 병정들이 너무도 답답하였다. 서툰 아마추어 월남군의 행태가 프로 중에서도 프로인 미군들 눈에 얼마나 거슬렸겠는가.

보다 못해 정규군을 투입하기 시작했다. 대대가 들어가고, 연대가 동원되고, 사단이 투입되었다. 사정이 나아지는 기미가 보이지 않는다. 당연하다. 남북 월남 가릴 것 없이 민심은 모두 호치민을 향하고

---

130) 兵非益多也, 惟無武進, 足以併力, 料敵, 取人而已, 夫惟無慮而易敵者, 必擒於人-(병비익다야, 유무무진, 족이병력, 요적, 취인이이, 부유무려이역적자, 필금어인). 《손자병법》 행군편 5.

있는데, 정규군이 간다고 판이 뒤집힐 리가 없는 것이다.

답답한 존슨은 1964년, 맥나마라와 번디(Mark G. Bundy)를[131] 월남에 파견하였다. 귀국 후 그들은 월맹폭격을 해야 한다는 보고서와 함께 다음과 같은 의견을 달았다.

'성공률은 대략 25~75% 사이가 될 것이다. 다만 실패하더라도 공습은 할 가치가 있다. 설사, 공습이 나쁜 결과를 가져오더라도, 우리는 해야 할 일을 태만히 했다는 비난은 면할 수 있기 때문이다.'

실망이다. '컴퓨터 맥나마라'가 그런 보고서를 내다니!

이건 전략(戰略)이 아니라 정략(政略)이다. 정말 많이 잘못 생각하고 있다. '비난만이라도 피하기' 위해? 욕을 먹어도 할 일은 해야 '유도자'지!

냉정한 전략(戰略) 판단은 뒤로 하고 정략부터 앞세우다니. 실망이다.

그는 분명 1949년 모택동에게 중국대륙을 상실했던 당시 민주당에 대한 비난이 지금까지도 계속되고 있는 것을 상기했던 게 분명하다. 월남문제도 같은 선상에서 만의 하나 잘못되었을 때 뒤집어 쓸 비난과 책임부터 피할 생각만 하고 있다.

전쟁은 냉혹한 현실이다. 전쟁의 책임자들이 싸움의 본질을 꿰뚫어 보지 않고 정략의 방편으로 생각한다면 그것은 나라의 불행이다.

결국, 폭격은 실패한 작전이 되었다. 전략적 판단보다 정략적 고려를 앞세웠으니 성공할 리가 없는 것이다.

---

131) W. 번디의 동생으로 하버드대학 학장 시절 케네디와 함께 워싱톤으로 와서 케네디 사후에도 존슨을 보좌, 국가안전보장문제 담당 대통령 특별보좌관으로 활동하였으며, 공직을 떠난 뒤 '66년부터 '79년까지 포드재단 이사장을 지냈다.

〈미국의 공군력이 '전장에서 승리를 결정'한다는 주장도 무산되었다. … 우리 공역에서 미 공군은 심각한 타격을 받았다. 우리는 폭격기와 전투기 2,300대를 격추하였다. 그들의 비행기와 폭탄은 우리 인민을 협박할 수 없었다.〉[132]

월맹 국방장관 보응우옌잡(Vo Nguyen Giap)의[133] 미 공군폭격에 대한 평가이다.

기(氣)가 하나도 안 죽었다. 전쟁의지가 꺾이긴 고사하고 외려 큰소리친다.

사실, 잡이 말은 그렇게 하지만 월맹국민들의 고통은 적지 않았을 것이다. 전쟁 수행에도 지장이 컸을 것이다. 따라서 전술적으론 성공일 수 있다.

그러나 폭격이 전국(戰局)을 뒤집지 못했다. 전황(戰況)은 여전히 불리했다. 외려 월맹국민의 반감만 사고, 하노이 지도자들의 전의(戰

132) 《인민의 전쟁, 인민의 군대》를 쓴 보응우옌잡 장군의 보고서. 월남전에 관한 미 공군작전보고서('73. 11. 30)에 의하면 월맹상공에서 2,255대, 월남전 중 총 손실은 8,705대. 이중 프로펠러기 1,015, 헬리콥터 5,505대. 68%가 대공포화와 지대공 미사일에 의해 격추됨.

133) 보응우옌잡(1912~200?): 97세까지(2009) 산 기록은 있는데 기록상 불명. 1912, 프랑스 식민지 해방운동을 하다 옥사한 한 학자의 아들로 출생. 1930년대 법학공부 후, 대불 투쟁을 위해 공산당 운동에 참가. 1944년, 소수 게릴라를 중심으로 '베트남 해방군 선전대'를 창설, 이것이 훗날 베트남 인민군의 모체가 된다. 베트남의 내무장관, 국방장관, 부총리를 역임. 그는 정상적인 군사교육을 받은 적이 없으나 위대한 군사전략가로 세계가 인정. 1954년 디엔비엔푸에서 대불전의 승리, 1973년, 제2 베트남전에서 미국을 격퇴하여 호치민에 이어 국민적 영웅으로 추대 받는다. 1948년 대장으로 승진했을 때, '군사교육을 받지 않은 당신이 어떻게 대장이 될 수 있는가' 라는 기자 질문에 '우리 베트남군에서는 소장과 싸워 이기면 소장이 되고 대장과 싸워 이기면 대장이 된다'고 하였다.

意)만 굳혔다. 미국이 비무장 시민을 죽인다고 선전미끼까지 제공했다. 무고한 비전투원이 희생되었으니 세계 여론도 나빠졌다. 전략적으론 큰 손실이다.

참 답답하다. 축차적(逐次的) 공격이 나쁘다는 건 세상이 안다. 미국이 그 서툰 싸움을 한다. 지상군의 규모를 점점 키우다가 안 되니까 폭격까지 했다. 미국이 왜 저럴까.

아무리 훌륭한 사람도 당황할 때가 있다. 길을 잃을 때다. 미국이 방향을 잃은 것이다. 군사문제가 자꾸만 꼬였기 때문이다.

절정기에는 60만에 가까운 지상군이 월남에 투입되었다. 하루에도 1개 중대에 해당하는 130여 명이 다치고 죽었다. 한 주일에 1개 대대 규모의 병력이 결딴나는 판이니 미국도 당황했을 것이다.

월맹 국방상 잡은 지상전에 대해 이렇게 썼다.

'장갑차량, 대포 및 항공기의 지원에 기초한 제1사단 자동화 보병 전술은 비효율적임이 입증되었다. 해방군의 현명한 전술에 직면하여 제1사단의 전술은 수많은 약점을 노출시켰다. 우리는 적의 전술을 역이용하여 자유롭게 우리의 의도를 관철할 수 있었다.

바우방(Bau Bang), 깜세(Camxe), 나도(Nha Do), 봉짱(Bong Tvang) 등의 전투에서 우리는 제1사단에게 참담한 패배를 안겨주었다.'[134]

잡이 미군의 군사력을 조롱하는 말이다. 그것도 세계 최강의 화력과 기동력을 자랑하는 미 육군 제1기갑사단을 두고.

---

134) 《인민의 전쟁, 인민의 군대》, 보응우옌잡.

넓은 들판에 전개해야 할 기계화 부대를 정글로 끌고 들어갔으니 기동이 얼마나 불편했을까. 마치 골리앗이 다윗에게 놀림을 당하는 꼴이 된 것이다.

미군이 소규모 전투에선 이겼지만, 적은 이길 기회를 좀체 안 줬다. 월맹군은 치고 빠진다. 구름같이 나타났다가 바람같이 사라진다. 전국에 땅굴을 거미줄같이 쳐 놓았기 때문이다. 모든 월남인이 감추고 도우니 속수무책이다. 민심이 이렇게 무서운 것이다.

'미국 군대가 채택하고 있는 여러가지 전술이 왜 비효율적이었는가? 주지하는 바와 같이 전술은 전략과 불가분의 관계에 있다. 만일 전략이 방어적이고, 교착상태에 빠져있으면 그것은 전술에 대해 역으로 영향을 미칠 것이다.' [135]

잡의 말이다. 미국의 전략적 실패를 지적하고 있다.

전투가 격렬했던 1966, '67, '68년에 접어들자 사상자도 비례해서 늘어만 갔다. 미국의 많은 가정에 어두운 그림자가 드리우기 시작했다. 수없는 전사(戰死) 통지가 하루가 멀다고 동네에 전달되었다. 삼촌들이 다치고, 아버지들이 실종되고, 수많은 젊은이들이 죽었다. 왜 내 아들이 저 정글에서 죽어야 하는가?

총 5만 8,000여 명이 죽고, 실종만 2,000여 명에 30만이 넘는 미국청년들이 다쳤다. 미국 내 여론이 마침내 폭발하였다. 당장에 전쟁을 집어 치우라고.

미국도 다급하게 됐다. 이러지도 저러지도 못하게 되었다. 그렇다

135) 《인민의 전쟁, 인민의 군대》, 보응우옌잡.

고 어떻게 해볼 방책도 없었다. 처음부터 너무 쉽게 보고, 깊은 생각 없이 덤볐으니 자업자득이다. 미국 같은 힘세고, 돈 많고, 사람 많은 나라도 윗사람이 잘못하여 이런 꼴을 당하게 된 것이다.

처음부터 민심을 따르게 할 방법이 없었다면 어떻게 했어야 했나?

한판 벌였어야 했다. 대판 큰 싸움을 걸었어야 했다. 그런데 월남이 어딘가? 한판 벌일 무대가 아니지 않은가. 원시정글, 민심이라곤 온통 돌아선 좁은 국토, 그 막강한 군사력을 쏟을 곳이 어디에 있던가. 싸움의 상대라는 것도 민병대와 게릴라, 기껏 정규군과의 전투도 소규모에 그쳤다. 맥나마라가 판단했던 대규모는 어디에도 없었다.

손자에 이런 말이 있다.

'전쟁을 잘 하는 사람은 상대를 조종하지, 상대에게 조종당하지 않는다.'[136]

누구나 잘 아는 싸움에서의 '주도권'의 문제이다. 전쟁을 잘 하는 사람은 상대방을 부리지, 상대방이 나를 부리게 하지 않는다는 말이다.

세계전략의 관점에서 보면 소련이 월남에서 게릴라전을 벌인 게 바로 손자가 말한 '치인(致人)'이다. 주도권을 내가 쥐겠다는 말이다. 월남문제는 정치적, 심리적, 전술적, 세계전략상의 문제이기 때문에 처음 접근부터 달랐어야 했다. 그런데 적이 주문하는 게릴라전을 덥석 받았다.

게릴라라? 싸움이라면 우리 미군이 전문인데, 너희들 진짜 게릴라 맛을 한번 볼래.

잘못 걸렸다. 실은 이 경우는 미국한테 주도권이 없는 전쟁이다. 정

136) 善戰者 致人而不致於人-(선전자 치인이불치어인). 《손자병법》, 허실편(虛實篇).

말 더 큰 문제는, 잘못 선택된 게릴라전도 방향부터 잘못 잡았다.

한 예를 들어보자.

그린베레의 창설이다. 1961년 케네디와 그 측근들은 월남 개입을 앞두고 동남아시아에서 성공한 게릴라전 사례(事例)부터 검토하였다. 필리핀과 말레이시아의 경우이다.[137]

2차대전 직후, 중국과 소련은 공산주의자들을 사주해서 필리핀과 말레이시아에서 게릴라전을 전개하였다.

필리핀의 경우 대통령이 되기 전, 막사이사이는 국방장관으로서 특수훈련을 받은 대(對)게릴라 부대를 편성하고, 게릴라 준동지역에 출동시켰다. 당시 막사이사이가 편성한 대 게릴라부대는 그린베레 같은 고도한 훈련과 장비를 갖춘 정예부대는 아니었다. 게릴라는 게릴라의 특성이 있으므로 정규군에게 게릴라를 잡는 요령만 더 훈련시켜 공산 게릴라들을 소탕하게 하였다.

막사이사이가 주력했던 것은 대 국민 선무(宣撫)공작이었다. 게릴라가 출몰하는 지역의 국민을 대상으로 생활의 안정, 부정부패 척결, 공공시설의 확충 등, 심리전을 중심으로 선무(宣撫)에 주력하였다. 게릴라가 발붙일 곳을 없애고 새끼를 못 치게 막았다. 요컨대 군사작전보다 정치심리전에 주력하였던 것이다.

말레이시아의 경우도, 당시는 2차대전 직후라 영국군이 남아 있어서, 말레이시아군과 합동작전을 펼 경우 게릴라가 도저히 당할 수 없는 전력을 갖고 있었다. 그러나 합동군은 게릴라들을 공격부터 하지 않았다.

1단계로 게릴라들을 주민과 차단하고 격리시켰다. 게릴라들이 주로 중국계였기에 영향력 있는 화교들로부터 차단한 것이다. 그리고

137) E. R. May, 신도 에이이치(進藤榮一) 역(譯), 《역사의 교훈(歷史の教訓)》, op. cit., p. 150.

작전이 용이한 안정지역으로 몰아 고립시켰다. 보급을 차단하고, 정부의 관용을 앞세워 선무하고 세뇌했다. 말레이시아가 유리했던 점은 월남과 같이 아무 곳에서나 식량을 구할 수 없는 특성이 있었다. 정부군은 이를 잘 이용한 것이다.

이처럼 필리핀이나 말레이시아의 경우는 대 게릴라전보다는 비군사적인 선무공작과 민심을 따르게 하는 정치심리적 전략이 주효했던 것이다.

그러나 케네디는 두 성공 사례의 핵심인 민심을 외면하고 특수전부대 창설부터 서두른다. 케네디 동생 로버트는 그린베레의 군화와 모자까지 선정해 주는 열성을 보였다. 물론 그린베레는 세계 최강의 정예부대다. 그러나 월남에서는 큰 쓸모가 없었다.

그들은 절해고도와 같은 산꼭대기에서, 혹은 정글 속에서 소수 원주민이나 고산족(高山族)과 셰퍼드 몇 마리를 데리고 고독한 전투를 했다. 진짜 실력을 발휘할 수가 없었다. 그런 부대는 차라리 월맹 본토의 미국군 포로수용소나 핵심 군사시설을 기습공격하게 했어야 옳았다.

다 아는 일이지만, 원래 게릴라는 모택동의 말처럼 '물과 물고기의 관계'가 성립되어야 한다. 따라서 현지 주민과는 최소한 신앙 · 혈연 · 이념 등 공통점이 있어야 한다. 국적과 민족이 다른 나라에서는 하기 힘든 싸움이다. 역사적으로 성공한 빨치산(2차대전 때 독일군에 대한 소련의 게릴라), 프랑스의 레지스탕스, 쿠바의 카스트로, 월남의 베트콩, 중국의 모택동 등 모두가 자기 나라에서 민중의 지지와 국민을 따르게 해서 성공했다.

이러한 근본적인 게릴라전 성격을 무시하고 싸우려고만 들었으니 고단한 싸움이 될밖에. 더구나, 적대적인 월남인들 사이에서, 열대 정글 속에서 고성능 현대무기는 별 볼 일 없었다.

적이 주문한 전투를 벌였으니, 주도권을 잡을 수 있나. 참으로 힘든 전쟁이 될 수밖에 없었다.

또 하나, 더 크게 보면 미국의 입장에서 꼭 '월남'이고, 꼭 '게릴라'여야 할 이유가 어디 있는가. 월남이 그렇게 소중했다면, 월남의 정치, 사회, 작전술까지 꼼꼼히 따졌어야지. 그랬으면 월남은 '무대'가 아니라는 것. 국민정서상 그곳은 빠져나오기 힘든 수렁이라는 것을 알았을 게 아닌가. 더구나 그곳에서 게릴라전은 미국의 체질이 아니란 것도 깨달았을 게 아닌가.

이왕에 월남을 꼭 잡아놓고 싶었으면, 적이 응수하지 않을 수 없는 외통수 '장군'을 불렀어야 했다. 적이 정말 '사랑하는 곳'으로 쳐들어갔어야 했다. 폭격을 할 게 아니라 '통킹만'으로 상륙했어야 했다. 지나친 말인 줄 안다. 정말 꼭 이겨야 하는 싸움이라면, 내 체력에 걸맞은 큰 싸움을 벌였어야 했다는 말이다.

'감히 묻기를 "적군의 병사들이 대열을 정비하고 장차 공격해 오면 어떻게 대처하는가?" 라고 묻는다면 나는 이렇게 말하리라. "먼저 적군의 사랑하는 바를 뺏으면 상대는 듣게 된다. 군대의 정세는 신속한 것이 으뜸이니, 적이 미치지 못함을 타고, 생각하지 못하는 길을 따라, 적이 경계하지 않는 곳을 공격해야 한다."'[138]

손자의 말이다.

적이 사랑하는 곳은 외면하고, 적이 원하는 곳에서, 적이 원하는 방법으로 싸우려드니 이기기는 틀렸지 않은가.

---

138) 敵衆整而將來 待之若何? 先奪其所愛 則聽矣. 兵之情主連. 乘人之不及 由不虞之道 攻其所不戒也-(적중정이장래 대지약하? 선탈기소애 칙청의. 병지정주연. 승인지불급 유불우지도 공기소불계야).《손자병법》, 구지편(九地篇).

'월맹과 중국을 군사적으로 패배시키기 위해서는 필요한 군사행동을 취하는 데 주저함이 없어야 한다. 그것이 월남의 공산화를 확실하게 방지할 수 있는 길이다. 따라서 해 · 공군의 개입 이외에도 한국전쟁 때와 같은 규모의 지상군 파견이 필요할 것이며, 어떤 시점에서는 핵병기의 사용도 고려에 넣어야 할 것이다.'[139]

국무차관보 번디가 국가안전보장회에서 주장한 소위 'slow squeeze(점진적 조르기) 작전'이다. 번디는 제대로 보고 있지 않은가.

테일러의 판단대로 대규모 전쟁의 위험이 없다는 확신이 있었다면, 미국의 대 월남전쟁은 보다 과감한 전략의 기초 위에 치러졌어야 했다. 번디는 핵무기까지 거론하고 있지 않은가.

이것이 손자가 말한 사랑하는 곳을 뺏는 길이요, 주도권을 쥐는 길이다. 이기려면 자기 체질에 맞는 싸움을 벌여야 한다. 월남에서는 큰 판을 벌렸어야 했다. 그런 각오로 덤볐어야 했다는 말이다. 그래야 주도권을 잡을 수 있는 것이다.

그러나 실상은 어땠나. 정글전투에서조차 적군의 비웃음을 샀다.

'미군으로 하여금 내가 선택한 전투방법을 채택하지 않을 수 없게 만들었다. … 남부전장(월남을 지칭)에서 지난 2년 동안 미군은 행동의 자유가 없었다. 적은 남부군대(베트콩을 지칭)와 인민의 의지에 따라 싸울 수밖에 없었다.'[140]

잡의 말이다.

---

139) ibid., p. 149.

140) «인민의 전쟁, 인민의 군대», 보응우옌잡.

'60년대에도 미국의 힘은 세계 누구도 당할 자가 없었다. 생각만 있으면, 쿠바도 있고 동독도 있고 대만도 있고, 또 전쟁 말고도 외교도 있고 흥정도 있고 계교도 있었다. 꼭 힘으로 싸워야 한다면 게릴라 말고도 힘쓰는 방법이 얼마든지 있었다.

적이 손가락으로 찌른다고 손가락으로 대항했다. 처음부터 주먹으로 내리쳐야지. 상대에게 이리저리 휘둘리다가 사람 잃고, 인심 잃고, 여론까지 들끓어 이러지도 저러지도 못하게 되었다.

날이 갈수록, 전쟁은 헤어날 수 없는 수렁으로 빠지기 시작했다. 마침내 미국은 건국한 이래 전례 없는 치욕적인 패배를 당한다.

심한 말을 너무 많이 했다. 어디까지나 개인의 소견이다. 해량 바란다.

손자는 일찍이 전쟁의 본질에 대해서 이런 말을 하였다.

'이길 수 없게 하는 길은 나에게 있고, 이길 수 있게 하는 길은 적에게 있다. 그러므로 전쟁을 잘하는 사람은 능히 적이 나를 이길 수 없게 할 수는 있어도, 능히 적에게 이길 수 있다는 보장은 없다. 그러므로 이기는 길은 알고 있지만, 꼭 이긴다고는 할 수가 없다.'[141]

이 말은 어쩌면 전쟁을 두고 한 말 가운데 고금을 통하여 전쟁의 본질을 가장 정확히 꿰뚫고 있는 말이 아닌가 싶다.

'안 질 수는 있어도, 이길 수는 없다.' 너나 나나 인간이다. 피차에

141) 不可勝, 在己, 可勝, 在敵, 故, 善戰者, 能意不可勝, 不能使敵必可勝. 故, 勝可知, 而不可爲-(불가승, 재기, 가승, 재적. 고. 선전자, 능의불가승, 불능사적필가승. 고, 승가지, 이불가위). 《손자병법》, 군형편(軍形篇).

부족한 점은 많지만, 서로의 목숨이 걸리고, 국가의 존망이 달린 전쟁인데, 한 치인들 소홀히 할 수 있을 손가. 너도 최선을 다하고, 나도 최선을 다했다. 당신과 나는 한 점 소홀함도, 한 치의 부족함이 없게 싸웠다. 진정, 하늘이 통하는 정성을 다했다.

쌍방이 얻은 것은 무엇인가. 목숨을 다하고, 정성을 다해 싸웠을 때 궁극적으로는 이기고 지는 게 없는 것이 전쟁이라는 말이다. 그래서 전쟁이란 싸우지 않고 이기는 게 상지상(上之上)이라고 한 것이다.

물론 현실적으로는 지고이기는 게 전쟁이다. 그러나 피차에 한 점 실수도 없고, 정말 하늘이 통하는 정성을 다해 피아가 싸운다면, 그 결과는 어떻게 될 것인가?

그야말로 '불가승(不可勝)은 재기(在己)요, 가승(可勝)은 재적(在敵)이라.' '안 질 수는 있어도 이긴다는 보장'이 없는 것이다.

지난날 미 · 소(美蘇)가 열전(熱戰)을 끝내 못하고 냉전(冷戰)으로 시종하지 않으면 안 되었던 게 다 손자가 말한 그런 이유 때문이리라.

만일에 냉전체제가 열전체제로 넘어가서 미 · 소가 정말 전쟁이라도 붙었다면, 세계는 어떻게 되었을까? 뉴욕이 폐허가 되고 모스크바가 쑥밭이 되는 것으로 끝났을까?

미 · 소 양국의 국민 몇 억이 문제가 아니라 어쩌면 인류가 멸망하였을지도 모를 일이다.[142] 그러니까 손자의 말대로 전쟁을 끝내 할 수

142) 현재 미국과 소련은 각각 10,000개와 11,000개의 핵탄두를 보유하고 있는데 그 파괴력은 총 11,000MT로서 세계 50억 인구를 30번이나 살상하고도 남는 것으로 알려져 있다. 2차대전 때 히로시마에 투하된 폭탄은 불과 20KT(1,000KT=1MT)였지만 히로시마 시민을 36만이나 살상하였다. 또 하나 핵폭탄의 위험은 핵겨울이다. 대량의 핵 투하로 생기는 먼지와 질소산화물이 지구를 뒤덮어 태양을 가림으로써, 암흑의 겨울이 계속되어 동식물은 완전히 전멸하게 되는 것이다.

없었던 것이다.

그런 점에서 총 한 방 쏘지 않고 소련을 무너뜨린 레이건(Ronald W. Reagan)은 미국 역사상 가장 위대한 대통령이요, 누구도 따를 수 없는 사상 최고의 전략가가 되었다. 바로 손자가 말한 무지명(無知名), 무용명(無勇名)이다.[143]

1차대전과 2차대전을 치른 후의 세계는 어떻게 되었던가. 전쟁을 일으킨 독일과 일본이 얻은 것은 과연 무엇이었던가?

전투원, 비전투원을 불문하고 그 많은 사람들을 죽일 필요가 있었던가? 산업시설만이 아니라, 무고한 시민까지도 무차별 폭격으로 꼭 희생을 시켜야 했던가?[144]

칸트, 헤겔 등 독일 관념론의 영향을 받은 클라우제비츠는 소위 '절대전쟁'으로 현대 군사사상을 체계화하였다. 즉, '적을 완전하게 무장해제시키거나 섬멸하는 것이 전쟁의 목적'이다. 또 '전쟁 철학에 중용의 원칙을 따르는 것은 잘못이며, 전쟁이란 마지막까지 가야 하는 폭력행위'라고 설파했다.

결국, 비용(cost)과 생명을 무시하는 힘의 이론, 증오의 논리가 지난 세기 군사사상을 지배하는 중심 테제(thesis)가 되었다. 전쟁을 이런 식의 힘겨루기와 끝내는 상대의 숨통을 끊어야 직성이 풀리는 전쟁관(戰爭觀)은 필요 이상의 출혈을 강요하였고, 인류의 비극만 심화

143) 손자는 그의 〈군형편(軍形篇)〉에서 '善戰者之勝也 無智名 無勇功-(선전자지승야 무지명 무용공)'이라고 하였다. 즉 '진정한 승자는 세상에 그의 이름이나 무공이 알려지지 않는다.' 그의 싸움 솜씨가 너무도 뛰어나 적은 물론 우리 편도 모르는 사이에 이기고 만다는 뜻이다. 강성했던 구소련을 무찌른 사람은 레이건이다. 그러나 세상은 그가 그런 주역을 담당했던 사실은 모르고 있는 것이다.

144) 리델 하트는 '1차대전의 미친 듯한 유혈참사도 《전쟁론》이 정의한 몇 가지 주제가 인심(人心)에 미친 마력(魔力)의 결과'라고 하였다.

시켰다.

그러나 손자는 전쟁을 단순히 군사력의 정면충돌로만 보지 않았다. 영원히 끝나지 않는 우주와 그 속에 생(生)을 받은 인간의 어쩔 수 없는 업(業)으로 간주하였다. 그렇기 때문에 전쟁은 '싸우지 않고 이겨야' 한다고 생각한 것이다.

그래서 손자는 〈전쟁이란 본질적으로 피차가 정성을 다할 때 '지지 않을 수는 있어도, 이길 수는 없는 것', 따라서 가능하면 피 흘리는 싸움을 피하고 '싸우지 않고 이겨야' 하는 것이며, 이기려면 '너와 나를 알고(知彼知己-지피지기), 손발보다는 머리를 쓰고(伐謀-벌모, 伐交-벌교) 주도권을 잡아(致人-치인)야' 한다. 부득이 힘을 쓰는 싸움이 되면 '적이 사랑하는 곳을 뺏고, 적이 미치지도, 생각하지도 못하는 방법과 길로 신속하게 쳐나가야' 한다. 그때는 '천 길 낭떠러지로 구르는 나무와 돌 같은 기세로, 새매가 상대의 목과 날개를 꺾는 절도(節度)로 때맞추어 쳐부수는 것'〉이라고 했다.

1975년 월남은 완전히 패망하였다. 월맹군의 공격 개시는 4월26일, 사이공에서 800km나 떨어진 중부 고원지대에서 시작되었다. 사이공 함락은 불과 3일 후인 4월29일, 월맹군이 진격하는 속도보다 월남군이 무너지는 속도가 더 빨랐다.

싸움은 끝났다. 그러나 미국의 위신에 먹칠을 하고, 미국인의 자존심에 더 없는 상처만 남겼다. 그런데 태평양 상에는 소련과 중국과 월남의 힘을 다 합쳐도 못 당할 미국의 막강한 군사력이 건재하고 있었던 것이다.

참으로 기이한 전쟁이 벌어진 것이다. 그러나 사실은 기이한 것도, 일어나서는 안 될 일이 일어난 것도 아니었다. 다만 일어날 수밖에 없는 일이 일어난 것일 뿐.

사람의 욕심, 오판, 고집 - 어쩔 수 없는 '인간의 업'이 불러 온 비극이다. 서로 '사랑하는 바'가 다르니 그게 업을 낳았다. 한쪽은 민심이요 한쪽은 땅이었다.

월맹과 베트콩은 미군을 상대하는 게 숨 막히게 벅찼다. 하지만, 한 번 해볼 만한 싸움이었다. 상대가 스스로 손발을 묶고 싸워줬기 때문이다. 내 주문대로 내가 원하는 장소에서, 내가 좋아하는 방법으로 싸울 수 있었기 때문이다.

그러나 미국의 사정은 달랐다. 생떼 같은 미국 청년들이 5만8천 명이나 죽었다. 부상자는 말할 것도 없고.

하나같이 귀한 남의 집 아들이요, 사랑하는 남편들이다. 한 동네에서도 여러 집이 초상을 치르게 되었다. 미국의 TV는 지구 반대편의 알지도 못하는 정글에서, 귀한 내 아들 내 남편이 처참하게 싸우는 모습을 안방에까지 방영했다.

월남의 정글이 우리와 무슨 관계가 있는가? 무엇 때문에 내 아들이 저곳에서 죽어야 하는가? 백성들이 들고일어난 것은 당연한 일이다. 더구나 이길 것 같지도 않은 싸움이 끝이 안 보인다. 반전운동이 일어나고 여론이 들고일어난 것도 당연한 귀결이었다.

미국은 정글에서 밀리고, 여론에서 밀리고, 국민의 민심마저 잃었다. 동양을 너무도 몰랐기 때문이다.

'월남에 대한 진압의 역사는 붕괴한 계획의 역사이며 우수한 고문관들의 끊임없는 노력이 쓰레기로 전락한 역사였다.'

1967년 1월 6일자 AP의 현지 보도이다.

'전쟁에 있어서 지상군은 결정적 역할을 수행한다. 그럼에도 미 지상군의 전투력은 매우 열악하였으며, 그들의 사기도 형편없었다. 뿐만 아니라 전투방법도 서툴렀다. 미군 장성들은 주관적이고, 거만하며, 항상 기습에 걸려들어 패배하였다.'

잡의 말이다.

그러나 이것은 전투부대의 잘못이 아니다. 정책을 입안하고 전략을 수립한 사람들의 실책이다.

세상만사 때와 경우와 상대가 다 있는 법. 좁은 방에 긴 창을 들고 들어갔으니 단검을 어떻게 당할 것인가. 탱크와 폭격기를 정글로 끌고 갔으니 게릴라와 어떻게 싸울 수 있나. 전투력이 열악할 수밖에 없었던 것이다.

미군 장성이 거만하고 주관적이었는지는 모르나, 그보다는 지도자나 정책입안자들이 너무 자기 머리를 믿고 전쟁 지도를 잘못한 탓이다. 흔히 있는 '수재(秀才)의 비극'이다. 그들의 잘못된 판단이 졸지에 세계 최강의 군대를 '전투력이 열악한 부대로, 전투조차 서툰 군대'로 격하시킨 것이다.

상황을 깨달았을 때는 이미 싸움은 졌고, 미국이 치른 희생은 너무도 큰 것이었다.

'그 직위에 있지 않으면서 그 일을 처리하지 말라.'

공자의 말이다.

필자가 지나친 말을 너무 많이 하였다.

모두가 공부 삼아 해 본 것이니 양해 바란다.

제5장

외천(畏天)[145]

1. 생명의 근원
2. 영혼을 울려
3. 천인합일(天人合一)
4. 지천명(知天命)
5. 시중(時中)
6. 사람을 사랑한다

145) 하늘을 두려워한다.

1. 생명의 근원

황금률(黃金律), 또는 황금비(黃金比)라는 말이 있다. 이것은 고대 이집트 시대나 그리스시대로부터 잘 알려진 특별한 기하학적 비례관계를 가리키는 말이다. 즉 다음 [그림1]의 세 개 네모꼴 중에서 많은 사람들이 좋아하는 네모꼴은 (1)번의 장방형 네모꼴이다.

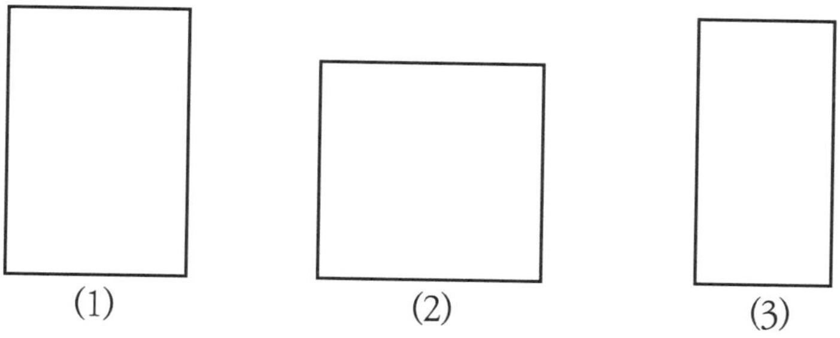

[그림 1]

왜 그럴까? 그것은 장변 a가 단변 b의 1.618배($a=b\times1.618$) 되기 때문이다. 그게 무슨 의미가 있는가? 그러한 비례관계는 인간의 미적 감각을 충족시켜 주기 때문이다. 왜 충족시켜 주는가? 그것은 일정한 리듬을 갖기 때문이며, 이 리듬이 바로 생명의 근원현상과 같기 때문이다.

즉 다음 [그림 2]에서 네모꼴 ABCD의 두 변이 황금비 1.618배의 비례관계를 갖고 있다면 오른쪽 그림의 장변(a+b)는 단변 a의 1.618배가 된다. 따라서 같은 성질의 큰 장방형을 얻기 위해서는 간단하게 정방형 네모꼴 ACFE를 갖다 붙이면 된다. 반대로 정방형 HGDC를 떼어내면 같은 성질의 장방형 네모꼴 ABGH를 얻을 수 있다.

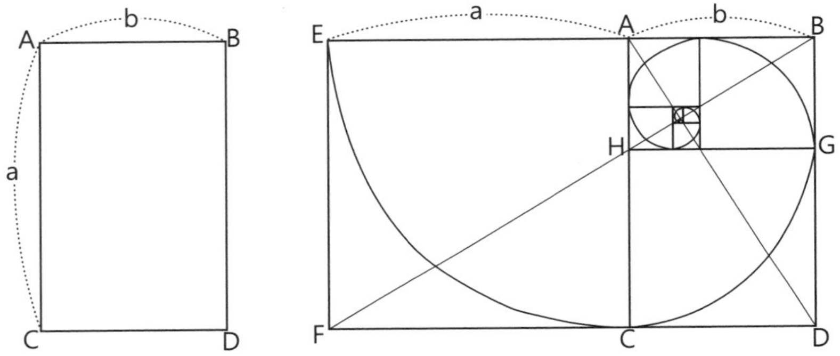

[그림 2]

그런데 이런 식으로 작은 장방형 네모꼴을 계속 만들어 나가면 놀랍게도 계속 같은 성질의 장방형 네모꼴을 만들어 나갈 수 있는 것이다. 작게는 눈으로 거의 볼 수 없는 미세한 것에서부터 무한한 크기의 네모꼴에까지.

이때 정방형의 모서리를 연결해보면 [그림 2]에서 보는 바와 같이 무한히 계속되는 일정한 곡률(曲率)의 나선형을 그릴 수 있다.

이 나선형은 소라 같은 모든 나선형 조개류의 나선곡선과 일치하고, 또 모든 지상 식물 중 소나무 또는 구과식물(毬果植物, coniferopsida)의[146] 씨앗도 똑같은 2개의 나선곡선 구도로 형성되

146) 구과식물은 나자식물(裸子植物) 중에서 정핵(精核)에 섬모가 있고 스스로 운동할 수 있는 소철류나 은행나무류를 제외한 식물군을 말한다. 교목 또는

어 있다. 뿐만 아니라 나선형 모양으로 자란 모든 식물의 잎과 잎 사이가 이러한 비례관계를 갖는 편차각으로 배열되어 있다. 즉 이러한 배열은 태양열을 가장 많이 받을 수 있는 각도라는 것이 과학자들에 의해 밝혀졌다.

결국 (파이)φ = 1.618이라는[147] 비례관계는 생명현상의 비밀의 하나임을 알게 되었고, 우리가 모르는 사이에 끌리게 되는 이유도 아득한 옛날 생명이 이 세상에 나올 때 어쩌면 같은 근원과 리듬을 타고났기 때문일 것이다. 그래서 고대 그리스나 르네상스 화가들은 이러한 φ비율을 인체에도 적용하고 있는데, 가장 이상적인 인체구조는 머리끝에서 배꼽까지와 배꼽에서 발끝까지의 비가 1:1.618의 비율이 되는 것이다.

훗날 과학자들에 의해 밝혀진 것이지만 달걀의 모양, 또 지구상의 모든 정5각형 생물(식물·꽃·씨앗 등)도 φ의 비율에 일치하고 있다는 것을 알게 되었다.

흔히 광물에 나타나는 결정도 일정한 비율과 구성을 보이는데, 놀랍게도 광물의 결정체에서는 정방형 · 삼각형 · 육각형 결정은 있어도 5각형은 절대로 나타나지 않는다.

그리스 역사가 헤로도투스(Herodotus, BC 484~425) 에 의하면 이집트인들이 대 피라미드(기제의 구후왕 피라미드)를 건설할 때도 φ 비율을 적용하였다고 기록하고 있다. 즉 '피라미드의 높이를 한 변으로 만든 정방형은 측면 삼각형의 각각의 면적에 일치한다'라는 사실

관목이며 대부분은 상록이지만 낙엽 지는 것도 있다. 전 세계에 6과(科) 45속(屬) 500종이 분포하는데, 소나무과 중에서는 일본 전나무속 · 잎갈나무속 등이 있다.

147) 이 비례관계를 나타내는 문자를 통상 그리스 문자 φ(파이: 황금비)를 쓴다.

을 이집트 승려가 일러주었다는 것이다(수학에 관심이 있는 분은 계산해보도록).[148]

이처럼 생명의 근원을 찾아 들어가면 그곳에는 움직일 수 없는 하나의 법칙, 즉 리듬과 조화를 만나게 된다.

갖가지 인연과 신비한 힘의 작용이 어느날 완벽한 조화를 이루었을 때 신(사랑)의 손길이 닿는 순간 그곳에는 놀라운 리듬이 시작된 것이다. 즉 '생명'이라는 신비로운 현상이다.

생명은 이때부터 지난 30억 년 동안 거듭나기를 계속하여 오늘에 이른다. 그러나 아메바도, 식물도, 물고기도, 사람도 그 본질은 리듬이요, 사랑일 것이다. 그래서 생명은 그 자체로서 완벽한 것이며 아름다움 그 자체이다.

인간이 황금률에 미적 희열을 느낄 수 있다는 것은 생명의 아득한 추억 속에 묻힌 리듬을 느끼고, 바로 그 리듬이 드러내는 'φ'에 공감하기 때문이다.

그런데 어찌된 일인지 인간이 인간을 볼 때는 아름다움 자체를 대할 때와는 다르게 반응한다. 아마도 순수한 미적 대상은 미 자체이므로 우리 감각이 그대로 받아들이기 쉬운 데 반해, 생물체인 인간을 대할 때는 그것이 생명체 속에 깊이 감추어져 본질을 직접 볼 수 없기 때문일 것이다. 또 단순한 미적 대상이란 정적인 대상인데 반해, 생명체는 동적인 대상이므로 그 역동성이 생명체의 본질을 가릴 수도 있을 것이다.

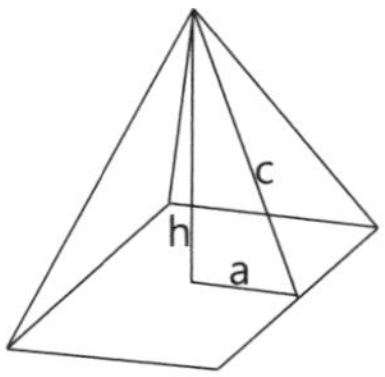

[그림 3]

148) [그림 3]에서 h, a, c를 각각 피라미드의 높이, 밑면 한 변의 절반의 길이, 측면삼각형의 높이라고 하면, 헤로도투스의 명제는 $h^2 = c \times a$가 된다. 이 식에서 $c/a = 1+\sqrt{5}/2 = 1.61803$이 된다. 피라미드의 높이는 148.2m, 밑면의 길이는 2×116.4m, c는 186.2m이므로 이 계산이 꼭 들어맞는다.

그러나 지도자는 생명체를 대할 때, 특히 사람을 대할 때, 우리가 보고, 듣고, 냄새를 맡고, 몸으로 느끼는 다섯 가지 감각만으로 사람을 보아서는 안 된다. 사람의 5관(五管-眼耳鼻舌身 · 안이비설신)만으로는 생명체 속에 감추어진 본질을 보기는 어렵다.

아뢰야식(阿賴耶識)이라는[149] 말이 있다. 불교에서 말하는 최고의 의식의 경지를 가리킨다. 이는 곧 우주의 본질 · 생명의 본질을 인식

149) 불교에서는 인간의 감각, 의식활동을 8가지로 나누어 '8식(識)'이라고 한다. 인간은 5관(管), 즉 안(眼), 이(耳), 비(鼻), 설(舌), 신(身)에 의해 외부의 정보를 받아들이는데, 불교에서는 이 5관을 '전5식(前五識)'이라 한다. 이 전5식은 우리가 잠들면 작용하지 않으며 분별하지도 못하므로 인간의 참다운 마음이라 할 수 없다. 바로 이 전5식을 통하여 받아들인 정보(法-법)를 취합하여 분별하는(知-지) 역할을 하는 것이 '의식(意識)', 곧 '제6식'이다.

그런데 의식이란 빙산의 일각처럼 아주 작은 부분의 현상세계로 나타날 뿐, 의식의 저편에 자리잡고 있는 '잠재의식(潛在意識)'은 우리의 의식세계가 미치지 못하는 곳에까지 영향을 끼치고 있다. 이것을 '말나식(末那識)', 혹은 '제7식'이라고 한다. 석가가 오랜 세월을 거쳐서야 성불할 수 있었던 것도 바로 이 말나식을 정화하기가 어려웠기 때문이었다.

우리가 기도를 하고 참선을 하면 마음이 깨끗해지는 느낌을 받지만 가끔 무의식적으로 나쁜 행동이 튀어나오는 것은 바로 말나식에 저장되어 있던 악업(惡業)의 종자가 발아하여 나타나기 때문이다. 따라서 일차적으로 의식이 분별한 것을 가지고 다시 말나식이 '좋다' '나쁘다'라는 생각을 해서 집착하기 때문에 '아집(我執)'과 '법집(法執)'이 생겨 정화하기가 어렵다는 것이다.

그리고 이 말나식이 의지하는 본래 청정한 의식을 상정하여 '아뢰야식', 즉 '제8식'이라고 한다. 이 아뢰야식은 어느때나 작용한다. 심지어 두뇌의 기능이 정지된 식물인간의 경우에도 작용하여 호흡이라든지 피의 순환, 내분비물의 조절, 소화기능을 담당하기 때문에 궁극적으로 유식의 수행을 통해 터득해야할 궁극의 대상이다.

이 아뢰야식에 이르면 본래의 청정한 식(識)이 드러나 어디에도 걸림 없이 지혜를 자유자재로 사용하는 대 자유인이 된다는 것이다. 여기서 의식, 말나식, 아뢰야식을 '후3식'이라 한다. 불교의 이 8식은 서양의 융(Carl G. Jung)이나 프로이트(Sigmund Freud)를 포함하여 그 어떤 심리학도 미치지 못한 높은 경지에 가 있는 게 아닌가 싶다.

하는 의식을 두고 하는 말이다. 생명체를 바라보고 그 본질의 실체를 느끼려면 아뢰야식의 경지에까지 이르러야 가능하다. 그러나 평범한 인간이 어떻게 그토록 청정(淸淨)하고 고결한 경지에 도달할 수 있을 것인가.

보통사람이 할 수 있는 최선의 방법은 명상(瞑想)이다. 명상은 우선 마음을 가라앉히는 것이 시작이다.

고요한 마음으로 돌아간다. 온갖 잡념을 떨쳐버린다.

'사람은 흐르는 물은 거울로 삼지 못하나 고요한 물로는 거울로 삼을 수 있다.' 장자의 말이다.

고요한 물을 생각하며 마음을 가라앉힌다. 명경지수(明鏡止水)란 말이 있지 않던가. 고요한 물, 맑은 거울같이 마음을 가라앉힌다.

두 눈을 감고 마음의 눈을 뜬다. 5관을 누르고 마음을 연다는 뜻이다. 깊은 호흡으로 숨을 고른다. 밤하늘의 무수한 별들을 떠올린다. 광대무변한 우주 속으로 나를 던진다. 뭇별과 함께 흘러간다. 무중력 상태란 이런 것인가.

아득한 우주 속으로 떠내려간다. 공중을 나는 깃털과 같은 자유를 느낀다. 길게 숨을 내뱉는다. 생각이 멈춘다. 나는 어디로 갔는가. 깊고 깊은 잠재의식의 세계 - 더 깊이 들어가면 생명체가 공유하는 집단무의식의 세계가 있다.

그곳에 나는 없고, 우리 모두가 있다. 날로 새로워지려는 도도한 우주운동의 흐름이다. 생명의 흐름이다. 위대한 사랑이다.

지도자는 침묵을 통하여, 명상을 통하여 고요한 마음을 되찾을 수 있는 능력부터 가꾸어야 한다.

그래서 처칠은 시간이 허락하는 대로 방음장치를 갖춘 하원의 자기 방에 홀로 있기를 고집했던 것이요, 드골 집무실의 전화기는 울리는 법이 없었던 것이며, 몽테뉴는 안락의자에서, 데카르트는 난로가 있는 방에서, 또 쾨니히스베르크의 칸트는 자기 서재에서 사색과 명상을 했던 것일 게다.

그래서 옛날 제갈공명도 아들을 훈계할 때 '고요한 마음으로 몸을 수양하고 … 편안한 마음과 고요한 마음만이 먼 경지에 생각이 미친다'고 하였을 것이다.

고요한 마음은 아름다움에서도 얻을 수 있다. 완벽한 리듬에 심취하고, 완전한 조화에 삼매(三昧) 한다.[150] 삼매란 '독서삼매경(讀書三昧境)' 할 때의 삼매이다. 여기서 삼매란 책과 내가 하나가 된다는 말이다.

완전한 조화에 삼매하고, 완벽한 리듬에 심취한다는 것은 무엇을 뜻함인가. 리듬 속에 내가 들어간다는 것이요, 리듬과 공명에 합일한다는 것이다. 그것은 곧 우리 생명의 아득한 추억 속에 새겨진 우리의 인연과 사랑을 깨닫게 된다는 뜻이 아닐까.

완전한 조화는 어디에 있는가? 아름다운 시와 바른 예절을 두고 달리 어디서 찾을 것인가.

완벽한 리듬은 어디 있는가? 아름다운 음악 말고 또 있겠는가.

'시(詩)에서 흥취를 느끼고, 예(禮)로서 일어서며, 음악으로 자기를 완성하느니라'고 공자도 말하지 않았던가.

---

150) 삼매란 범어 'Samadhi'를 음역한 것으로, 마음이 하나의 대상에 집중된 상태(心一境性-심일경성), 추상적인 개념이 아닌 구체적이고 경험적인 개념이 되어 머리(知-지)가 아닌 마음(情-정)으로 받아들이는 경지를 말한다. 즉 우리의 의식은 언제나 주관(能-능)과 객관(所-소)이 분리 · 대립된 상태에서 생각을 진행시켜 가기 때문에 주관과 객관 사이의 화합을 이루지 못하고 항상 대립과 갈등이 끊이지 않아 번뇌가 계속되는 것이다. 주관과 객관 사이의 대립이 완전히 지멸(止滅)된 상태에서는 의식의 갈등구조가 해소되어 번뇌도 괴로움도 사라지고 희유한 '절대적인 즐거움'만 남게 된다.

아름다움의 진지한 추구는 생명의 본질과 우주적 운동을 깨닫게 하는 길이며, 마침내 위대한 신의 뜻에 따르는 길일 것이다. 지도자가 참지도자답기 위해서는 남보다 먼저 이런 깨달음부터 얻는 일이다.

2. 영혼을 울려

《채근담》에는 '종욕(縱欲)의 병은 고칠 수 있지만, 집리(執利)의 병은 고치기 어렵다'라는[151] 말이 있다. 종욕, 즉 사욕(私欲)은 고칠 수 있으나 집리, 즉 핑계 대며 고집을 내세우는 병은 고치기 어렵다는 말이다.

종욕의 병도 꽤 어려운 병이기는 하지만 본인이 무엇인가를 깨닫거나, 주변의 정황이 바뀌게 되면 고쳐질 수 있는 병이다. 그러나 핑계가 많고, 자기주장이 강하여 남의 의견에 전혀 귀 기울이지 않는 집리의 병은 고치기 어려운 병이다. 곧, 제4장에서 말한 '견탁(見濁)'이요, '견취견(見取見)'이다. 흔히 잘난 사람, 원리주의자들 사이에 있는 병이라 때때로 많은 사람들을 불행에 빠뜨리는 데 문제가 있다.

역사상 그 많은 전쟁 가운데 가장 무모하고 억지 전쟁을 수행한 나라로 일본을 빼놓을 수가 없다. 아시아에서는 가장 개명(開明)했다는 일본이 왜 그런 오점을 남기고 말았는가.

전쟁을 지도했던 사람들이 바로 이 집리(執利)에 빠져있었기 때문

151) 縱欲之病可醫, 而執利之病難醫-(종욕지병가의, 이집리지병난의). 《채근담(菜根潭)》.

이다. 그것은 훗날 자기들 군사전문가들 사이에서도 지적되고 있는 소위 '수재(秀才)의 비극'이다. 즉 육군대학 우등생들이 육군을 지배하면서 비롯된 비극을 말한다. 학업이 중요하지 않은 것은 아니지만, 지도자를 학교성적으로 뽑아 쓴 것은 일본을 위해서도 불행이었고, 역사를 위해서도 분명 비극이었다.

2차대전 중에는 과달카날 · 사이판 · 임팔 작전 등 일본 군부의 양식(良識)을 의심케 하는 무모한 전투가 한둘이 아니었다. 그 중에서도 임팔(Imphal)작전은 일본군의 전통으로 보아 도저히 있을 수 없는 항명(抗命) 사건까지 일어났다.

임팔작전이란 1944년 1월부터 7월까지 일본의 제15군 예하 3개 사단이 버마의 코히마 점령을 시도했던 전투이다. 이 작전에서 일본군의 3개 사단 5만여 명이 버마의 정글에서 괴멸하였다.

전쟁이란 사람이 사람을 죽이는 짓이라 의당 희생자가 나오는 것은 당연한 일이지만, 이 전투는 싸우다 죽은 사람보다 굶어죽은 사람이 더 많은 데 문제가 있었다.

무모한 한 지휘관의 집리(執利)가 그런 처참한 전쟁을 치르게 한 것이다. 제15군 사령관 무다구치[牟田口廉也] 중장이다.[152]

애초에 이 작전은 보급상 실행이 어려워 많은 반대가 있었다. 그러나 무다구치는 당시 수상이었던 도조(東條)와의 개인적 친분까지 동원해 기어이 작전을 성사시킨다. 잘못되어도 처음부터 여러 가지가 잘못된 작전이었다.

---

152) 무다구치는 1937년 노구교(蘆溝橋) 사건 때 일을 크게 만들어 중일전쟁을 일으킨 장본인. 당시 중국 주둔 중인 일본군 제 1연대장으로 훈련 중, 예상치 않은 곳에서 총성이 들리자 중국군이 도전해 온 것이라고 억지 단정, '중국군에게 반격해야 한다'면서 중국군을 공격하기 시작, 중일전쟁이 발발한다. 물론 중일전쟁은 관동군의 계획된 음모의 산물이다.

작전이 개시되자 예상대로 보급상의 큰 문제가 일어났다. 탄약은 고사하고 병사들이 먹을 식량조차 보급이 끊겼다.

《태평양전쟁》을 쓴 야마오카[山岡莊八]는 작전에 참가했던 31사단 병사들의 참상을 이렇게 그리고 있다.

'사령부를 출발하려고 대열을 갖추고 보니, 부대는 이제는 누가 보아도 군대라고는 볼 수 없는 처참한 몰골들이었다. 복장이 남루한 것은 차치하고서라도 거의 전부가 신발을 신지 않고 있었다.

일그러진 총을 아주 소중하게 안고 있는 자, 소매를 찢어 전우의 유골 한 조각을 안고 있는 자, 파초 잎을 저고리 대신에 어깨에 걸치고 있는 자…. 모두가 정신 하나만으로 가까스로 살아 움직이고 있었다.'

다음은 31사단 참모장이 15군 참모장에게 보고(報告) 아닌 애걸을 하는 장면이다.

'무엇보다도 보시는 바와 같이 병정은 거의가 맨발인 데다, 반은 병자이므로… 먼저 식량과 군화의 보급을 받지 않으면 전투를 할 수가 없습니다.'

15군 참모장은 31사단의 공격이 시원찮다고 독전(督戰)차 현지에 나왔을 때의 일이다. 이런 군대를 보고 독전이라니 - 드라마에나 있을 얘기가 현실로 벌어지고 있는 것이다.

그런데 군사령관 무다구치는 덮어놓고 '불가능은 없다. 불가능을 가능하게 만들라'고 계속 요구한다.

참다못한 예하 31사단장 사토가 군사령관의 명령에 불복하고 사단을 이끌고 공격 대신 후퇴를 개시했다.

군사령관 명령대로 전진을 계속한다는 것은 전멸을 의미하는 것. 살아남은 부하들만이라도 살릴 길은 항명밖에 없다고 그는 판단하였다. 군인의 항명은 총살형이다. 이것은 전후에까지도 시비가 되었던 유명한 항명사건이다.

다음은 사단장 사토가 독전 차 내려온 군사령부 고급 참모에게 퍼붓는 욕설이다.

'인간은 배가 고파서는 전쟁을 할 수 없다는 걸 모르는가. 밥을 먹지 않으면 사람은 죽는다. 하느님이 말이다, 인간은 밥을 먹도록 만들었다. 밥을 먹어야 비로소 충용한 병사가 될 수 있다. 그런 인간에게 밥을 먹이지 않고 전쟁을 하라는 전술을 도대체 네놈은 어디의 누구한테 배웠는가 !'

그런데 군사령관 무다구치는 여전히 이런 명령만 내린다.

'탄약과 식량이 다할 때까지 임무를 속행하라. 손을 잃으면 발로 싸우라. 수족을 잃으면 이(齒)빨로 적을 상대하라. 숨이 끊어지면 정신력으로 싸우라. 무기가 없다는 것은 패배의 구실이 될 수가 없다.'

사단장 사토가 항명할 수밖에 없었던 사정을 이해할 만하다.

손자에 이런 말이 있다.

'장수가 나라 밖에 나와 있을 때는 군명(君命)이라 하더라도 따르지 않을 수 있다[君命有所不受-군명유소불수, 《손자》, 구변편(九變篇)].'

'나는 부하에게 불가능을 가능하게 만들라는 얼빠진 말은 않는다. 가능한 일을 가능케 하고, 필승을 불패로 만든다. 전장에 필승이라는 것은 없다. 무리한 요구는 옥쇄 따위 짓을 하게 한다. 옥쇄보다는 지

지 않는 쪽이 훨씬 중요한 게 아닌가.'

사단장 사토가 부하 참모들에게 한 훈시이다.

사토의 후퇴는 옳은 선택이다.

사토는 당시 옥쇄(玉碎; 한 사람도 남지 않고 끝까지 싸우다 모두 죽는 것)를 찬양하던 일본 군부 내에서 이런 말을 드러내놓고 했다. 놀라운 일이다.

군대라는 조직이 존립하는 것은 군기(軍紀)라는 게 있기 때문이다. 군기란 규율이요 질서다. 그보다 중요한 것은 상하를 정신적으로 묶는 보이지 않는 유대이다. 사기는 거기서 나온다. 그것 때문에 지휘관은 병사들에게 어떤 명령도 내릴 수 있고, 병사 또한 망설이지 않고 죽음으로 뛰어든다.

옷도 신발도 먹을 것도 없는 군대가 어떻게 존립할 수 있었던가. 그리고 그런 역경에서 어떻게 규율과 질서를 유지하며 후퇴작전을 수행할 수 있었던가.

전쟁에서 공격보다 어려운 게 후퇴작전이요, 특히 불리한 상황에 보급조차 끊기면 군대는 와해되는 게 정상이다. 그러나 사토는 그런 상황에서도 어려운 후퇴를 성공시켰다.

사단장 사토는 벚꽃 마크를 왼쪽 가슴에 달고 다녔다. 일본군 복장 규정에 의하면 장교는 오른편에, 병사는 왼편 가슴에 벚꽃 마크를 달게 되어 있었다. 병사들을 사랑했기 때문이다.

손자는 이런 말을 하였다.

'전투명령이 내린 날, 앉은 병사의 눈물은 옷깃을 적시고, 누운 자

의 눈물은 턱으로 엇갈려 흐른다.'[153]

병사들의 전장(戰場)심리를 정확하게 그리고 있다.

병사들이 남몰래 운다고 하였다. 얼마나 겁이 나고 떨리겠는가. 그게 사람이다. 장수된 자, 그것을 알아야 한다는 말이다. 그래서 할 수만 있다면 싸움을 피하라고 강조한다.

이런 까닭으로 백 번 싸워 백 번 이기는 것이 최선의 방법이 아니요, 싸우지 않고서 적군을 굴복시키는 것이 최선의 방법이다.[154]

그는 병법자이기 전에 한 인간이요 한 지도자로서 사람을 바로 보고 세상을 바로 보고 있다.

인간의 업(業)이 싸움을 불가피하게 하는 것이라 싸움은 하지만 피할 수 있을 때까지 피하고, 기어이 싸울 일이 생기면 싸우지 않고 이기는 법은 없는가를 따져 보자.

'강물(우주)이 밤낮으로 쉬지 않고 흘러가듯' 생명은 나왔다가는 죽고, 죽었다가 다시 태어나는 큰 흐름을 이루며 흘러가는 것, 한 번 이기고 한 번 지는 것이 사실은 한 번 나서 한 번 죽는 것과 다를 게 무엇이겠는가.

사랑의 완성을 궁극의 목표로 도도히 흐르는 이 생명의 큰 물결은 결국은 이기는 자나 지는 자까지도 함께 껴안고 흘러가는 것.

싸움은 본래 사람이 지은 업(業)의 소산인 것을, 그 중에서도 특별히 윗사람의 잘못된 생각과 지도자의 밝지 못한 눈이 짓는 연기(緣起)의 소산이 아니던가.

---

153) 令發之日 士卒坐者 涕霑襟, 偃臥者 涕交頤-(영발지일 사졸좌자 체점금, 언와자 체교이). 《손자병법》, 구지편(九地篇).

154) 是故, 百戰百勝, 非善之善者也, 不戰而屈人之兵, 善之善者也-(시고, 백전백승, 비선지선자야, 부전이굴인지병 선지선자야). 《손자병법》, 모공편(謀攻篇).

그러나 이왕에 피하지 못할 싸움이라면, 싸우되 피 흘리지 않고 이겨야 장수(지도자)의 도리라 할 수 있지 않겠는가. 아무리 사람의 업이라곤 하지만 옷깃을 적시는 창생이 너무도 불쌍하지 않은가.

그러므로 지도자란 처음부터 옷깃을 적실 일을 만들지 않아야 할 것이요, 피치 못할 사정이 싸움을 부르면 '적군을 굴복시키되 싸우지 않고, 적국의 성(城)을 함락시키되 공격하지 않고, 적군을 무너뜨리되 장기전을 쓰지 않는다. 반드시 온전함으로써 천하를 다투거니와, 그러므로 전력을 무디지 않게 하면서 이익을 온전히 할 수 있으니, 이것은 계략으로 공격하는 방법'[155] 밖에 없다고 한 것이다.

끝까지 싸우지 않고 이기도록 지혜를 다할 것이요, 필경 그런 길이 있다고 믿고 그 길을 찾아내는 것이 장수가 하는 일이요, 바로 그런 것이 참다운 지도자의 길이 아니겠는가.

피치 못할 사정으로 피 흘리는 싸움이 되면 어떻게 할 것인가?

'전쟁을 잘하는 장수는 기세(氣勢)에서 구하지, 사람에게서 구하지 않는다.'[156] 손자의 말이다.

기세란 그럼 무엇인가?

'기세란 흐르는 물이 돌을 뜨게 하는 것'이라고[157] 손자는 말한다. '무거운 돌도 뜨게 하는 거센 물결을 가지고 싸워라. 사기를 한껏 올려 공격을 해야지, 그냥 부하들을 몰아세워서는 안 된다'는 말이다.

---

155) 故, 善用兵者, 屈人之兵 而非全也, 拔人之城, 而非攻也, 毁人之國, 非久也. 必以全爭於天下, 故, 兵不頓, 而利可全, 次, 謨攻之法也-(고, 선용병자, 발인지병이비공야, 발인지성, 이비고야, 훼인지국, 비구야, 필이전쟁어천하, 고, 병불돈, 이리가전, 차, 모공지법야). 《손자병법》, 모공편(謨攻篇).

156) 故, 善戰者, 求之於勢, 不責之於人-(고, 선전자, 구지어세, 불책지어인).《손자병법》, 병세편(兵勢篇).

157) 激水之疾, 至於漂石者, 勢也-(격수지질, 지어표석자, 세야).《손자병법》, 병세편.

어차피 흘리는 피다. 피 흘리는 싸움을 피할 수 없게 되었다. 싸우지 않고 해결해보려 갖은 노력을 다해 보았다. 그러나 모든 게 뜻대로 되지 않아 누군가는 이제 다치지 않으면 안 되게 되었다.

그렇다면 사람으로 밀게 아니라 기세로 밀어붙이리라. 어차피 싸워야 하는 판이라면, 결판을 빨리 내자. 너의 피도 나의 피도 적게 흘려야 하지 않겠는가.

그럼 기세는 어떻게 만드는가?

'두 사람의 마음을 합치면 쇠도 끊는다(二人同心-이인동심, 其利斷金-기리단금).' 《역경》에 나오는 말이다. 사람의 마음을 합칠 수만 있다면 단 두 사람의 마음만으로도 무쇠를 끊일 수 있다는 말이다. 그렇다면 뭇사람들의 마음만 합칠 수 있다면 태산인들 움직이지 못하랴.

그러면 어떻게 사람들의 마음을 합칠 것인가?

그것은 공명(共鳴)이다. 마음을 울리는 것이다. 영혼을 흔들어 지도자를 따르게 하는 것이다. 그렇게 하는 것이 지도자이다.

어떻게 사람들의 심금을 울리는가. 사랑이다. 큰 사랑이다. 너는 내 부하로서가 아니라, 사람이기 때문에 사랑하는 것이다. 싸움에 이기자고 사랑하는 게 아니라, 누군가가 지은 업을 씻고, 날로 새로워지려는 대우주의 큰 운동에 참여하기 위한 사랑이다.

그런 사랑이어야 심금을 울리고, 영혼의 공명을 일으킨다. 공명은 마침내 '큰 나무와 돌이 천 길이나 되는 산 위에서 굴러내리는 것'과[158] 같은 기세로 변하게 되는 것이다.

지도자란 어떤 사람이어야 한다는 것을 다시 생각하게 한다.

---

158) 如轉圓石於千仞之山者-(여전원석어천인지산자).《손자병법》, 병세편.

3. 천인합일(天人合一)

《송명신언행록(宋名臣言行錄)》이라는 책이 있다. 송대(宋代) 명신 20여 명의 언행을 집대성한 것으로, 후세 정치인들이 귀감으로 많이 읽은 책이다.

이 언행록에 보면, 북송의 제7대 철종에게[159] 명신 여공저(呂公著, 1018~1089)가 '제왕수칙10개조(帝王守則十個條)'라는 상주문(上奏文)을 올렸는데, 내용은 다음과 같은 것이다.

첫째, 하늘을 두려워한다.
둘째, 백성을 사랑한다.
셋째, 수신(修身)을 한다.
넷째, 학문을 닦는다.
다섯째, 현명한 사람을 등용한다.
여섯째, 간언(諫言)을 듣는다.
일곱째, 가렴(苛斂)을 하지 않는다.
여덟째, 사치를 멀리한다.
아홉째, 형(刑)을 줄인다.

159) 철종(哲宗, 재위 1085~1100).

열째, 안일(安逸)하지 않는다.

10개 수칙 중 첫째가 '하늘을 두려워한다'이다.

물리적으로 아무 구속력이 없는 하늘을 왜 두려워하는가?

그것은 우리 동양의 오랜 배천사상(拜天思想) 때문이다. 즉, 하늘은 만물을 창조하고 성장 · 진화시킨다. 따라서 하늘은 사람도 생육(生育)하지만, 정치는 일일이 관여할 수는 없으므로 백성을 다스릴 사람을 정해 대신 정사를 보게 한다. 그래서 그를 천자(天子)라고 하였다.

따라서 백성을 다스리는 수장[天子]은 백성을 다스리되 어디까지나 하늘이 할 일을 대신하는 사람이다. 또 하늘의 뜻은 늘 백성에게 뿌리내리고 있는 것이어서, 천심(天心)을 대표하는 것은 백성이요, 민심이 곧 천심을 나타낸다고 믿었다. 그래서 '민심은 천심'이라는 말이 오늘까지도 널리 사용되고 있는 것이다.

그런데 순자(荀子)는 그의 왕제편(王制篇)에서 '군주가 배라면 백성은 물이다. 물은 능히 배를 띄울 수가 있지만, 한편으로 배를 전복시킬 수도 있다'고[160] 하였다. 그야말로 완벽한 민본사상(民本思想)이다.

맹자는 민심이 떠난 천자는 하늘의 뜻이 떠난 사람으로, 한낱 '범부(凡夫)'에 불과하다고 주장하였다. 그러므로 동양에서의 천자란 그 지위가 신성한 것이지만, 절대불가침의 존재는 아니었다. 왕권신수설

---

160) 君舟也, 人水也, 水能載舟, 亦能覆舟-(군주야, 인수야, 수능재주, 역능이주). 이러한 사상은 서양의 폭군방벌론(暴君放伐論, monarchomachi)과 맥을 같이 하는 것이다. 다만 군주의 통치권은 군민(君民) 간의 계약에 의해 성립하는 것인데 반해, 동양은 천명을 대신하는 민심에 따라 군주의 자격이 인정된다는 점이 다르다. 서양의 경우 군주가 백성의 안녕질서를 보지(保持)하고 복리를 증진한다는 조건으로 그에게 주권을 위탁하고 복종을 약속한 것이다. 그런데 이 조건을 준수하지 않는 군주는 이미 군주가 아닌 폭군이므로 백성에게는 이런 폭군을 토벌할 수 있는 권리가 주어져야 한다는 것이다.

(王權神授說)에 의해 중세 서양의 제왕(帝王)이 누렸던 절대적인 특권은 적어도 동양의 정치사상에는 없었다.

천하는 서양에서와 같이 국왕의 사유물이 아니라 백성의 공물(公物)이었다. 이러한 민본주의는 유가(儒家)의 전통적인 사상이었고, 그 중에서도 맹자는 이의 가장 철저한 옹호자라 할 수 있다.

일찍이 맹자가 당시의 실력자라 할 제(齊)의 선왕(宣王)과의 문답에서 '인(仁)을 깨뜨리는 자를 적(賊)이라하고, 의(義)를 깨뜨리는 자를 잔(殘)이라 한다. 잔적(殘賊)은 곧 필부(匹夫)이니, 무왕(武王)이 주(紂)를[161] 주멸(誅滅)한 것은 군주를 시해한 것이 아니라 필부를 친 것일 뿐이다'[162] 라고 하는 데서도 잘 나타나 있다.

군왕이라 하더라도 민심을 버리고 왕도를 버리면 주살하여야 한다는 말이다. 그래서 명태조(明太祖) 같은 사람은 학자들을 시켜 맹자의 위험 사상을 책에서 빼기까지 했다.

또, 동양철학이 오래 전부터 추구해온 이상의 하나가 천인합일(天人合一)이다. 즉 사람은 개별적으로 고립된 존재가 아니요, 종(縱)적으로는 천지(天地) 중에, 횡(橫)적으로는 만물(萬物) 중에 서로 깊은 관련을 맺으면서 존재한다는 것이다.

이 우주(宇宙)는 한시도 쉬지 않고 날로 새롭게 생성변화(生成變化)하여 형이상(形而上)의 세계에서 형이하(形而下)의 세계로, 다시 형이

---

161) 주(紂)는 은(殷)의 마지막 왕으로 중국역사상 하(夏)의 걸왕(桀王)과 함께 대표적인 폭군 중의 한 사람이다. 본명은 재신(宰辛) 또는 수(受)이다. 《사기(史記)》에 의하면 주왕은 변설에 능하고 힘도 세며 미녀와 음악을 즐겼다고 한다. 주지육림 속에서 총비(寵妃)인 달기에게 매혹되어 충신들의 간언을 듣지 않고 간사한 무리들과 가까이 하였다.

162) 賊仁者 謂之賊, 賊義者 謂之殘, 殘賊之人 謂之一夫, 聞誅一夫紂矣-(적인자 위지적, 적의자 위지잔, 잔적지인 위지일부, 문주일부주의). 《맹자》, 양혜왕편(梁惠王篇).

하의 세계에서 형이상의 세계로 되돌아가는 원융무애(圓融無碍)한[163] 대도(大道)의 유행(流行)을 하고 있다. 따라서 사람의 최대 이상은 몸과 마음을 닦아 육신의 벽을 넘어 무한한 대도(大道)로 진입하여 천지와 더불어 합일(合一)하는 것, 즉 천인합일에 있었다.[164]

그만큼 천(天)은 절대적인 것, 불가사의한 신성(神聖)이요, 지고무상의 능력을 가진 원리(原理)로 생각하였다.

'하늘의 뜻을 살피는 것은 백성의 뜻을 살핌으로써 가능하고, 하늘의 계시를 듣는 것은 곧 백성의 목소리에 귀 기울임으로써 가능해진다.'

《진서(秦誓)》에[165] 있는 말이다.

이처럼 고대 동양에서는 백성이 소중하고, 군주(君主)란 하늘의 뜻을 대행하여 천리(天理)와 천도(天道)에 따라 백성을 다스리는 사람이었다.

동양의 지도자란 이처럼 하늘의 뜻에 따라 처신해야 하였으므로 정치는 항상 도덕과 일치할 수밖에 없었던 것이다.

그러나 진시황(秦始皇)이 천하를 통일하면서 '짐(朕)'이라는 일인칭을 쓰기 시작하였다. 이 말은 1인칭대명사로 천지간에 자기밖에 없다는 오만한 호칭이다. 그리고 자기 일신(一身)의 향락만을 위해 권력을 집중하고, 위엄을 갖추기 위해 궁궐과 수레를 장엄하게 장식하는 한편, 호위 군사들을 늘려 위세를 맘껏 부렸다.

---

163) 막힘과 분별과 대립이 없으며 일체의 거리낌이 없이 두루 통하는 상태를 말하는 것으로서, 불교의 이상적 경지이다.

164) 김학권, 《주역의 존양론(存養論)》, 한국주역학회 편, 《주역의 현대적 조명》(서울, 범양사 출판부, 1992. p. 169).

165) 《진서》는 진나라 때 임금이 군대나 군신(群臣)에게 계고(戒告)한 글을 모은 것이다.

정치는 냉혹하기 짝이 없는 법치로 일관하고, 시서(詩書)를 불태웠다. 자기 뜻에 맞지 않는 학자들을 산 채로 묻어 죽였다. 소위 분서갱유(焚書坑儒)다. 이렇게 해서 진시황 이후 백성의 공물(公物)이던 천하가 군주의 사유물이 되었다.

백성과 국토는 왕 한 사람만을 위해 갖은 향락과 음행에 착취당했다. 끝내는 천하까지 자손에게 상속되는 세상이 되었다. 왕도(王道)가 무너지고 패도(覇道)가 판을 치게 된 것이다. 모두가 하늘을 두려워하지 않은 데서 일어난 일들이다.

후한(後漢)의 양진(楊震)은 청렴하기로 유명한 정치가다. 그가 지방 태수로 있을 때 한 번 돌봐준 적이 있는 왕밀(王密)이란 사람이 밤늦게 찾아왔다. 이런저런 옛 얘기를 나눈 끝에 왕밀이 일어서며 큰돈을 놓고 가려 하였다.

양진이 펄쩍 뛰자, 왕밀은 "지금은 밤도 깊을 뿐 아니라 이 방에는 당신과 나 두 사람뿐, 누가 알겠습니까?"

양진은 정색을 하고 이렇게 대답하였다.

"그대는 아무도 모른다고 하였지만, 우선 하늘이 알고, 땅이 알고, 그리고 자네와 내가 알고 있지 않은가?"

소위 '4지(四知)'라는 말로 후세까지 알려진 일화이다.

공자가 노(魯)를 떠나 위(衛)에 갔을 때이다(BC 490년경). 위의 실력자인 왕손가(王孫賈)가 불안한 자기나라 정치를 두고 어떻게 처신해야 할지를 몰라 다음과 같이 은유적으로 공자의 마음을 떠보았다.

"사람들은 '안방에 빌붙느니 부뚜막 앞에 빌붙어라'고 합니다만, 이 속담을 어떻게 생각하십니까?"

공자가 대답하기를 "천만의 말씀이오. 하늘에 죄를 얻으면 빌 곳이 없습니다."[166]

이처럼 옛 성현이나 선비들은 하늘을 두려워하고, 하늘을 기준으로 스스로를 돌아보며 처신하였다.

역사상 가장 극적인 대결의 하나는 항우(項羽)와 유방(劉邦)의 한판 승부이다. 그것은 천하를 건 명승부였다.

일찍이 사마천(司馬遷)은 항우를 두고 '자기 자신의 용력(勇力)과 공(功)만을 자만하고, 자기 한 사람의 지혜만 믿으며 다른 교훈으로부터는 배우려하지를 않았다'고 했듯이, 스스로 '역발산기개세(力拔山氣蓋世)'라는[167] 별명에 걸맞은 일기당천(一騎當千)의 용력에, 자만심도 지나쳤다. 참으로 그에게는 세상에 두려울 게 없었다.

싸움터에서는 마음대로 재물과 부녀자들을 약탈하게 하였다.[168] 투항한 적군 포로들을 2만 명씩이나 낭떠러지로 몰아 살육하기도 하였다. 참으로 하늘 무서운 줄 모르는 사람이다.

그러나 그토록 강성했던 그도 패전을 거듭하다가 마침내 해하(垓

166) 王孫賈問曰, 與其媚於奧, 寧媚於竈, 何謂也? 子曰, 不然, 獲罪於天, 無所禱也-(왕손가문왈, 여기미어오. 영미어조, 하위야? 자왈, 획죄어천, 무소도야). 《논어》, 팔일(八佾) 13. 여기서 '奧'는 방의 안쪽, 곧 집안 어른이 있는 곳이고 '竈'는 부뚜막이다. 즉 안방에 있는 높은 분에게 빌붙는 것보다는 실제로 밥을 짓는 자에게 빌붙는 편이 실속 있음을 말하는 것이다.

167) 해하(垓下)의 마지막 밤 항우는 부하들을 불러 주연을 베풀었는데, 그때 비분강개한 항우가 지은 시의 한 구절이다. 力拔山氣蓋世, 時不利兮騅不逝, 騅不逝兮可奈何, 虞兮虞兮奈若何-(역발산기개세, 시불리혜수불서, 수불서혜가나하, 우혜우혜나약하)-힘은 산을 옮길만하고 기개로는 세상을 덮을 만한데, 때를 못 만나 오추마(항우의 애마)가 달리지 못하네. 오추마가 달리지 못하니 이를 어찌할꼬, 우희여, 우희여 너를 어찌할꼬.

168) 장안(지금의 西安-서안) 근처의 진시황 묘도 항우가 점령하자 곧바로 파헤치게 했고, 그 유명한 아방궁도 불태워 버렸다.

下)에서는 유명한 사면초가(四面楚歌)에 둘러싸여 모든 군사를 잃는다. 애첩 우미인(虞美人)마저 자기 손으로 죽여야 했다.

한밤중에 겨우 수하 장수 몇 명만을 데리고 오강(烏江)에 이른다. 이 강만 건너면 자기 고향 땅, 강동이다. 그러나 항우는 마지막 순간에 마음을 바꾼다. 도강을 포기한다. 참으로 운명적이요, 극적인 순간이다.

항우가 진정한 영웅의 면모를 보여준 곳이 있다면 그것은 지난 5년 동안 승승장구하던 수많은 싸움터가 아니라 바로 항우가 자진(自盡)을 결행한 나루터이다.

모든 것을 다 잃었지만, 용케도 목숨만은 부지할 수 있었다. 이제, 강만 건너면 얼마든지 재기(再起)할 수 있는 그였다. 항우를 흠모하는 오강의 정장(亭長)이 나루터에서 그를 기다리고 있지 않은가.

“강동의 땅은 사방이 천리가 넘고 백성도 수십만입니다. 다시 군사를 일으키십시오. 배는 다행히 이 한 척뿐이니 유방이 쫓아와도 건널 수가 없을 것입니다.”

정장이 배에 오르기를 재촉한다.

이때 항우는 문득 깨달았다. ‘하늘이 두려운 것을!’

항우는 허탈하게 웃었다.

“고마운 말씀 그지없소. 나는 이제야 하늘로부터 버림받은 걸 깨달았소. 5년 전 이 강을 넘을 때는 강동의 아들 8천이 나를 따랐소. 오늘 단 한 사람도 살아서 나를 따르는 자가 없으니 내가 무슨 면목(面目)으로 그들 가족을 대하겠소.”

항우의 마지막 말이다.

강동 땅을 향해 읍을 마친 그는 거침없이 스스로의 목을 찔렀다.

만일 그가 구차스런 목숨을 구하여 오강을 건넜다면, 훗날 그는 어떻게 되었을까? 그리고 후세 사람들의 눈에 비칠 그의 모습은 어떤 것이었을까?

훗날 사가(史家)들은 유방과 항우를 두고 여러가지로 평가를 하고 있다. 항우는 군사(軍師)인 범증(范增) 한 사람도 제대로 부리지 못했는데 반해, 유방은 장량(張良), 한신(韓信), 소하(蕭何) 등 수없이 많은 부하들을 부릴 줄 알았으며, 자기만 아는 불같은 성질의 항우에 비해 부하에게 너그럽고 매사에 여유와 긴 안목을 가진 유방이 천하를 차지했던 것은 당연한 일이라고.

그러나 승부의 세계에는 대저 두 가지 경우가 있다. 첫째, 어느 한쪽이 잘해서 이기는 것이요, 둘째 경우는 어느 한쪽이 너무 못해서 스스로 무너지는 경우이다.

필자가 감히 이를 평한다면, 초한전(楚漢戰)의 경우 유방이 잘해서라기보다 항우가 너무 잘못해서 패했다.

타고난 능력으로나, 출신성분으로나 유방은 항우의 적수는 아니었다. 문제는 항우의 오만과 독단과 포악이 그 스스로를 무너뜨렸다.

무엇이 항우를 무너뜨렸나?

불외천(不畏天)이다. 하늘만 두려워했어도 천하는 그의 몫이었다. 그 능력에 하늘만 두려워했으면, 항우가 아니라 유방이 관중에서 목을 찔렀어야 했을 것이다.

항우는 외천(畏天)은 고사하고 겸허(謙虛)조차도 몰랐던 것이다.

4. 지천명(知天命)

외천(畏天)이란 무엇인가? 하늘을 두려워하는 것이다. 두려워하는 것만으로는 아무런 의미가 없다. 하늘을 우러러 스스로를 돌아보는 것. '하늘을 우러러 본다'함은 하늘의 뜻이 무엇인가를 살피는 것, '하늘의 뜻을 살핀다' 함은 자기에게 내려진 명(命)이 무엇인가를 깨닫는 것, 곧 천명(天命)을 아는 게 아니겠는가?

그럼 천명이란 무엇인가? 하늘이 사람에게 명하는 것, 다시 말해 하늘이 명한 마땅히 해야 할 그 사람의 일이다.

그러나 하늘이 어떻게 명할 수 있는가. 현실적으로는 나 자신이 하늘을 본받아 내가 할일, 생을 받은 한 인간으로서 할 바를 깨닫는 일이다. 여기서 우리는 종교적인 외천(畏天)에서 인문주의(人文主義)적인 도덕적 보편성과 합리성으로 돌아갈 수가 있다.[169]

공자가 여러 나라를 돌아다니며 인(仁)을 설할 때이다. 마침 광(匡)이라는 지방에 왔을 때, 공자를 다른 사람으로 잘못 본 백성들이 그를

169) 《논어》에서 그 예를 찾아보면 知天命[지천명, 위정(爲政) 4], 獲罪於薦[획죄어천, 팔일(八佾) 13], 天厭之[천염지, 옹야(雍也) 26], 天生德於予[천생덕어여, 술이(述而) 21], 不怨天[불원천, 헌문(憲問) 37], 畏天命[외천명, 계씨(季氏) 8] 등을 들 수 있다.

에워싸고는 위해(危害)를 가하려고 하였다 제자들이 크게 걱정하며 막아서자, 공자는 다음과 같이 말했다.

"옛 성인의 도를 이어받아 이것을 세상에 펼쳐 보이려는 내가 아니더냐. 이것은 나의 천명이다. 하늘이 도를 없애려하지 않는데 그들이 나를 어찌하겠는가."[170]

공자가 그토록 도를 위해 생애를 바쳐 노력하는 게 다 하늘의 뜻을 받드는 일이요, 그것이 곧 자기의 소임이라고 믿고 있었다.

공자가 '五十而知天命(오십이지천명-나이 50에 하늘의 명을 알게 되었노라)'이라고 한 말이 예사로운 말이 아니었음을 알 수 있다.

공자가 그토록 강할 수 있었던 것도, 공자가 위대한 인물로 추앙받는 것도, 천명에 대한 신념이 있었기 때문이다.

지나친 비약인지는 모르나 히틀러나 스탈린이 하늘을 생각하고 천명을 생각했다면 인류의 역사는 많이 달라졌을 것이다.

처칠(Winston Chirchil)은 1901년 27세의 젊은 나이로 처음 국회의원에 당선되었다. 보수당 거물 정치가였던 아버지의 후광을 크게 입은 덕분이다. 그런 그가 3년 후, 자신의 정치기반인 보수당을 탈당하고 자유당으로 당적을 옮겼다.

세상은 놀랐다. 대담한 결단이 아니라 망발이요, 만용이다. 누가 보아도 정치생명이 끝나는 무모한 행동이다. 영국의 오랜 정치적인 전통과 풍토에서는 그런 행위가 용납될 수 없었다. 더구나 보수당은 유서 깊은 대 정당이요, 선대 이후의 정치기반인 데다가, 현역 중진의원들은 모두가 선친의 친구들이었다. 처칠의 탈당은 정치적인 의미 이상의 인간적인, 도의적인 배신행위였기 때문이다.

---

170) 《논어》, 자한(子罕) 5.

그러나 그는 자기 신념에 따랐다. 인간적인 도리, 가문의 전통까지도 버리고 신념이 명하는 대로 행동하였다.

무슨 놈의 신념이 그토록 소중했던가?

나라가 잘되어야 한다는 일념. 대영제국의 영광을 되찾겠다는 꿈. 시대는 변해가고 있는데, 보수당은 아직도 보호무역주의에 사로잡혀 있다. 이런 보수정책에 묶여 있는 한, 우리는 국제무대에서 리더의 자리를 더는 지킬 수 없다. 자유무역만이 살 길이다. 이것은 내가 보는 새 시대의 흐름이다. 자유무역은 내 신념이다.

그렇다면 자기의 생각을 펼 수 있는 정당은 자유당밖에 없다. 자기의 뜻과 꿈을 실현하고 싶다. 영국의 장래는 자유무역에 달렸다. 배신자로 낙인찍혀도 좋다. 정치생명이 끝나도 좋다. 이 길은 옳은 길이요, 내가 갈 길이다. 망설일 게 무엇인가. 우선 탈당을 하자.

처칠의 행동에 시비를 하고 싶지 않다. 100여 년 전의 일이라 그의 행동을 지금의 시대감각과 기준으로는 평가할 수 없다.

다만, 그때는 자본주의가 막 개화해서 한참 뻗어나갈 때였다. 당시만 해도 영국의 사정은 디킨즈(Charles Dickens)의 《두 도시 이야기(A Tales of Two Cities)》에 나오는 비참한 시민생활이 별로 개선되지 않고 있었다. 따라서 처칠의 생각은 자유무역을 포함한 일련의 개방정책을 채택하지 않는 한 시민생활의 개선은 기대할 수 없다고 보았다. 뿐만 아니라 세계 지도국가로서의 영국의 장래도 희망이 없다고 보았다.

우리가 주목할 점은 정치인으로서 결단과 행동이다. 정치생명이 끝나기 십상인 자신의 신념에 정치생명을 거는 그의 용기다. 처칠은 천명을 아는 정치가였다.

오호라! 이 땅에는 어찌하여 처칠이 없는가.

2년 후인 1906년에 최초의 자유당 내각이 탄생하면서 32세의 처칠은 입각하여 처음 각료가 되었다.

'사회주의자는 있는 자를 끌어내리는데 자유주의는 없는 자를 끌어올린다. 사회주의는 기업을 죽이지만, 자유주의는 기업을 특권이나 보호의 족쇄에서 구한다. 사회주의는 규칙을 중히 여기지만 자유주의는 사람을 중히 여긴다. 사회주의는 자본을 공격하지만 자유주의는 독점을 공격한다.'

각료시절 그가 행한 유명한 연설의 한 구절이다.

그 후 상무, 내무 등 중요 각료를 두루 거치며 거침없는 구상과 왕성한 정력으로 영국을 세계 제1의 지도국가로 끌어올리는 데 공헌한다. 역시 20세기가 낳은 최대의 정치가로는 처칠을 덮을 만한 인물은 없을 것이다.

처칠도 인간적인 매력과 함께 약점이 적지 않은 사람이었다. 특히 그의 정적들에 대한 험구(險口)는 그의 정치수완 못지않게 일급이었다.

노동당 당수로 마지막에는 거국내각의 수상까지 지낸 맥도날드(James R. MacDonald, 1866~1937)에게 처칠은 이런 말까지 하였다.

"어릴 적에 나는 서커스를 참 좋아했지. 그 중에서도 뼈 없는 사내를 보는 게 그중 재미있었다. 그런데 실은 부모님이 꺼리시는 일이라 못 보기가 일쑤였는데, 50년이 지난 오늘 대영제국의 재무장관 의자에서 그런 사내를 볼 수 있다니!"

여성으로서는 처음으로 국회의원이 된 레디 아스타가 화가 잔뜩 나서 처칠에 맞대고 하는 말이 "내가 만일 당신의 아내라면 주저 없이 당신의 커피에 독을 타고 말겠소."

처칠이 받아넘기기를 "내가 만일 당신의 남편이라면 그 커피를 주저 없이 마시고 말겠소."

한번은 처칠이 화장실에서 용무 중인 사회당수 애틀리(Clement R. Attlee)와 마주쳤다. 달갑지 않은 친구라 처칠은 멀찍이 떨어져 용무를 보았다. 입이 근질근질한 애틀리,

"여보게, 여기까지 와서 멀리 갈 건 없지 않나."

애틀리를 흘깃 쳐다본 처칠,

"너희 사회당 놈들은 큰 것만 보면 국유화 하려 덤벼들어서 그런 거지."

참으로 깊이를 헤아릴 수 없는 사람이다. 그래서 어떤 전기 작가는 처칠을 두고 '정계의 피터 팬'이라고 평하였다던가!

'30년대 초 히틀러가 정권을 잡았을 때만 해도 그가 감히 세계를 상대로 전쟁을 일으킬 것이라고 생각한 사람은 거의 없었다.

'히틀러가 정치무대에 등장한 시기는 내가 동부에서 한창 법률공부를 하던 때인데, 내 주위의 아는 사람들만 해도 히틀러를 좋아하지는 않았지만 감히 전쟁까지 저지를 인물로는 보지 않았다. 그의 행태가 어딘가 우스꽝스럽고, 항상 언동이 과장되어 애교 있는 허세 정도로밖에 보질 않았다.'

닉슨 대통령의 말이다.

그런데 '30년대 초 정치가로서는 처칠만이 유일하게 히틀러의 위협을 경고하고, 영국의 군비증강을 주장하였다. 그리고 민주주의 국

가들의 단결을 호소하였다.

그의 경고는 오히려 호전적 인물로 그의 평판만 나쁘게 하였다. 닉슨의 말을 빌리면 '많은 미국인들은 챔벌린 수상의 유화정책이 히틀러의 허장성세에 대항하는 인내와 위엄 있는 가장 적절한 정책이라고 칭송하였다.'

이러한 여론과 분위기는 히틀러가 폴란드 침공을 개시한 1939년 9월에야 겨우 바뀌었다. 처칠의 발언에 세계가 주목하기 시작한 것도 히틀러가 일을 저지른 이후였다.

'처칠의 전시 중 그의 말 한마디 한마디는 사람들을 너무도 크게 감동시켰다. 그의 "말의 힘"은 당대 어느 정치가도 따를 수 없었다. 나는 그 힘의 근원이 자신이 어떤 깊은 "감동"에 잠겨있기 전에는 나올 수 없다는 진리를 깨달았다.'

오스트리아 맨지스 수상의 말이다.

보통정치가들이 천명을 아는 정치가를 어찌 이해하랴.

닉슨도 처칠의 연설을 이렇게 평하였다.

'영국 의사당은 처칠의 혼과 그의 깊은 신념이 함축된 무대였다. 그의 말 한마디 한마디는 선대 이후 대대로 봉직해 온 가문에 대한 자각과 자신의 역사적 사명감으로 벅차 있었다. 영국의회는 영국정치의 심장부이면서, 곧 처칠의 일부요, 때로는 처칠의 화신과도 같은 곳이었다.'

천명(天命)을 알지 않고는 그런 신념에 불탈 수가 없을 것이다.

'30년대 말, 외교적 실패가 아물기도 전에 히틀러는 전쟁을 일으켰다. 굳게 믿었던 스탈린은 배신해서 히틀러와 폴란드를 양분해 나눠 먹었다.

미국은 여전히 고립주의를 고수하고, 프랑스는 한 달 만에 독일에 항복하고, 영국의 총 지상군 33만 명은 덩케르크에서 모든 장비를 버린 채 겨우 목숨만 건져 도망쳐왔다.

런던시민들은 계속되는 독일공군의 폭격으로 밤낮으로 캄캄한 지하실에서 벌벌 떨어야 했다. 그야말로 영국은 고립무원(孤立無援)에 풍전등화(風前燈火)와 같은 운명에 놓여 있었다.

이런 격동의 시대에 처칠은 65세의 나이로 수상 직에 올랐다. 이제 영국의 운명만이 아니라 세계의 운명까지도 책임을 져야 하는 입장에 서게 된 것이다.

그날 밤의 감회를 그는 이렇게 기록에 남기고 있다.

'새벽 3시, 나는 깊은 안도감을 느낀다. 이제 나는 모든 일에 대한 명령을 내릴 수 있는 권한을 갖게 되었다. 나는 지금 운명과 팔짱을 끼고 함께 걷는 기분이다. 나의 과거 인생의 모든 것은 이 순간을 위하여 준비해 온 것이 아니겠는가.'

이 위대한 인간은 수상자리보다 자기가 할 일에 더 흥분하고 있다. 1940년 5월 10일의 일이다.

다음 날, '나에겐 땀과 눈물과 피밖에 바칠 게 없습니다'라는 유명한 연설과 함께 수상 직에 오른다. 진정 그는 천명을 아는 정치가였다.

1970년 11월 12일, 파리의 유서 깊은 노트르담 사원에서 드골의 장엄한 고별식이 거행되었다.

'이처럼 세계의 저명인사들이 한 자리에 모이기는 전례가 없는 일이었다. 세계의 정상급 지도자만 나를 포함하여 63명이 넘었다.'

장례식에 참석했던 당시 미국 대통령 닉슨의 말이다. 실제로 이 고별식에 참가했던 국가는 100개국이 넘어 처칠이나 아이크의 장례식을 훨씬 상회하였다.

그날 밤 개선문에서 콩코드 광장까지, 샹젤리제의 큰 거리는 우중(雨中)임에도 20만 명이 넘는 시민들이 드골을 추도하는 대행진에 참가하였다. 한 인간의 죽음이 이토록 수많은 소시민에 의해, 또 국제적으로 애도된 적은 없었다.

그러나 이 장엄한 고별식이 파리에서 거행되고 있는 동안, 드골 본인의 장례는 그의 향리(鄕里) 꼴롱베에서 검소하게 거행되고 있었다. 파리에서 동쪽으로 200km 떨어진 한촌 - 촌부(村夫)들이 지켜보는 가운데, 22년 전 19살의 어린 나이로 죽은 그의 딸 안느(Anne) 곁에 그는 묻혔다. 장지(葬地)는 마을 성당의 조용한 뒷마당.

남다른 점이 있었다면 3색국기(三色國旗)에 덮인 평범한 관을 그의 집으로부터 교회까지 제4정찰 연대의 장갑차 한 대가 운구해 준 일이었다. 장엄한 기병대도, 화려한 의장대도, 뒤따르는 긴 장례행렬도 없었다. 국가원수의 장례식 치고는 너무 쓸쓸하였다.

평소에 그렇게도 사랑했던 군(軍), 생전에도 '대통령'이라는 호칭보다 '장군'으로 불리기를 좋아했던 그였다. 그러나 육군의 배려는 고작 장갑차 한 대였다.

'94년, 꼴롱베를 방문하여 그의 묘지에 들렀을 때, 놀라움을 금할 수 없었다. 동네의 성당 뒤뜰, 조그만 대리석 묘비는 이렇게 적혀 있었다.

샤를 드골
1890 - 1970

이 모든 일들은 그가 죽기 20여 년 전에 쓴 다음과 같은 유서 때문이다.

1. 나의 장례식은 가족들에 의해 고향인 꼴롱베에서 갖고 싶다. 국장(國葬) 같은 행사는 사양한다.
2. 나는 내 딸 안느 옆에, 그리고 언젠가는 나를 따를 아내와 함께 묻히고 싶다. 묘비명은 '샤를 드골 1890 -   '로 한다.
3. 장례 참가자는 고향사람, 레지스탕스 동지, 그리고 약간의 육군요원으로 제한한다. 조포(弔砲)나 정부대표, 저명인사들의 참례를 사양한다.

그가 그토록 세계적으로 존경을 받고 프랑스 국민에 의해 영웅시된 것도 우연한 일이 아님을 알 수 있었다.

2차대전 때 드골의 군사적인 저항이 없었다면, 또, 독일에 항복한 페탱 괴뢰정부만으로 종전을 맞이했다면, 전후 프랑스의 국제적 위치는 어떻게 되었을까?

만일 알제리 반란 때 프랑스 육군의 공수단이 파리에 투하되고, 군에 의해 정부기관이 접수될 뻔한 사태를 드골이 수습하지 않았다면 프랑스는 과연 어떻게 되었을까?

미국에 대해 정면으로 'No'라고 말하고, 핵개발을 서두르며 영국에 대해서는 한동안 유럽공동체(EEC) 가맹까지 거부한 드골의 정책이 없었다면 프랑스의 국제적 지위는 어떻게 되었을까?

중화인민공화국을 앞질러 승인함으로써 소련을 견제하고, 동구권과 적극 수교하여 동서 긴장을 완화하고, 국제적인 안정을 도모했던 그의 외교정책이 없었다면 오늘의 국제정세는 어떻게 되었을까?

중 · 소(中 · 蘇)의 갈등을 제일 먼저 예견하고 이를 예언한 사람도 드골이었다. 1960년 케네디에게 패하고 곧이어 캘리포니아 주지사 선거에서조차 낙선한 닉슨을, '닉슨은 반드시 미국의 대통령이 될 것이다'라고 예언한 것도 그였다. 더 놀라운 것은 '닉슨은 나와 마찬가지로 권력에서 갑자기 물러나 낙향하는 신세가 될 것이다'라고 예언한 것도 그였다.

독일이 프랑스를 공격하기 4개월 전 '마지노선은 틀림없이 돌파당하거나 우회되어 파리는 바로 유린당할 것이다'라고 한 그의 예언은 1940년 6월 14일 그대로 적중하였다.

1934년 43세의 드골 대위가 쓴 《미래의 군대(軍隊)》라는 책에서도, '과거 100년 동안의 예를 돌이켜 볼 때 파리 함락과 함께 프랑스는 한 시간 내에 저항을 포기하였다'고 기술하였는데, 1940년 파리는 함락되고 드골의 비극적인 예언은 정말 신기할 정도로 적중하였다.

1945년 말, 당시 4공화국의 임시정부 주석이던 드골은 어느날, 갑자기 각료들을 소집하였다. 각료들을 향해 느닷없이 '상황이 나를 물러나게 하기 전, 내가 상황에 앞서 물러나겠다'라는 폭탄선언을 하였다. 그리고는 각료들을 회의장에 남겨둔 채 곧바로 꼴롱베로 귀향해 버렸다. 국가수반 자리를 그렇게 사임해 버린 것이다.

그때 정정(政情)은 실로 불안하였다. 국민은 그를 이해 못했다. 그렇다고 잘못된 민심에 영합할 수도 없었다. 유도자를 물라보는 것은 어느 시대에나 있는 법.

그러나 그는 멀리 보고 있었다. 머지않아 프랑스는 자기를 필요로 할 것이며, 국민이 다시 부를 것을 확신하고 있었다.

12년 후, 그는 국민의 환호 속에 다시 국가수반으로 복귀한다.

드골의 위대성은 선지자적 예견력(豫見力)에 있는 것인가? 아니다. 그의 위대성은 천명(天命)을 아는 데 있었다.

그의 필생의 관심은 오직 하나 '위대한 프랑스'의 건설이었다. 그래서 아이젠하워 대통령에게까지 '영국인과 달리 우리는 아직까지 세계 제일이 되겠다는 의지를 버린 적이 없다'고 단언했다.

측근에게 '나는 프랑스 자신이다' 라고 선언할 정도로 프랑스를 동일시하였다. 그토록 그는 조국을 사랑하였다. 조국이 필요로 하는 지도자는 어떤 사람이어야 하며, 바로 그 어떤 사람이 곧 자기라고 확신하고 있었다. 이것은 오만이 아니었다. 자만 아닌 천명을 아는 한 인간의 신념이요, 확신이었던 것이다.

닉슨도 드골을 다음과 같이 평하였다.

'운명이 무엇인지를 아는 드골은 단순히 대통령이 되고 싶어 그 자리를 원한 것은 아니었다. 프랑스가 필요로 하는 지도력을 발휘할 수 있는 사람은 자기를 제외하고는 있을 수 없다고 믿고 있었다.

정치의 세계에서 어른과 아이가 다른 것은, 아이는 위대해지고 싶어 높은 자리를 노리는 데 반해, 어른은 무엇인가를 하기 위해 그 자리를 바라는 것과 같은 것이다. 드골이 권력을 탐낸 것은 자신의 영달 때문이 아니라, 그가 사랑하는 프랑스를 위해 행사하고 싶어서였다.'

시저나 맥아더는 으레 자신의 글을 쓸 때 자기를 가리키는 3인칭을 곧잘 썼다. 드골도 자신의 글을 쓰면서 걸핏하면 '나'라고 하지 않고 "이것만이 '드골'의 선택이다", "드디어 '드골'도 알게 되었다"는 식으로 자신을 객관화하는 3인칭을 썼다.

그것은 다음과 같은 개인적인 체험 때문이다.

전시 중 그가 적도 아프리카에 위치한 프랑스령 카메룬의 두알라(Douala)에 갔을 때이다. 수만 명의 인파가 거리에 나와서 '드골! 드골!'이라고 외치고 있는 게 아닌가? 인파와 함성 속을 걸으면서 드골은 말할 수 없는 감동을 느끼며 자기의 사명을 다시 깨달은 것이다.

즉 자기가 평소 생각했던 것 이상의 국민적 기대를 재발견하면서 지금부터 자기가 할 일이 예사로운 일이 아니요, 거의 운명적인 사명이라는 걸 문득 깨달은 것이다.

그 자신의 술회를 들어보자.

'그날로부터 나, 드골은 "드골 장군"이라고 불리는 사나이를 의식하지 않고는 살아갈 수가 없었다. 그때부터 나는 그 사나이의 포로가 된 것 같은 느낌이었다. 따라서 어떤 중대한 결정도 그것을 내리기 전에는 "드골 장군이 이것을 찬성할까", "국민은 과연 이것을 드골 장군에게 기대하고 있는 것인가" 라고 묻지 않고는 안 되었다. 따라서 "드골 장군"답지 않은 결정이라는 결론이 날 때는 서슴지 않고 철회한 적이 한두 번이 아니었다.'

41세가 되던 1932년 그는 《칼날》이라는 리더십 책을 썼다. 육군 대위 드골이 육군대학에 근무하면서 저술한 것이다. 거기서 그는 지도자의 3가지 자질에 대해 '바른 침로(針路)와 방향을 선택하는 지성과 본능, 그리고 국민에게 그 길을 가라고 명령할 수 있는 권위'라고 하였다.

특히 그는 '권위'에 대해 관심이 많았다. 이 책에서도 '권위란 위신으로부터 오는 것으로, 위신은 주로 감정 · 암시 · 인상 등을 통해 발휘된다. 그것은 설명 불가능한 천부의 재(才)랄까, 나면서부터 개성으로 뒷받침되는 그 무엇이다. 즉, 권위란 특별한 사람에게만 주어지는, 그야말로 타고난 그 사람의 개성이라고밖에 설명할 수 없는 신비한, 땀과 같이 온 몸에서 뿜어 나오는 것이다. 그러나 그 땀을 정확하게 설명하기란 불가능하다'고 하였다.

그가 설명할 수 없는 자질에 대해서는 '신비와 개성과 위광'이 따를 때 가능해지는 것이라고 하였다. 그리고 '위신 없이는 권위 없고, 거리(距離)가 없이는 위신 없다'라고도 하였다.

그는 늘 지지자들로부터도 초연하려 애썼다. 엘리제궁의 사무실에는 2개의 전화기가 있었지만 전화벨이 울리는 일은 없었다. 드골은 전화를 근대문명이 낳은 독(毒)이라고 보았다. 가까운 보좌관들도 굳이 직접 통화를 하려고 하는 사람이 없었다.

그리고 '위신에는 신비성이 중요하다. 아무리 위대한 영웅도 가까이서 모시는 사람들에게는 평범한 범인일 뿐이다.'

그는 친구들과 어울리는 일을 삼갔고, 심지어 보좌관도 너무 오래 근무시키지 않고, 일정한 햇수가 되면 의도적으로 바꾸기까지 하였다.

이러한 그의 냉정함 때문에 한 친척은 '그는 어릴 때 냉장고 속에서 자랐다'고 했다. 또 육군대학의 한 교관은 '꼭 망명한 왕같이 행동하였다.' 라고 비꼬기까지 하였다.

1960년 방미 시, 드골을 주빈으로 하는 백악관 공식 만찬장에는 닉슨 대통령 부인이 손수 꽂은 꽃꽂이가 테이블 중앙을 장식하였다. 만찬장에 들어서자 그는 대뜸 닉슨 부인에게 "참으로 아름다운 꽃입니다. 어느 분의 솜씬지 대단한 정성입니다."

만찬이 끝난 후 감격한 영부인이 닉슨에게 귀띔을 하였다. "나는 그가 위대한 군인, 위대한 정치가라는 것을 알고 있었지만, 위대한 신사라는 걸 뒤늦게 알게 되었습니다."

닉슨의 후일담이다. 또, 닉슨은 드골을 이렇게 평하였다.

'대부분의 지도자들이란 국사(國事) 같은 중대하고 복잡한 문제들에 휩싸여 그런 섬세한 일에 관심을 갖기란 불가능한 법이다. 또 만찬석상에서도 흔히 화제를 독점하지 않으면 의례적인 말만 건넬 뿐, 더구나 동석한 부인들이 대화에 참여하도록 하는 배려는 안 하는 게 상례이다. 그러나 드골은 그런 배려까지도 완벽하게 해내는 신사였다.'

그의 생전에는 3회의 암살미수 사건이 있었는데, 1962년 파리 교외에서 받은 기관총 세례는 참으로 아슬아슬한 것이었다. 탄환이 그의 머리로부터 불과 2인치 옆을 지나갔다. 유리창은 박살이 나고. 공항에 도착하여 차에서 내린 그는 옷 위에 흐트러진 유리 조각을 털어내며 태연하게 말했다.

"그 녀석들 솜씨가 시원찮군!"

1969년 닉슨 대통령 일행이 공식만찬에 초대되었다. 드골의 메모없이 하는 환영연설이 너무도 훌륭하였다. 감격한 일행이 그의 즉석연설을 높이 평가하자, "실은 사전에 원고를 써서 다 외운 것이지요. 처칠과 내가 다른 점은 처칠도 나와 똑같이 하면서 그것을 숨기는 점입니다."

한참 미국 · 프랑스 관계가 미묘한 존슨 대통령 시절이었다. 베르사이유 궁전에 새로 단장한 그랑 도리아논 영빈관을 드골이 시찰 나왔다. 누군가가 나폴레옹의 욕조(bath tub)로는 거구의 존슨에게 맞지 않겠다고 하자 "옳은 말이야! 그렇지만 닉슨에게는 꼭 맞겠는데." 이때는 닉슨이 대통령이 되기 전이다.

그는 사람들을 가까이 않고 초연한 위치에 머물려고 애썼다. 그러나 부하들의 가족, 심지어 아이들의 이름까지 기억하여 안부를 묻곤 한 그였다. 그는 본성이 냉정한 사람은 아니었다. 보좌관들에 의하면, 일과가 끝나 주거지역으로 일단 퇴근하면, 그와의 연락은 완전히 두절된다고 하였다. 웬만한 위급상황이 아닌 한, 절대로 연락 못하도록 한 엄명 탓이다. 가족과 보내는 시간은 드골의 시간이기도 하였지만 완전히 가족들의 몫이었다.

그의 막내딸은 지진아였다. 부인이 출산 직전 교통사고를 당하여 말 못하는 아이로 태어났다. 드골은 누구보다 이 아이를 사랑하였다. 바로 안느라는 이름의 딸이다.

누군가가 딸아이를 양호시설에 맡기자고 권하자 "내 딸은 그 애가 원해서 이 세상에 온 것이 아니요. 안느를 위해서라면 우리 부부는 무슨 일이라도 가리지 않고 할 것이오."

그의 부인 이본느도 이런 편지를 친구에게 남겼다.

'샤를과 나는 안느가 보통아이와 같이 될 수만 있다면 우리의 건강 · 돈 · 지위, 그리고 쌓고 쌓은 모든 영광과 명예까지도 버릴 생각이 되어 있습니다.'

안느를 웃길 수 있는 사람은 드골밖에 없었다. 딸과 함께 있을 때 드골은 평생을 그렇게도 지키려고 노력했던 온갖 위엄과 권위를 있는 대로 다 내던졌다. 꼴롱베 마을 사람들은 안느의 손을 잡고 마당을 거닐며 아이가 이해할 때까지 이말 저말로 애써 설명하는 드골을 자주 볼 수가 있었다. 드골 전기를 쓴 쟝 레이몬도 록소는 드골의 사랑을 이렇게 기록하고 있다.

'드골은 딸의 손을 잡고 춤도 추고, 손짓으로 연극도 해 보이고, 심지어 노래까지 불러준다. 그리고 드골 위엄의 상징이던 장군모자까지도 장난감으로 주어 안느의 눈빛이 빛나게 하였다. 그러면 안느는 사람의 말에 가까운 소리를 지르고, 보통 아이들같이 웃기도 하였다.'

드골이 늘 걱정한 것은 부부가 죽은 후의 딸아이의 장래였다. 여유가 있는 대로 계속 저축을 하여 미론 라 샨페르 근처에 샤토(Chateau)를 매입하였다. 경영은 수녀원에 맡겼다. 후년에는 회고록 인세의 대부분을 안느 드골의 기금으로 기탁, 안느의 장래를 준비했다.

1942년 안느는 19살의 젊은 나이로 죽었다. 검소한 장례가 성당에서 치러졌다. 대대로 살아 온 꼴롱베의 오랜 성당, 안느는 28년 후 아버지가 묻힐 성당 뒷마당에 묻혔다.

장례식이 끝난 후에도 두 부부는 딸아이의 곁을 떠나지 못하였다. 망연히 서 있는 두 사람의 눈에서는 눈물이 흘러내리고 있었다.

이윽고 드골은 부인의 손을 잡고 말했다.

"자, 갑시다. 이제 이 아이는 비로소 우리와 똑같이 될 수가 있게 되었소."

분명히 그는 가슴이 따뜻한 사람이었다. 그러나 항상 고고하고 초연했다. 지도자는 그래야 된다고 믿어 온 한 사나이의 신념이 남에게는 차가움으로 보였을 뿐이다. 지도자의 '위신과 권위와 신비'는 어떤 일이 있어도 지켜져야 한다고 믿는 한 인간의 고집 때문이다.

그의 냉정한 행동은 분명히 계산된 행위였다. 본성과는 다른 그 계산만큼, 그는 인간적으로 괴로웠을 것이다. 모두가 천명에 충실하고자 했던 한 인간의 고집이요, 한 지도자의 위대함이다.

5. 시중(時中)

세상 사람들은 잘되는 사람, 성공하는 사람을 가리켜 흔히 운(運)이 좋은 사람, 운이 따르는 사람이라고 한다. 왜 그에게만은 운이 따르는가? 그는 알게 모르게 때를 잘 맞추기 때문이다. 즉 잘된다, 성공한다는 것은 때를 잘 만난다는 말이기도 하다. 좀 어려운 표현으로 '시중(時中)'이라는[171] 말이다.

우산과 짚신을 만드는 형제의 일화에서 보듯, 형이 아무리 우산을 잘 만들고 많이 쌓아 놓았지만 비가 안 오니 돈이 안 되었다.

그러나 짚신을 만든 동생은 가뭄이 계속되어 큰돈을 벌었다. 때를 잘 만났기 때문이다.

그렇다면 아무나 때를 맞출 수 있는가? 천만의 말씀-아무리 때를 맞추려 들어도 백에 아흔아홉은 빗나가기 일쑤요, 설사 동생같이 때를 잘 맞춘 사람일지라도 십중팔구 그 자신은 모르고 운을 만난 것이다.

---

171) 《주역》에서 '時'를 얼마나 중요시 하고 있는가는 '時' 자와 조합되거나 연관된 다음 용어들로 미루어서도 알 수 있다. 及時(급시)〈乾(건) · 文言(문언)〉, 時發(시발)〈坤(곤) · 彖(단)〉, 時中(시중)〈蒙(몽) · 彖(단)〉, 與時階行(여시계행)〈損(손) · 彖(단)〉, 隨時(수시)〈隨(수) · 彖(단)〉, 失時(실시)〈節(절) · 彖(단)〉, 對時(대시)〈無妄(무망) · 彖(단)〉, 有時(유시)〈損(손) · 彖(단)〉, 趣時(취시)〈繫辭傳(계사전) 下(하)〉, 待時(대시)〈繫辭傳(계사전) 下(하)〉 등 '역'을 시간의 철학이라고 규정해도 좋을 만큼 시간에 관한 관념들이 많다.

그렇다면 어떻게 해야 항상 운이 따르게 할 수 있다는 말인가? 내가 감히 할 얘기는 아니다. 그러나 주역에는 이런 말이 있다.

'일의 기미를 알아야 능히 천하의 일을 완성할 수 있다.'[172]

주역은 세상일의 기미를 알아야 성공한다고 하였다.

기미란 '幾(기)' 또는 '介(개)'라는 말로, 이 말은 있는 것과 없는 것의 사이, 나타나 있는 것과 숨어있는 상태의 중간을 의미하는 것.

《역(易)》은 또한 '幾(기)의 움직임은 아주 은밀하다'고[173] 했다. 정말 기미를 안다는 것은 아무나 할 수 있는 일이 아니다.

범인의 눈으로 어떻게 있는 것과 없는 것의 중간을 볼 수 있단 말인가? 그야말로 가장 마땅한 때, 곧 시중이란 사람이 도모하는 온갖 일과 우주운행의 오묘하고 복잡한 관계 가운데 가장 결정적인 때를 말함인데, 누가 함부로 '이것이다 저것이다' 라고 말할 수 있겠는가.

시중이야말로 두려운 마음으로 하늘을 살피며(畏天-외천), 땅과 사람을 돌보며, 지극히 겸허한 마음으로 간절히 원할 때, 문득 깨닫는 경지가 아니겠나.

그래서 《주역》에서는 '군자는 德(덕)을 쌓고 業(업)을 쌓는데, 이는 때를 맞추기 위함이다' 라고[174] 엄중히 타이른다. 즉, '언제나 경계하고 두려워하며 게으르거나 나태하지 않아'[175] 추호의 허물도 없도록 닦고 닦아야 겨우 알 듯한 경지일 것이다.

---

172) 唯幾也 故能成天下之務-(유기야 고능성천하지무). 《주역전의대전(周易傳義大全)》, 〈계사전(繫辭傳) 상(上)〉 10장.

173) 幾者動之微(기자동지미). 《주역전의대전》, 〈계사전 하(下)〉 5장.

174) 君子進德修業, 欲及時也-(군자진덕수업, 욕급시야). 《주역전의대전》, 〈건(乾)·문언전(文言傳)〉.

175) 《주역전의대전》, 〈계사전 하〉.

진(秦)나라 장군 왕전(王翦)이 초(楚)를 칠 때 이야기이다. 마침내 초군과 대치하게 되었는데 왕전은 성을 쌓고 그 안에 틀어박혀서, 초군이 도발해 와도 응하지 않았다. 그리고 병사들에게 맛있는 것을 듬뿍 먹이며 휴양을 시킬 뿐이었다.

5일이 지났다. 왕전이 부장(副將)에게 물었다.

"병사들은 무얼 하고 있는가?"

"예, 그저 놀면서 지루해하고 있습니다."

다시 5일이 지났다. 왕전이 또 묻자, "예, 돌 던지기, 줄넘기, 씨름 등을 하고 있습니다. 모두 기운이 남아도는 것 같습니다."

"그래? 좋다."

왕전은 고개를 끄덕이더니 전군(全軍)에게 출동명령을 내렸다. 방심했던 초군은 열화 같은 진군의 공격을 받고 산산이 무너졌다. 《사기》에 있는 이야기이다.

바로 때를 기다리다가(待時), 때맞추어 공격을 한 것이다. 즉 시중(時中)이다.

그렇다면 어떻게 허물이 없도록 닦고 닦을 수 있단 말인가?

'자강불식(自彊不息)'이라는 말이 있다.

'하늘의 운행은 건전하여 잠시도 쉬는 일이 없다. 군자는 하늘의 운행을 보고 깨달아 잠시도 쉬지 않고 스스로 힘써 노력한다(天行健君子以自彊不息-천행건 군자이자강불식).' - 건(乾) · 상전(象傳) - 주역에 있는 말이다.

군자는 천도(天道)의 바른 운행을 본받아 덕을 부단히 쌓는다는 뜻이다. 즉 간단없이 이루어지는 천지변화 속에 내재된 소위 생생지덕

(生生之德)을[176] 깨닫고 생생불식(生生不息)의[177] 천도를 원칙으로 삼아 천행건(天行健)에 숨겨진 가치를 열심히 추구하는 것, 이것이 자강불식(自彊不息)이다. 필자가 외천을 주장했던 이유도 실은 여기에 있었던 것이다.

그런데, 어쩌자고 고리타분한 《주역》만 들먹이는가.

'우러러서는 하늘의 현상을 관찰하고, 굽어서는 땅의 모든 상태를 살핀다. 그러므로 역(易)은 유명(幽明)의 까닭을 알며, 사물의 처음을 근원으로 하여 사물의 종말(終末)까지 생각한다.'[178]

주자의 말이다.

5,000년 동양의 지혜를 압축한 《주역》을 빼놓고 무엇으로 설명을 대신할 수 있겠는가? '유명의 까닭을 알고, 사물의 근원과 종말까지'를 어찌 천학부덕(淺學不德)한 필자가 논할 수 있단 말인가.

공자 같은 성인(聖人)도 얼마나 《주역》을 좋아했으면, 읽고 또 읽어 책을 맨 끈이 세 번이나 끊어져 위편삼절(韋編三絶)이란 말까지 생겼을까.

대저 '천지일월을 알고 사시(四時), 귀신(鬼神)과 그 덕(德)을 합하고, 그 밝음을 합하고, 그 질서를 합하고, 그 길흉을 합한 것을 알려면'[179] 《역》을 한번쯤은 보아두는 것도 좋으리라.

---

176) 《주역전의대전》, 〈건 · 상전〉.

177) 《주역전의대전》, 〈건 · 상전〉.

178) 《주역본의(周易本義)》.

179) 夫大人者與天地合其德 與日月合其明 與四時合其序 與鬼神合其吉凶-(부대인자여천지합기덕 여일월합기명 여사시합기서 여귀신합기길흉). 《주역(周易)》, 〈문언전(文言傳)〉. 여기서 '合其德', '合其明' 등의 '合'은 서로 협력하여 목적을 이룬다는 뜻이다.

때를 기다리고(待時-대시),[180] 때에 맞추고(及時-급시),[181] 때를 따르며(而時-이시),[182] 기를 알고(唯幾-유기),[183] 때를 보고 거사하는 것(見幾而作-견기이작)이[184] 모두 시중(時中)이라는 말이요,[185] 또 이 모두가 역에 다 있는데, 역(易) 말고 또 무엇으로 설명을 대신할 수 있겠는가.

워털루 전투를 이틀 앞둔 1815년 6월 16일, 벨기에의 보잘것없는 마을 리니(Ligny)는 8만여의 프로이센군으로 법석을 떨고 있었다. 72세의 백전노장 블뤼허(Gebhard L. von Blücher, 1742~1819)가 이곳에서 나폴레옹을 맞아 싸울 태세를 갖추고 있었기 때문이다.

나폴레옹은 지금 영국군과 프로이센군 사이로 진격하는 중이었다. 나폴레옹의 속셈은 러시아와 오스트리아군이 합류하기 전에 이 양군을 각개격파하겠다는 것이다.

전투가 시작되자 나폴레옹은 자신의 특기인 중앙돌파를 시도하여, 200문의 포병 사격을 리니에 집중한 후 보병 돌격을 감행하였다. 당시 유럽의 최정예군이라 할 프랑스군의 거듭되는 돌격에도 프로이센군은 무너지지 않고 일진일퇴를 거듭하였다. 선봉장군이라는 별명에 걸맞게 블뤼허가 항상 기병대의 선두에 서서 부하들을 독려하였기 때문이다.

---

180) 군자는 도구에 몸을 감추어 준비한 채 때를 기다려 행동한다. 그러니 무슨 불리함이 있겠는가?(君子藏器於身 而待時而動 河不利之有)-(군자장기어신 이대시이동 하불리지유). 《주역전의대전》, 〈계사전(繫辭傳) 하〉 5장.

181) 각주 79) 참조.

182) 곤의 도는 순탄하구나. 하늘을 받들어 때에 따라 행하는구나(坤道 其順乎承天而時行)-(곤도 기순호 승천이시행). 《주역전의대전》, 〈곤(坤) · 문언(文言)〉.

183) 각주 172) 참조.

184) 《주역전의대전》, 〈계사전 하〉 5장.

185) 이 부분은, 곽신환, 《주역의 이해》(서울, 서광사, 1992.) p. 260~266 참조.

그러나 전기(戰機)를 누구보다 잘 포착하는 나폴레옹, 어느 순간 프랑스 최강의 친위대를 돌격에 참가시켜 프로이센군에게 결정적 타격을 가하였다.

혼전(混戰) 중에 블뤼허의 말이 총탄을 맞고 쓰러졌다. 노장(老將)은 낙마하면서 실신하였다. 위기일발의 순간, 한 젊은 장교의 구조로 간신히 목숨을 구한다.

놀란 프로이센군이 와브르(Wavre)로 후퇴했다. 와브르는 리니 북방 20km, 워털루에서 동쪽으로 16km 지점에 위치한 마을이다.

그런데 나폴레옹은 여기서 일생일대의 큰 실수를 저지른다.

그가 평소에 그렇게도 강조하던 추격을 미룬 것이다. 쫓기는 적을 눈앞에 보면서도 그는 다음 날일 17일, 그것도 오후 늦게야 그루시(Emmanuel Marquis de Grouchy, 1766~1847)에게 추격을 명하였다. 그야말로 시중을 놓친 것이다.

만약에 나폴레옹이 패주하는 블뤼허를 추격만 하였더라면 8만7천의 프로이센군은 와브르에 도착하기 전에 괴멸하였을 것이다. 설령, 와해까지는 안 갔어도 다음날 워털루에서 웰링턴 군에 합류하는 사태는 일어나지 않았을 것이다.

그의 특기인 추격까지 소홀히 하다니…. 호화로운 궁중생활과 방탕한 프랑스 귀족생활에 46세밖에 안 된 그도 조로(早老)해 버렸단 말인가.[186] 아니면 프로이센군을 너무 가볍게 본 때문일까.

그는 다음 날인 6월 17일을 아침부터 참모들과 한동안 시간을 보낸 후 오후에는 야영 중인 부대를 순시하는 여유를 보였다. 정말 나폴

---

186) 6월 16일 그는 새벽 3시부터 밤 9시까지 무려 18시간을, 그것도 폭우 중에 마상(馬上)에서 전투지휘를 하였고, 지병인 치질과 마침 발병한 방광염으로 큰 고통을 당하고 있었다는 설이 유력하다.

레옹답지 않다. 그날의 그는 분명 지난날의 나폴레옹은 아니었다.

한편 까트르 브라(Quatre-Bras)에 포진한 웰링턴은 프랑스의 네이(Michel Ney, 1769~1815)와 일진일퇴의 피나는 전투를 벌이고 있었다. 그러나 블뤼허의 패전 소식에 접하자, 6월 17일 부대를 일단 17 km 북쪽의 워털루로 후퇴시켰다. 그런데 불행히도 네이는 후퇴하는 웰링턴을 놓치고 만다. 여기서도 프랑스군은 추격에 실패하였다.

프로이센군을 격파한 나폴레옹은 다음 차례로 웰링턴을 지목하고 까트르 브라에 도착해 보니 웰링턴은 이미 워털루로 후퇴하고 없는 상황이었다.

격노한 나폴레옹, "네이가 프랑스를 망치는구나!" 라고 심하게 네이를 책망한다. 그리고 몸소 기병 1개 중대를 이끌고 맹렬히 추격에 나섰다. 그러나 앞뒤를 가릴 수 없는 폭우로 군사를 되돌렸다. 불운이다.

6월 18일, 밤새 그칠 줄 모르던 장대같은 비도 멎었다. 안개가 자욱이 내려앉은 조용한 일요일 아침 8시, 나폴레옹은 적진으로부터 불과 2마일밖에 안 떨어진 농가에서 황실 문장의 황금 식기로 유유히 아침을 즐겼다.

오전 9시에야 황제는 회색의 준마 데지레(약혼자의 이름을 딴)를 타고 적정 정찰을 마친 후, 10시에는 장대하고 화려한 열병까지 실시하였다. 그런데도 공격개시 명령을 내릴 생각을 안 한다. 참으로 나폴레옹답지 않은 태도이다.

이때 웰링턴은 워털루에서 남쪽으로 3km 떨어진 몽 생 주앙(Monte Saint Juan) 언덕으로 이동하여 포진하였다. 실은 매사에 조심스런 그는 나폴레옹과의 정면대결을 꺼려 브뤼셀 쪽으로 후퇴를 생각 중이었다. 그러나 블뤼허의 비밀연락을 받고 마음을 바꾸어 생 주앙으로 이동한 것이다. 리니에서 나폴레옹에게 패하긴 했어도 블뤼허는 역시 백전노장.

그는 와부르에서 전열을 가다듬어 뒤늦게 추격해 오는 그루쉬를 1개 군단으로 묶어 놓고 남은 3개 군단을 빼돌려 워털루로 직행하겠다는 밀사를 웰링턴에게 보냈던 것이다.

오전 11시, 마침내 프랑스군의 포문이 열리면서 전투가 시작되었다. 예정보다 무려 2시간이나 지연된 공격개시였다.

'용사(勇士)중의 용자(勇者)'라는 별명의 네이, 그가 앞장 서 공격하면 병사들은 열광하며 필사적으로 분전한다는 용장 중의 용장(勇將).

격전에 격전을 거듭하는 동안 그가 탄 말이 4필이나 총탄을 맞고 죽었다. 도보로 전투지휘를 해야 하는 처절한 싸움이 계속되었다.

영국군 중에서도 만만찮은 웰링턴의 군대. 포탄이 웰링턴 주위에 떨어지면서 막료들이 차례로 쓰러지고 전열이 흩어져 웰링턴군이 매우 위태로운 지경에 처했다. 한 막료가 장군의 안전을 걱정하자, "어떤 경우에도 물러설 수 없다. 두발을 잃어도 두 손만 성하면 끝까지 사격하라. 이것이 나의 명령이다. 예하 부대에 전달하라!" 그래도 밀리고 밀려 웰링톤군이 무너지기 직전까지 왔다. 웰링턴의 운명이 경각에 이르렀다.

바로 이때, 나폴레옹군의 우익에 소속을 알 수 없는 일단의 군이 갑자기 출현하였다.

블뤼허가 지휘하는 3개 군단의 프로이센군이 전장에 도착한 것이다. 웰링턴도 숨이 넘어가기 직전이었지만, 나폴레옹군도 지칠 대로 지쳐있었다. 영국군을 여기까지 몰아붙이는 데는 공자(攻者)도 사력

(死力)에 사력을 다했기 때문이다. 세계 최강의 프랑스군도 이제 새로운 적까지 맞아 싸울 여력은 없었다.

우측면을 강타 당한 나폴레옹군, 내리 쏟는 눈사태 같이 무너졌다. 블뤼허가 너무도 시중을 잘 잡은 것이다.

때는 1815년 6월 18일 오후4시.

희대의 군사 천재가 영원히 역사의 무대에서 사라져간 시간이다.

그날따라 워털루의 낙일(落日)이 유난히도 장엄하였다던가.

나폴레옹이 만일 그날 예정대로 공격을 개시했다면 블뤼허의 시중은 빗나갈 수도 있었을 것이다.

시중이 역사의 진로를 바꾼 것이다.

6. 사람을 사랑한다

왜 하늘을 두려워해야 하는가? 하늘을 두려워해야 겸손해지고, 겸손해야 천지자연(天地自然)의 이(理)에 눈뜨며, 천지자연에 눈떠야 생명의 존엄을 알게 되며, 생명의 존엄을 알 때 사람을 사랑할 수 있다.

19세기 미국의 철학자 에머슨(Ralph W. Emerson)은 일개 사관(士官)에서 황제에까지 오른 나폴레옹을 다음과 같이 평하였다.

'나폴레옹의 실패는 우주의 섭리에 따른 필연의 결과로서, 이런 종류의 일은 천편일률적으로 모두 같은 길을 걷게 되어 있다. 나폴레옹은 비할 데 없는 비범한 역량을 지닌 대장으로, 그토록 수많은 맹장들과 군사를 거느린 사람도 없었다. 그런데도 결과는 어떠했는가? 거액의 돈을 소모하고, 많은 사람의 목숨을 빼앗고, 수많은 도시를 불태워 유럽 전체를 혼란에 빠트렸다. 더군다나 프랑스를 예전보다 훨씬 작고 가난한 나라로 만들었다. 얻은 것이란 도대체 무엇이었단 말인가?'

한 인간으로서의 능력과 타고난 자질을 두고 생각한다면 수백억이 살다 간 우리 인류 중에 그만한 영웅은 참으로 몇이 안 될 것이다. 그러나 이런 그의 인간적 무게에 비해 냉철한 우리 철인(哲人)의 평가는 너무도 인색하구나.

그 이유는 대체 무엇인가?

그가 하늘을 두려워할 줄 몰랐기 때문일 것이다. 에머슨의 말대로 '우주의 섭리'를 몰랐기 때문일 수 있다. 하늘을 모르니 진심으로 사람을 사랑할 줄을 몰랐을 수 있다. 죠세핀을 사랑하고 자기 자신을 몇 갑절 더 사랑할 줄은 알았으면서 인간에 대한 진정한 사랑을 몰랐던 것이다.

역사 앞에 조금만 겸허했어도, 역사의 진로는 다르게 전개되었을 것이다. 한 번이라도 하늘을 두려워했으면, 인류는 한 단계 높은 차원으로 올라설 수 있었을 것이다.

그 위대했던 한 인간의 능력이 시저나 알렉산더의 흉내만으로 끝난 것은 세계를 위해서도 참으로 애석한 일이다. 그의 불세출의 능력을 생각할 때, 그를 위해서나 세계를 위해서나 참으로 아까운 일이다.

왜 거듭하여 하늘 얘긴가?

'강물은 저렇게 주야로 흐르는구나(不舍晝夜 · 불사주야)'.[187]

어느날 흐르는 강물을 물끄러미 바라보던 공자가 한 말이다. 끊임없이 아래로 흐르는 강물을 보면서 대 우주의 영원한, 그리고 한 치의 오차도 용서가 없는 위대한 운행의 뜻이 어디 있는가를 공자는 문득 깨달았으리라.

왜 우주가 영원할 수 있는가. 그야말로 천행건(天行健)이요, 정부일

---

187) 《논어》, 자한(子罕) 16.

자(貞夫一者)라,[188] 곧 우주는 건강하고 바르기 때문이다. 또 바르고 건강하기 때문에 날로 새롭게 번창하여 만물을 낳고 또 낳게 되는 것이다(日新之謂盛德, 生生之謂易 - 일신지위성덕, 생생지위역).[189]

따라서 인류가 정녕 날로 새롭게 되자면 하늘을 본받아야 하는 것이요, 보다 높은 단계로 올라서기 위해서는 하늘과 같이 바르게 행동하여야 할 것이다. 그것은 과학 기술의 발전에 있는 게 아니라 인간의 도덕적 용기와 고결성이 올라가는 데 있을 것이요, 하나님을 믿을 때 가능한 것이다.

누구나 다 아는 일이지만, 오늘 우리에게 문제가 되는 것은 기술이나 물질이 아니라, 지혜와 도덕과 영혼이 문제이다. 하늘은 살피지 못하고, 하나님, 절대자 앞에 겸허할 줄 모르는 게 문제이다.

'이제 우리는 우주와 인류에 대한 새로운 관계를 정립할 때가 되었다.'

체코 대통령 하벨(Vaclav Havel)이 미국을 방문했을 때의 말이다. 20세기가 낳은 가장 양심적인 정치가라는 그가 왜 경제개발이나 세계평화에 앞서 인간과 우주와의 관계정립을 강조하였을까.

'인간이 점점 편협해지고 적응성이 없는 존재로 전락하고 있는 이유는 우리의 존재가 이 우주와 깊이 연결되어 있다는 생각을 못하고 있기 때문이다.' 《우자(愚者)의 잔치》를 쓴 하베이 콕의 말이다.

세기의 지성이라는 서양의 두 사람이 한결같이 동(東)의 우리가 느끼는 외천(畏天)을 주장하는 이유는 어디 있는가.

우주의 심오한 뜻을 헤아리지 않고는 인간이 안고 있는 근본적인

---

188) '천하의 모든 움직임은 바른 것 하나로 귀결된다(天下之動 貞夫一者 - 천하지동 정부일자)', 〈계사전, 하〉 1장.

189) 〈계사전, 상〉 5장.

문제를 해결할 수 없다고 보았기 때문일 것이다.

사람이 사람을 사랑해야 한다는 대전제도 생명의 존엄을 모르고는 성립이 안 되는 일이며, 생명의 존엄성도 결국 우주의 깊은 뜻을 헤아리지 않고는 알 길이 없기 때문이다.

결국 참다운 사랑이란 하늘을 두려워하는 데서 시작하는 게 아니겠는가?

'만일 사람이 사는 사회에 서로 사랑하는 마음이 충만하여 자신을 사랑하듯 남을 사랑한다면 이 세상에 불행도 도적도 자취를 감출 것이요, 남의 나라를 제 나라 생각하듯 만 하여도 이웃나라에 쳐들어갈 일이 없게 될 것이다.'

2000여 년 전, 묵자(墨子)가 한 말이다.

역사상 로마제국과 쌍벽을 이룬 당나라는 무력(武力)만이 강대해서 대제국이 된 것은 아니었다. 2대 태종(太宗)과 같은 위인이 나라의 기초를 바로잡았기 때문이다. 그는 무엇으로 대제국의 기틀을 잡았는가? 사랑이다. 백성에 대한 끔찍한 사랑이 그 기틀이 된 것이다.

정관(貞觀) 5년에 강국(康國)이 당나라에 귀속하겠다고 청해 왔다. 이때 태종은 사신들에게 다음과 같이 말하였다고 한다.

'전대(前代)의 제왕들은 영토 확장에 힘써, 역사상 대제국의 제왕으로서의 명예를 구하고자 하는 이가 많았다. 그러나 그것은 제왕 자신에게는 큰 이익도 없으면서, 백성들만 전쟁을 치르느라 괴로움을 겪어야 했다. 그러나 나는 자신에게 이익이 있다고 하더라도 백성들에게 해가 된다면 그런 짓을 하지 않겠다. 더욱이 이름만의 명예를 구하기 위해 백성에게 손해를 끼치는 일은 절대로 하지 않겠다.'

시저나 나폴레옹과는 벌써 차원이 다른 것이다.

그럼 사랑은 무엇으로부터 시작하는가.

'겸허(謙虛)'이다.[190] 낮추는 것이다. 수고하고도 자랑하지 않는 것이다. 공을 세우고도 내세우지 않는 것이다. 남보다 항상 뒷전에 서는 것이다.

겸허란 또 어떤 태도인가? 늘 조심하는 태도이다.

'군자는 혹시 길을 잃지 않을까 보이지 않는 데서도 경계하고 삼가며 들리지 않는 데서도 두려워한다.'[191]

겸허란 또 어떤 태도인가? 원망하지 않는 것이다. '위로 하늘을 원

---

190) 겸손의 미덕은 동서가 마찬가지였다. 고대 그리스인들 사이에서는 인간이 너무 강대해지거나 부유해지거나 야망이 커지면 신이 꾸짖는다는 생각이 널리 퍼져있었다. 헤로도토스는 '너무 높은 건물이나 큰 나무는 반드시 벼락을 맞는다. 신은 무엇이든 너무 높아지면 넘어뜨리는 습성이 있다'고 하였다. 소포클레스의 비극 《아이아스》는 인간의 오만과 자만심을 신이 어떻게 무자비하게 응징하는지를 잘 묘사해주고 있다.

또 고대 동양에서는 의기(欹器)라는 특별한 그릇을 제작하여 인간의 오만을 경계하였다. 의기란 물을 담는 그릇으로서 물이 조금도 들어있지 않은 상태에서는 기울어지고, 물을 반쯤 담았을 때는 똑바로 서며, 물이 가득 차면 엎어지게 만든 것이다. 이 의기를 '유좌지기(宥坐之器)'라고도 한다.

《순자》의 유좌편(宥坐篇)에 다음과 같은 이야기가 있다. 어느날 공자가 노나라의 종묘를 참관했을 때 이 의기를 예의 주시하다가 시험삼아 제자에게 물을 부어보라고 했다. 그러자 의기에 물이 가득 차는 순간 금방 엎어지고 말았다. 그것을 본 공자는 '아아, 무릇 가득 차고 엎어지지 않은 것이 없도다' 라며 크게 탄식했다고 한다.

그래서 《채근담》에는 '의기는 가득 차면 엎어진다(欹器以滿覆-의기이만이)'라는 말로 인간의 오만을 경계하고 있다.

191) 君子 戒愼乎其所不睹 恐懼乎其所不聞-(군자 계신호기소부도 공구호기소물문).《중용》, 제1장.

망하지 않고 아래로는 사람을 원망하지 않는다.'[192]

겸허란 또 어떤 태도인가? 감사하는 것이다.

'하느님의 은덕이 크시도다. 그 모습을 보려고 하여도 보이지 않고, 그 소리를 들으려 해도 들리지 않으나 만물을 하나같이 모두 창조하셨다.' 《중용》에 나오는 말이다.

이렇게 조심하고 뒷전에 서며 자기를 낮출 때 겸허하게 될 것이다. 이때 비로소 남을 사랑할 줄 아는 마음이 생기게 될 것이다.

'너희들 중에 누구든지 크고자 하는 자는 너희를 섬기는 자가 되고, 너희 중에 누구든지 으뜸이 되고자 하는 자는 너희들의 종이 되어야 하리라.' (마태복음 20장 26-27)

'수백 개의 산골짜기 물줄기가 강과 바다에 복종을 하는 이유는, 그것들이 항상 낮은 곳에 있기 때문이다. 사람들보다 높은 곳에 있기를 바란다면, 그들보다 아래에 위치하고, 그들보다 앞서기를 바란다면 그들 뒤에 위치하라.'[193]

노자가 치자(治者)의 위치를 두고 한 말이다.

영국의 철학자요 수학자인 화이트헤드(Alfred N. Whitehead, 1861~1947)는 다음과 같은 말을 하였다.

---

192) 上不怨天 下不尤人-(상불원천 하불우인). 《중용》, 제14장).

193) 江海所以能爲百谷王者, 以其善下之. 故能爲百谷王. 是以欲上民, 必以言下之, 欲先民, 必以身後之. 是以聖人處上而民不重, 處前以民不害. 是以天下樂推而不厭, 以其不爭, 故天下莫能與之爭-(강해소이능위백곡왕자, 이기선하지. 고능위백곡왕. 시이욕상민, 필이언하지, 욕선민, 필이신후지. 시이성인처상이민부중, 처전이민불해. 시이천하락추이불염, 이기부쟁, 고천하막능려지쟁).《도덕경(道德經)》, 제66장.

'겸허한 인간은 영화의 절정에 있을지라도 그 품위와 처신이 아름답기만 한 법이다. 그것은 그의 겸손이 정신과 영혼의 완벽한 조화를 이루게 하기 때문이다.'

정관 5년, 당 태종은 신하들에게 다음과 같은 말도 하였다.

'잠시 천하가 편안하게 다스려질 때가 가장 두려워하고 삼가지 않으면 안 될 때다. 만일 자만하고 방자하게 군다면 반드시 멸망의 길을 밟으리라. 지금 천하의 안위는 나 한 사람에게 걸려 있다. 그러므로 매일매일 조심에 조심을 거듭하여야 할 것이고, 남들은 짐을 훌륭하다고 찬미하지만 나는 아직 스스로 훌륭하다고는 생각해 본 적이 없다.'

남의 위에 선다는 것은 자기 아래에 있는 모든 사람에 대해 책임을 진다는 뜻이다. 그러자면 그 모든 사람들을 저울대 저 끝에 올려놓고, 자기는 이 끝에서 혼자 그 무게를 감당할 수 있어야 한다. 그 자리가 높아질수록 무게는 더해 질 것이다. 그 무게를 감당하지 못하면 자기는 튕겨나고, 무너지는 저울과 함께 모든 사람들이 굴러 떨어진다. 윗자리란 아무나 오른다고 차지할 수 있는 자리가 아닌 것이다.

높은 자리를 이미 차지하고 있는 사람, 윗자리를 노리는 사람은 자리만을 욕심낼 게 아니라 하늘은 우러러 그 자리가 얼마나 무서운 자리인가를 먼저 깨달아야 한다. 자리에 걸맞게 항상 두려워하며 스스로를 닦고 또 닦아야 할 것이다.

다음 [그림 4]는 한 개인으로부터 크고 작은 지도자들이 어디까지

자강불식(自强不息)하여야 할 것인가를 혼자 생각해 본 것이다.

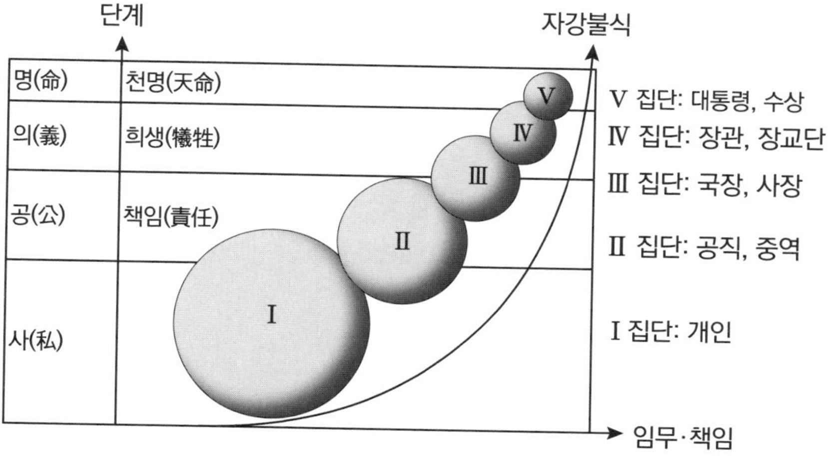

[그림 4]

I 집단(개인)과 II 집단(공직자와 기업의 중역)이 명심해야 할 공과 사는 그 한계가 분명하여 처신에 어려움은 없는 것으로 보인다. 그러나 막상 공과 사를 엄격하게 구분하여 바르게 처신하기란 매우 어려운 일이다. 아는 것과 행동은 그만큼 다르고, 또 현실적으로 사(私)를 버린다는 게 결코 쉽지 않은 일이기 때문이다.

그런데 의(義)의 단계와 명(命)의 단계에 이르면 명백한 구분조차 힘든 영역인데, 어떻게 처신하는 것이 옳은 일인가.

솔직히 그 설명은 필자도 자신이 없다. 필자 자신이 공사를 엄격히 구분 못하여 헤매고 있으면서 어떻게 그토록 높은 경지의 일을 운위(云謂)할 수 있겠는가.

그런데 공자는 이런 말을 한 적이 있다. '군자는 천하에 대하여 무조건 꼭 그래야 하는 것도 없으며, 절대로 안 된다는 것도 없다. 도리에 견주어 실행한다.'[194] 참으로 놀라운 발언이다.

도리[義]에 따를 뿐 안 할 일도, 꼭 해야 할 일도 없다 - 얼마나 위대한 생각인가.

어째서 공자는 이런 말을 한 것일까?

세상에서 흔히 생각하는 꼭 해야 할 일, 안 해야 할 일보다 이치에 맞는 명분, 정당한 책임이 따로 있다는 말이 아니겠는가.

《논어》에 또 이런 말이 있다.

섭공(葉公)이 공자에게 말하기를 "우리 마을에 처신을 정직하게 하는 자가 있었습니다. 하루는 그의 아버지가 양을 훔쳤는데 아들이 그것을 고발하였습니다."

공자가 말하기를 "우리 마을의 정직한 자는 그와 다르다. 아버지는 아들을 위해 숨겨주고, 아들은 아버지를 위해 숨겨준다. 정직은 그 가운데 있다."[195]

법으로 치면 마땅히 양을 훔친 아비는 고발되어야 할 것이다. 소위 꼭 해야 할 일이다. 그런데 공자는 그 아버지를 숨겨주어야 한다고 하

---

194) 君子之於天下也, 無適也, 無莫也, 義之與比-(군자지어천하야, 무적야, 무막야, 의지여비).《논어》, 이인(里仁) 10.

195) 吾黨之直者, 異於是. 父爲子隱, 子爲父隱. 直在其中矣-(오당지직자, 이어시. 부위자은, 자위부은. 직재기중의).《논어》, 자로(子路) 18. 이것은 훗날 학자들 사이에 논쟁을 불러 일으킨 '이분(理分)'의 문제이다. 이분이란 이치에 맞는 명분, 정당한 책임을 두고 하는 말이다. 세상일이란 도리에 따르고 책임을 다하는 것도 중요하지만 이분에 맞게 하는 것이 더 중요하다는 말이다. 즉 도리와 책임에만 묶여 있으면 자칫 뜻하지 않게 잘못을 범할 수가 있기 때문이다.

경찰이 도둑을 가두는 것은 책임이다. 선생이 학생을 가두는 것은 도리도 책임도 아니다. 아버지와 자식의 문제도 도리와 책임의 문제가 아닌 이분에 따라 처리되어야 한다는 게 공자의 가르침일 것이다. 정치도 이처럼 의(義)를 따르되 이분에 맞게 차원 높은 정치를 하여야 한다는 게 필자의 주장이다.

였다. 왜 그랬을까? 아들로서 따라야 할 도리가 따로 있다는 말이다.

법을 지키는 일은 당연한 일이다. 그러나 보다 근본적인 문제, 이를테면 인륜(人倫), 정직(正直)과 같은 우주의 원리에 가까운 일들은 '꼭 그래야 하는 일'을 초월할 수 있다는 뜻이 아니겠는가. 이런 것이 의로운 행동이요, 바로 '의(義)'의 경지가 아닐까.[196]

물건을 훔친 도둑을 본 경찰은 마땅히 그를 가두어야 한다. 물건을 훔친 학생을 본 선생은 그 학생을 고발하거나 가둘 게 아니라 훈계가 선생의 도리이다. 같은 일을 두고 경찰과 선생이 따라야 할 책임과 도리가 각각이듯 국민을 다스리는 '지도자'의 도리와 책임도 경우에 따라 마땅히 달라야 할 것이다.

따지고 보면 이런 것이 진정 국민을 사랑하는 정치의 요체가 아닐까. 그리고 어쩌면 이것이 중용(中庸)이요,[197] 윤집기중(允執其中)이[198]

196) 의(義)로운 행동은 성인의 경지에서도 다를 수 있다. 즉, 원한을 어떻게 갚을 것인가에 대해 노자는 보원이덕(報怨以德, 도덕경-63)이라 하고, 공자는 이직보원(以直報怨, 헌-36)이라고 했듯이 의(義)의 경지에 이르면 '이것이다' '저것이다'로 단정 지을 수가 없을 경우가 많다. 근래 하버드대 교수 Michael Sandle의 명강 《정의란 무엇인가》에서 정의를 'It is not always black and white'로 단정할 수 없다는 결론과 상통한다.

197) 중용(中庸)은 지나치거나 치우치지 않으면서 언제나 변하지 않고 고른 것, 즉 중정(中正)의 도를 말한다. 그러나 누구나 쉽게 지킬 수 있는 것 같으면서도 철저하게 지키기에는 성인도 어렵다는 덕이다. 그래서 공자도 '사람들이 나를 말하기를 지혜롭다고 하지만, 나는 가려서 중용을 단 한 달도 지키지 못한다'고 고백한 바 있다. 人皆曰, 予知, 擇乎中庸而不能期月守也-(인개왈, 여지, 택호중용이불능기월수야). 《중용》, 제7장.

198) 요(堯)가 순(舜)에게 왕위를 물려주면서 당부한 말이다. "순아, 하늘의 정수가 그대에게 있다. 반드시 중용의 도를 지켜라. 사해의 백성들이 곤궁하면 하늘이 그대에게 내리는 천록도 영원히 끊어지리라. 爾舜, 天地曆數在爾窮, 允執其中. 四海困窮, 天祿永終-(이순, 천지역수재이궁, 윤집기중. 사해곤궁, 천록영종). 《논어》, 요왈(堯曰) 1. 역시 순임금이 우에게 자리를 물려줄 때도 이 말을 했다.

아니겠는가?

'명(命)'의 경지는 정녕 필자의 영역을 넘는 일이라 감히 거론하는 것조차도 두렵다. 불립문자(不立文字)라는[199] 말도 있지 않은가. 진정코 이 영역은 독자의 해석에 맡기고 싶다.

지금 이 자리에 있는 나는 누구인가?

알 길이 없다. 당연한 일이다. 내가 누구인가를 묻는 본질, 생각하는 것, 의식을 한다는 것은 나를 있게 한 본질, 의식을 있게 한 근원이기 때문이다. 내가 의식한다고 하지만 그 생각을 있게 한 근원은 내가 아니기 때문이다. 나를 있게 한 것은 하나님, 사랑, 인연이지 내가 아니지 않은가.

그러나 그 큰 사랑이 내게 빌려준 심장의 고동만은 분명히 의식할 수 있다. 그리고 나는 지금 이 자리에서 분명히 숨을 쉬고 있다. 나도 저 위대한 우주의 한 부분이기 때문이다.

눈을 감고 고요한 마음으로 돌아간다. 심장의 고동을 느낀다. 호흡도 의식한다.

음악이 들린다. 비발디의 '사계(四季)'이다. 아름다운 선율이 펴지면서 내 귀를 통해 내 의식 속으로 전해온다. 선율이 이어지면서 앞의 소리는 멀리 사라진다. 어디로 가는 것일까.

비발디가 작곡은 했지만 그가 '소리'를 만든 것은 아닐 것이다. 이

199) 동양에서는 고래로 언어나 문자로 사람의 생각이나 이 우주를 설명하는데 한계가 있는 것으로 믿고 있다. '글로써 말이 나타내고자 하는 내용을 다 표현할 수 없고, 말로써 뜻을 다 표현할 수 없다.' 《주역》, 계사전. 여기서 불립문자란 불교의 깨달음도 말이나 글이 아닌 마음을 통해 이심전심으로 이루어진다는 뜻이다.

우주 공간에 퍼져 있는 수도 없는 소리 중에 그 음계만을 모아서 높고 낮게 표현만 했을 뿐. '공(空)' 속의 선율들이 비발디와의 인연으로 '사계'가 된 것일 뿐이다.

호흡을 고르면서 다시 심장의 고동에 귀 기울인다. 위대한 우주 속에 있는 아주 작은 나를 의식한다. 고동치는 내 심장과 호흡 때문이다. 이윽고 호흡과 심장마저 잊어버리자. 그곳에 무엇이 남아 있는가.

17세기 영국의 성직자이며 시인 존 단(John Donne)은[200] 다음과 같은 놀라운 시를 남겼다.

어느 누구든
혼자만으로 온전한 섬을 이룰 수 없으니,
우리 모두는
대륙의 한 조각이요 대양의 한 부분이어라.

흙덩이가 바닷물에 씻겨 가면
유럽은 그만큼 적어지고,
모래벌판이 씻겨도 마찬가지인 것은,
그대나 그대 친구의 영지가
그만큼 줄어들기 때문인 것.

---

200) 존 단(1572~1631)은 영국의 형이상학파 시인으로 국교회의 성직자가 되어 죽을 때까지 세인트폴 교회의 부감독으로 있었다. 그의 막힘없는 직감력과 불같은 감정, 간결하고 강인한 표현은 현대시에도 큰 영향을 미쳤다. '누구를 위하여 종은 울리나(For whom the bell tolls)'라는 구절이 헤밍웨이의 소설 제목으로 인용되면서 한층 유명해졌다.

어느 누구의 죽음도
나의 한쪽이 축이 나는 법,
나는 인류 속의 한 부분이기 때문이리라.

누구를 위하여 종은 울리나?
그를 두고 슬퍼하지 말라
종은 그대를 위하여 울리는 것을.

온몸과 마음을 다하여 우주 속에 몰입하면, 작은 나는 완전히 없어지고 호흡과 심장의 고동마저 큰 사랑이 포용한다.

그리고 남은 것은 무엇인가. 저 위대한 '사랑'만이 아니던가. 그리고 그 순간에 작은 나는 큰 우주가 되는 것이다.

'천상천하유아독존(天上天下唯我獨尊)'이라고 한 석가의 말도 다 그런 뜻이 아니겠는가. 그래서 '어느 누구의 죽음도 나의 한쪽이 축이 나는 것'이며, 종은 모두를 위해 울린다고 하였을 것이다. 석가는 우주의 본질(空-공)을 설(說)하고, 공자는 사람의 도리를 가르치고 예수께서는 더 쉽게 '사랑'을 말씀한 것이다.

이 우주의 이치가 그렇거늘 남 위에 서는 지도자는 적어도 '사랑'이 무엇인가를 깊이 생각하여야 할 것이다. 사랑이 리더십의 핵심임을 요한복음 21장은 가장 극명하게 나타내고 있다.

'저희가 조반을 먹은 후에 예수께서 시몬 베드로에게 이르시되 요한의 아들 시몬아 네가 이 사람들보다 나를 사랑하느냐 하시니 가로되 주여 그러하외다. 내가 주를 사랑하는 줄 주께서 아시나이다. 가라사대 내 어린양을 먹이라 하시고'(요21:15)

이렇게 같은 질문을 예수께서는 세 번이나 되풀이하신다.

베드로도 예수님의 집요한 질문에 열심히 사랑을 고백한다. 비록 베드로의 사랑이 아가페에 못 미치는 필레오에 머물렀지만. 예수께서는 매번 내 양을 먹이고 치라고 승낙하신다. 세 번이나 예수를 부인한 그에게는 크나 큰 축복이었다. 큰 사랑이다.

'양을 치는' 막중한 일을 베드로에게 맡긴 이유는 그의 능력도, 믿음도 아닌 단 한 가지 이유, '사랑'이었다.

'아 멘.'

2016년 7월 12일

(초판 1996. 8)

[찾아보기]

찾아보기

ㄷ

ㄹ

ㅇ

ㅊ

ㅋ

ㅌ

로마자

아라비아 숫자

기호